Dieter Hildebrandt

Piano, piano!

Der Roman des Klaviers
im 20. Jahrhundert

Carl Hanser Verlag

Für Peter
und alle anderen
Klavierfreaks

1 2 3 4 5   04 03 02 01 00

ISBN 3-446-19935-7
© Carl Hanser Verlag München Wien 2000
Satz: Filmsatz Schröter, München
Druck und Bindung: Clausen & Bosse, Leck
Printed in Germany

Denk doch mal: ein Klavier. Die Tasten fangen an, die Tasten hören auf. Du weißt, es sind
achtundachtzig, daran ist nicht zu rütteln. Du,
du bist ohne Ende, und ohne Ende ist auch die
Musik, die du auf den Tasten spielen kannst: es
sind achtundachtzig. Du bist unendlich. *Das* gefällt mir, das ist das Leben.

Alessandro Baricco

Das Klavier kann alles.

Alfred Brendel

Play it again!

oder: Ein Wortbruch

Das Klavier im 20. Jahrhundert ist gezupft, verbogen, stummgemacht, zerkratzt, zerstampft, aus-
einandergenommen, begraben, verbrannt, aufgehängt ... und auf herkömmliche Weise gespielt
worden. Kein anderes Instrument hat, als Gegenstand wie als Symbol, so viel Aufmerksamkeit auf sich gezogen, kein anderes Instrument
soviel Zuspruch und Zorn zugleich bewirkt.

Margaret Ellen Rose

Bleibendes Bild: Da wird eine stumme Frau mit ihrer kleinen Tochter an einem einsamen Strand ausgesetzt, mitsamt ihrem Gepäck. Das besteht aus Koffern und mehreren großen Kisten. Ihrer Mitgift für eine Ehe, die sie, die junge Witwe, im wildfremden Neuseeland mit einem fremden Mann eingehen will. Hier, am Strand, soll das neue Leben beginnen, das blind date die Augen öffnen, hier soll der künftige Mann sie mit seinen Trägern abholen zum Existenzabenteuer im Urwald. Als er dann da ist, fragt er ruppig nach dem Inhalt der Kisten und nickt deren Nützlichkeit ab: Geschirr. Ja. Kleider. Ja. Und in der großen dort? Ein Bett? »Das ist das Piano meiner Mutter«, sagt das Kind. Der Mann kann es nicht fassen. Die Wege zum Haus in der Wildnis sind keine, Pfade, verschlammt, von Schlingpflanzen umklammert, jeder Schritt muß erkämpft werden – kein Gedanke daran, ein Klavier zu transportieren. Die Frau besteht mit heftigen Gebärden darauf, das Piano mitzunehmen; sie hat keine Chance. Als die Menschen, darunter die eingeborenen Träger und der kommende Rivale des Ehemanns, die Szene verlassen haben, bleibt das halb noch in Brettern eingeschalte Instrument zurück auf dem weiten leeren Sand. Relikt der Zivilisation, gestrandete Musik.

Die Filmszene rahmt das Klavier mit Absurdität. Dieses hier kommt aus England und aus dem 19. Jahrhundert, und es wird ausgesetzt am anderen Ende der Welt, wo es nichts bedeutet. Aber in Wahrheit stellt das Film-Piano die Situation des Instruments überhaupt dar: Findling aus einer anderen Zeit, übriggeblieben in einem nun auch schon vergangenen Jahrhundert, in dem es wie ein erratischer Block wirkt. Das mit Brettern vernagelte Piano in seiner grandiosen Kulturverlassenheit wird zum Monument des Klaviers im 20. Jahrhundert. Kann es je in die Zukunft transportiert werden? Hat es, nach dreihundert Jahren Spielbetrieb, noch eine Chance?

Bleibendes Bild: Die große hohe weite Halle mit der weißen Decke und den riesigen gläsernen Fensterwänden: Und von ganz oben, von der sieben Meter hohen Decke herab stürzt ein Flügel, die Klaviatur nach unten, die gedrechselten Beine, samt Lyra und Pedalen, gegen den Architekturhimmel gekehrt. Aber wie in einem Alptraum, ja in einem Alp-Raum, ist der Absturz gebremst, eingefroren, aufgehalten. Groteske Entrükkung, perpetuierter Fall. Das gekippte Instrument schwebt dramatisch und drohend über dem Betrachter. Und dann geschieht es: Explosionsartig schlägt der Flügeldeckel weit auf, fällt in den Scharnieren abwärts, und zugleich erbricht sich die Tastatur, spuckt ihre Tasten aus, die weißen wie die schwarzen, alle achtundachtzig dieses alten Bechsteins, kotzt sie aus wie in einem hundert Jahre aufgestauten Überdruß, gelbe überlange, unansehnlich faul gewordene Zähne, dunkle giftige eklige Stumpen – die aber nicht freikommen in ihrer bleckenden Verfallenheit, sondern hängenbleiben wie schmutzige Fransen, als wollten sie signalisieren: Uns schlägt keiner mehr, keiner mehr an, wir haben genug gehabt, verlassen das Reich der Töne, entkommen dem millionenfachen Terror der Klänge und entsorgen uns selbst auf dem Müll der Klaviergeschichte.

Rebecca Horns Installation »Concert for Anarchy«, aufgehängt in der Berliner Neuen Nationalgalerie, hatte die Botschaft: Höllensturz des Klaviers. Endspiel. Doch dann zogen die Tasten sich wieder zu alter Ordnung zurück, der Deckel überwand die Schwerkraft und klappte gehorsam zu, und das Instrument, am Galgen des Zeitgeistes, schien wieder intakt. Bis zum nächsten Ausbruch nach zehn Minuten. Da capo al fine.

Bleibendes Bild: Da stehen die schönsten und kostbarsten Flügel der Welt, dicht an dicht, Seite an Seite, Kante an Kante, da stehen die Steinways und die Bösendorfer, die Fazioli und die Grotrians, die Blüthner und die Bechsteins, die Steingräber und die Schimmel, die Kawais und die Seiler und viele andere mehr, Hunderte von Flügeln, schwarz und braun, weiß und gläsern, bunt und metallic, intarsiert und verchromt, gedrechselt oder gestylt, da stehen alle Klangfarben dieses Instruments zur Disposition, alle Anschlagsvarianten und Tonvolumina, alle Schattierungen zwischen klirrig und kantabel, perkussiv oder perlend, da zeigt sich dem Auge ein Festival des Klavierbaus, der schöngeschwungenen Ästhetik, der handwerklichen Genialität – und doch ist die Hölle los, die Klanghölle, Tohuwabohu der Töne, Fegefeuer der Kakophonie, peinigender Lärm, die Ohren fallen einem ab, das Gehirn wird erschüttert, der große Saal zur Folterkammer: Denn an allen diesen Instrumenten, an diesen Hunderten von Tastaturen sitzen Menschen, nicht nur live, nicht nur lebendig, sondern leibhaftig, und spielen auf Teufel komm raus, nein: hämmern darauf herum, nebeneinander, durcheinander, gegeneinander, hämmern immer lauter, weil sie vor dem Nachbarkrach den eigenen Ton nicht mehr hören können, haust du meinen Schumann, hau ich deinen Chopin, Islamej gegen Allegro barbaro, Ragtime gegen Wandererfantasie, Scarlatti nervt Liebesträume, Rachmaninow kämpft gegen Appassionata, Goldberg duckt sich unters Große Tor von Kiew, Diabelli vergeht sich an Elise – die Flügel haben sich längst vom Pianoforte zur Fortissimo-Kanone hysterisiert, zur Krachmaschine, geboten wird ein Crashkurs in der Zerstörung der Musik durch Musik, die Paradoxie der Klavierleidenschaft, die Annihilierung eines Instruments durch seine Verehrer. – Wir sind in der Piano Hall auf der Frankfurter Musikmesse 2000. Wir sind im real existierenden Klavier-Inferno.

Gibt es einen Ausweg daraus? Wenn solche Bilder doch bleiben, ja, wenn sie als instrumentalkritische Embleme sich behaupten, gibt es da dennoch eine Chance, vom Klavier noch einmal in aller Unbefangenheit zu sprechen, als wäre es ein unzerstörtes, unverstörtes Gebilde, ein immer noch intakter Klangkörper? Daß es am Strand ausgesetzt wird, daß es in Museen von der Decke hängt, daß es sich vom eigenen Lärm tontot machen läßt: Sind das nicht Indizien genug, um es nun dahingestellt sein zu lassen, als Museumsstück, als zentnerschweres Nostalgiepaket, als Sarkophag seiner selbst? Hat es nicht verdient, was es in seinem Musikleben nie erfuhr: die endlose Fermate, die ewige Ruhe? Ist es nicht technisch, kompositorisch, kulturgeschichtlich, gesellschaftlich, hörgewohnheitsmäßig überholt? Hat das Klavier nicht ausgespielt?

Kann man, allen Ernstes und guten Gewissens, das Klavier ins neue Jahrtausend retten, nur weil es im 20. Jahrhundert auch noch traktiert wurde? Kann man seine Wichtigkeit gutgläubig behaupten, nur weil es heute mehr Pianisten gibt als je zuvor (allein in New York sollen es zehntausend mit Konzertreife sein)? Kann man vom Klavier als einem noch immer zeitgemäßen Instrument sprechen, nur weil es wieder eine seltsam besessene Elite von Kindern gibt, die dafür Computer, Tennisschläger, Pferdesattel und Mountainbike stehen- und liegenlassen? Kommt dem Klavier noch irgendeine gesellschaftliche Relevanz zu, nur weil es noch ein Publikum gibt, für das unter allen »Events« ein Klavierabend der faszinierendste ist? Ist es wirklich ein Beleg für das Fortleben der Pianoforte-Kultur, wenn sich Plattenfirmen zusammentun, um auf zweihundert CDs mit siebzig Künstlern die »Great Pianists of the 20th Century« zu einem Klangpanorama der Klavierkunst zu vereinen? Stellt nicht sogar die professionelle Musikkritik Fragen wie diese: »Was aber erzählt uns das Klavier heute von der Welt?« und gibt zu verstehen, daß die Antwort zweifelhaft sei.

Und endlich: Könnte eine Ehrenrettung des Klaviers, wenn sie denn möglich wäre, von einem Autor kommen, der das Instrument programmatisch dem 19. Jahrhundert zugeschrieben und als dessen besondere Kulturleistung bezeichnet hat? Der sich zu der Behauptung verstiegen hat: »Das Klavier hat nicht nur das Zeug zu einer Romanfigur, es ist so etwas wie der heimliche Held des 19. Jahrhunderts. Sein heimlicher, sein gelegentlich unheimlicher, sein oft auch unheimlich komischer Held«?

Denn das war ja die These im »Roman des Klaviers im 19. Jahrhundert«: Das Klavier sei der perfekte Resonanzboden eines vergangenen Säkulums, sei dessen zum Klangkörper gewordene Ideologie, sein Musik gewordener Fortschrittswille, sei Ausdruck seiner romantischen Strömungen wie seines Schnelligkeitswahns, seines Voyeurismus und seiner Seelenlagen, seiner Wohnkultur wie seiner Fabrikationslust. Am Flügel — so das Fazit — kamen Ingenium und Ingenieurgeist im vorelektrischen Zeitalter noch einmal zu einem Geniestreich überein, und die Musik der Epoche ging dabei zur Hand: in den Kontraststrukturen von Beethoven, Schumann und Brahms, in den wahnwitzigen Virtuositäten Chopins und Liszts und ihrer Nachfolger, zu guter Letzt in den Eskapaden an der Grenze der Tonalität.

Die Geschichte des Klaviers im 19. Jahrhundert ließ sich ja auch erzählen mit den Auftritten der großen Komponisten, die fast alle hervorragende Pianisten gewesen sind, die (mit der Ausnahme des fingerinvaliden Robert Schumann) ihre Werke meist selbst zuerst gespielt und »in den Raum« gestellt haben, nicht nur in den konkreten des Salons oder des Konzertsaals, sondern auch in den imaginären der Musikszene. Die Virtuosität hatte sich noch nicht abgekoppelt von der Produktion, der öffentliche Auftritt nicht vom Schaffensakt, und der Applaus belohnte (oder ein Zischen bestrafte) nicht allein die Darbietung, sondern auch die gelungene (oder vermeintlich gescheiterte) Vollendung des Werks.

Dieses Buch ist also ein Wortbruch. Es ist die Revision einer allzu kategorischen Verabschiedung. Die Konsequenz aus der Einsicht, daß Totgesagte länger leben. »Daß es den populären Run aufs Klavier wie einen Volkslauf gibt, daß die großen Pianisten verehrt werden wie Kultfiguren«, das immerhin war auch schon die Einsicht am Ende des ersten Pianoforte-Buches. Und auch, daß die großen Tastenkünstler uns in ihren Konzertabenden Bruchstücke eines vergangenen Heldenlebens vorführen.

Es waren Komponisten und Pianisten selbst, die zu diesem zweiten Versuch animiert haben. Es war eine Äußerung wie die von Strawinsky zu seinem Piano-Rag: »Es begeisterte mich vor allem, daß die verschiedenen rhythmischen Episoden des

Stücks mir von den Fingern selbst geradezu diktiert wurden, und weil meine Finger solchen Spaß daran hatten, habe ich das Stück geschrieben … Man soll die Finger nicht verachten, sie geben uns viele Anregungen und im Kontakt mit dem klingenden Instrument erwecken sie Ideen, die im Unterbewußtsein schlummern und sonst verborgen bleiben würden.« Und es war ein Seufzer, den Friedrich Gulda gleichsam stellvertretend für die Musiker des 20. Jahrhunderts geäußert hat: »Aber, mein Gott, so ganz ohne Klavier, das wäre schon schrecklich, furchtbar.«

Und es war endlich eine Briefstelle, aus der Mitte des 20. Jahrhunderts, eine geradezu wundersame Passage, in der die traulich-traurige Stimmung eines Schubert ebenso mitschwingt wie der Pioniergeist des späten Liszt, die einem Brief von Brahms an Clara Schumann ebenso entsprechen könnte wie den Notizen Louis Moreau Gottschalks. Dieser Verführungstext lautet: »Jetzt kommt das, was mich so froh sein läßt: Ohne besondere Absicht setzte ich mich nach dem Abendessen an den Flügel und improvisierte. Und ich habe das erste Mal ein ganzes geschlossenes Stück improvisiert, wie ich mir meine Musik immer vorgestellt habe: Ich fand diese improvisierte Musik wunderschön. Wie so etwas geschehen kann … Noch ist mir das so überraschend, daß ich es in allen Nerven spüre. Aber denken darüber will ich jetzt nicht. Himmlisch schön ist unsere Musik – manchmal –, heut abend war es wunderschön.« Und das, ausgerechnet, ist von Karlheinz Stockhausen!

Wenn aber das Klavier der geheime Held des 19. Jahrhunderts gewesen ist – was war es dann im 20.? Wenn man es noch einmal personifizieren wollte – welche Rolle könnte man ihm zuweisen? Denn daß es zu einem Heldenleben, zu einer das Säkulum repräsentierenden kulturheroischen Leistung nicht mehr getaugt hat, müssen wir akzeptieren, müssen wir sogar voraussetzen: *Das* Instrument des 20. Jahrhunderts hatte eine andere Tastatur: es war in der ersten Hälfte die Schreibmaschine, in der zweiten der Computer.

Eine erste Antwort: Das Klavier war auf der Suche nach lauter neuen Jobs. Es diente sich dem Säkulum als agiler, einsatzbereiter und allzeit praktischer Gelegenheitsarbeiter an. Es war, trotz seiner schwierigen Transportabilität, fast immer zur Stelle, wo und wenn sich etwas Neues anbahnte. Das Klavier lernte, nicht mehr nur Instrumente und Sänger zu begleiten, sondern auch Techniken und Trends. Es war, wie Peter Rummenhöller treffend sagt, »der Seismograph der Moderne«.

Zum Beispiel bei der Epiphanie des Kinos: Ein Vierteljahrhundert lang diente es als Stimmungskanone, wenn es galt, Schiffbruch und Seelendrama, Verbrecherjagd und Tortenschlachten, Liebesschmacht und Goldrausch musikalisch zu kommentieren; als die Bilder laufen lernten, war das Klavier nicht nur Mitläufer, sondern fast ein Trainer. Und der Kinoklavierspieler hatte alles im Griff.

Zum Beispiel bei der Geburt des Entertainments aus dem Geist von Trial and Error: Das Klavier war der Laborant, der sich an der Züchtung von Ohrwürmern beteiligte. Der Pianist wurde zum Piano-Pounder, zum fest-, wenn auch schlechtbesoldeten Klimperer, der an der Tastatur wie an einem Fließband saß und den Kunden der neu aufkommenden Unterhaltungsindustrie die täglich frischen Hits (damit sie es werden konnten) vorzuspielen hatte. Die Tin Pan Alley in New York (mit ihren Hunderten von Klavierzellen) war im ersten Vierteljahrhundert so etwas wie eine clowneske Walhalla für den geschundenen Helden.

Aber früh schon wurde das Klavier auch geklont. Im gleichen Jahr 1904, als in Philadelphia eine Massenverbrennung von Klavieren, Flügeln samt Hockern und anderem Zubehör vonstatten ging – Protest der Instrumentenhändler gegen die Übersättigung des Marktes –, erfanden die Brüder Welte in Freiburg das Reproduktionsklavier. Es war die Weiterentwicklung des automatischen Klaviers, des Player Pianos, des Instruments ohne Spieler. So wie das Auto der Kutsche die Pferde ausspannte, so spannte der neue Erfindungsgeist dem Klavier den Menschen aus (wenn auch nur vorübergehend). Das Player

Piano der ersten zwei Jahrzehnte, das einen ungeheuren Boom erfuhr, kehrte dann wieder als elektronisches Tasteninstrument, als Keyboard, Synthesizer, Disklavier, dieser Zombies aus dem Reich der Virtualität.

Nicht nur menschenfern wurde das Klavier – es mußte sich auch mancherlei Operationen gefallen lassen. Den Komponisten um 1920 wollte es nicht mehr als Spielgefährte taugen, sie fanden sein Tableau langweilig, seinen Klangvorrat aufgezehrt: Sie wollten buchstäblich andere Saiten aufziehen. Vor allem der grobe Halbtonschritt war Musikern wie Hába oder Ives oder Wyschnegradsky zuwider, und in den Klavierfabriken tüftelten sie an Viertelton-Instrumenten.

Und etwa zwanzig Jahre später, um die Mitte des Jahrhunderts, mußte sich das Klavier die Tücke der Objekte gefallen lassen, das Herumfummeln in den Saiten, das Bestücken mit Löffeln, Leisten, Gummistücken und anderen Schikanen. Der Flügel wurde bei John Cage, wie ein gepiercter Mensch, zum prepared piano; und alsbald auch dem Totalitätswahn der Epoche unterworfen: Im Gefolge von Cage proklamierte der Pianist David Tudor das »totale Klavier«, das rundherum bespielbare, das gleichsam schockbehandelte Piano.

Dennoch versuchte sich der einstige Held selbst immer wieder als Seelentröster, ja als eine Art Allerweltsguru. Er zog sich in die aparte Dunkelheit der Bars zurück und spielte für einsame Herzen. Seine Therapie hieß Tröstung durch Erkennen-Sie-die-Melodie, und jeder konnte ohne weiteres, sogar tanzend, die Anamnese vollziehen. Zum Beispiel der einfache Klimperkasten in »Casablanca«, in Rick's Café. Ein schmuckloses schwarzes Upright, mitten im Raum plaziert, und mitten in der Handlung. Ein Klavier, in dem nicht nur die Saiten gespannt sind, sondern auch alle Fäden zusammenlaufen. Als Versteck für gefälschte Pässe, als Intrigenzentrum, als Ort des Wiederfindens. Als eine Zeitmaschine, die die Zukunft mit der Vergangenheit betrügt und der Gegenwart Beiläufigkeit verordnet: A kiss is just a kiss. Eben. Kaum einmal hat das Barklavier einen größeren Moment gehabt als den, da Sam sein

»As time goes by« spielt und singt und damit Ingrid Bergman und Humphrey Bogart in Kultfiguren verwandelt.

Aber das 20. Jahrhundert ist nicht zuletzt die Ära des Jazzklaviers, einer neuen Art von Instrument. Es ist das Piano in den Kellern und Clubs von New Orleans und Chicago und New York, das Klavier der blue notes und des Blues, jenes Klavier, das noch wie die alten aussah, aber ganz anders klang, holpernd und stolpernd im Rag, federnd und trampolinartig im Swing, lakonisch und trocken unter den Fingern von Duke Ellington und Count Basie, ruppig verstört in den Attacken eines Thelonious Monk, von dem auch der traurigste Satz der Epoche stammt:

»Es ist immer Winter vor dem Klavier.«

Es ist immer Winter vor dem Klavier? Bei allem Nimbus, der ihm im Lauf des 20. Jahrhunderts abhanden gekommen sein mag – einen Ehrentitel hat es doch dazugewonnen, der, erst kürzlich geprägt, das ästhetische Tohuwabohu der Epoche umfaßt. Das gewissermaßen (von jeglicher Norm und aller Kulturborniertheit) erlösende Wort heißt: crossover. Crossover meint die »Vermengung von eigentlich unterschiedlichen oder gar gegensätzlichen Stilen«. Das Klavier ist zum Elementarinstrument des crossover geworden. Ja, es ist es schon gewesen, als es diesen Betriff noch nicht gab. Die Klaviatur ist Spielplatz für alle Stile und Zeiten, für die Schnulze wie den Schönberg, den Klimperer wie den Kissin, den Kanon wie den Karneval. Das Klavier bleibt die instrumentgewordene Utopie für alle, denn es gilt der wunderbare Satz des Filmemachers Wolfgang Becker: »Klavierspielen macht ja glücklich – insbesondere, wenn man es nicht kann und keiner zuhört.«

Kommen wir noch einmal auf die Szene vom Anfang zurück, auf das Klavier am Strand. Dieses Film-Piano aus dem »Piano«-Film von 1993 hatte ja noch ein Schicksal. Das scheinbar unverrückbare Strandgut wurde doch noch in den Dschungel geschleppt (in das Haus des falschen Mannes – der aber der richtige war –, der sich die Tasten durch ein anderes Tasten, durch Streicheleinheiten, abgewinnen ließ); aber ganz am Ende lag da wieder der Strand, und das Piano war, schwankend, auf ein kleines Boot verstaut. Wenige Ruderstöße genügten, und schon ging es auf Nimmerwiedersehen über Bord. Nur: der Untergang war nichts anderes als Auferstehungsarbeit. Die Kinokatastrophe bewirkte Epiphanie. Die Versunkenheit wurde zur pathetischen Empore.

Die Botschaft: Das Klavier bleibt ein stets zu bergender Schatz.

I

Drei Klaviere um 1900

oder: Die Frage des Jahrhunderts

> Die Welt ward ihm Klavier. In Terzen, Quinten,
> Oktaven sprang sein Denken, Dur und Moll
> spannte sein Herz.
>
> Carl Sternheim
> (»Chronik von des zwanzigsten
> Jahrhunderts Beginn«)

Tolstoi schockiert Rachmaninow

Das erste Klavier, dem wir begegnen, steht in Chamowniki, einem Vorort im Süden Moskaus, in einem großen eleganten Stadthaus. Es ist der 9. Januar 1900, das Jahrhundert noch frisch, der Winter eisig. Ein junger Mann besucht einen alten, ein Sechsundzwanzigjähriger einen Einundsiebziger, ein aufstrebender Komponist einen weltberühmten Weisen. Sergej Rachmaninow sucht Rat und Trost beim Patriarchen Leo Tolstoi. Die Szene ist denkwürdig, weil sie programmatisch, fast prophetisch ist.

Tolstoi um 1900 – das ist für Rußland, ja für die ganze Welt mehr als ein Schriftsteller, das ist eine seltsam alttestamentarische Figur, eine altersweise Instanz neben dem Zaren, das Gewissen seines Landes und seine moralische Gegenregierung. Zu Tolstoi pilgern die Ratsuchenden, zu ihm wallfahrten Verehrer aus ganz Europa, ihn erreichen die Hilferufe der Bedürftigen. Der Mythos Tolstoi aber hat den Menschen Tolstoi fast erdrückt, der wehrt sich nur noch mit Schroffheit, die aber seinen Mythos eher noch vergrößert. Der Ruhm lastet schon lange auf seiner Existenz, aber das Erzählgenie, das sich wie in letzter Anstrengung noch einmal zum Moralisten aufputscht, wird kläglich unter den eigenen Ansprüchen.

Daß irgend etwas Gottähnliches um Tolstoi sei, hat Maxim Gorki allen Ernstes beteuert: »Die ganze Welt, die ganze Erde sieht auf ihn, von China, Indien, Amerika, von überall her strecken sich lebendige Fäden nach ihm, seine Seele ist für alle und für immer. Warum sollte nicht die Natur ihr Gesetz durchbrechen, einem Menschen leibliche Unsterblichkeit verleihen – warum nicht?« Derselbe Gorki aber hat auch die Erfahrung gemacht: »Die ganze Zeit experimentiert er, als ob er in den Kampf ginge. Es ist interessant, aber nicht nach meinem Geschmack. Er ist der Teufel, und ich bin noch ein Wickelkind, und er sollte mich in Ruhe lassen.«

Es ist also nicht ungefährlich, zu Tolstoi zu gehen. Weiß Rachmaninow, auf was er sich da einläßt? Er hat seinen Freund Fjodor Schaljapin bei sich, der noch erst ein hoffnungsvoller Sänger, aber bald schon, neben Caruso, der berühmteste Opernstar des ersten Jahrhundertdrittels ist. Und Schaljapin verdanken wir eine Schilderung des Besuches:

»Wir erklommen die hölzerne Treppe zum 2. Stock eines sehr bezaubernden Hauses, bescheiden und intim im Charakter, teilweise aus Holz gebaut, wenn ich mich recht erinnere. Wir wurden herzlich gegrüßt von Sofia Andrejewna und ihren Söhnen … Uns wurde Tee angeboten, aber ich hatte keine Lust, Tee zu trinken. Ich war sehr aufgeregt … Bis dahin hatte ich nur Porträts von Tolstoi gesehen, und nun erschien er selbst. Er stand an einem kleinen Schachtisch … Sergej (Rachmaninow) schien tapferer als ich, aber auch er war bewegt, und seine Hände waren kalt. ›Wenn ich gebeten werde zu spielen‹, flüsterte er mir zu, ›weiß ich nicht, wie ich es machen soll – meine Hände sind völlig klamm.‹«

Schaljapin ist, bei aller Ehrerbietung und Scheu, Beobachter genug, um wahrzunehmen, daß Tolstoi mit einer leicht blökenden Stimme spricht und, da ihm offenbar mehrere Zähne fehlen, ziemlich lispelt. Lispelnd und leicht blökend bittet also der große Alte den jungen Rachmaninow dann tatsächlich, ans Klavier zu gehen. Was der, trotz des Tratsches am Moskauer Konservatorium, wohl nicht weiß: Pianisten sind Tolstoi eigentlich verhaßt. Wenn sie ins Haus kommen, zeitigen sie ein Eifersuchtssyndrom gleich dem, das er in seiner »Kreutzersonate« beschrieben hat. Auch der Siebzigjährige benimmt sich noch wie ein Othello, wenn, zum Beispiel, Sergej Tanejew ins Haus kommt und seiner Frau vorspielt. Er rastet dann geradezu aus, wie in seiner gespenstischen Erzählung jener Posdnyschew, der seine Frau ersticht, weil sie einen Geiger allzu leidenschaftlich am Klavier begleitet hat.

Seit Jahren schon ist Tanejew, Virtuose, begehrter Klavierpädagoge und Komponist, gerngesehener Gast von Frau Tolstoi, die ihn mit provokanter Liebenswürdigkeit hofiert und bewirtet. Zunächst hat Tolstoi seine Erbitterung nur dem eigenen Tagebuch anvertraut, so im Mai 1896: »Tanejew bringt mich in Wut mit seinem selbstgerecht-moralischen Gehabe, seiner künstlerischen Dummheit (die eine tiefsitzende, nicht eine oberflächliche ist) und mit seiner Stellung als Zeremonienmeister im Haus.«

Dazu gehört auch, daß er die Musik, die Tanejew spielt, kaum mehr ausstehen kann, alle die Beethovensonaten, die Stücke von Chopin, Liszt und vor allem Tschaikowsky, dessen Werke ihm »unsinnig« vorkommen. Im Juni 1897 ist die Situation bis zum Ausbruch gediehen; Tolstoi entwirft, zwischen Zorn und Verzweiflung, einen Abschiedsbrief an seine Frau: »Deine engen Beziehungen zu Tanejew sind mir nicht peinlich, sie sind mir eine fürchterliche Qual. Wenn ich unter diesen Verhältnissen weiterlebe, vergifte und verkürze ich mein Dasein. Schon seit einem Jahr kann ich nicht arbeiten und lebe nicht, sondern leide ständig ... Übrig bleibt nur eins – sich zu trennen; hierzu habe ich mich fest entschlossen. Aber wir müssen überlegen, wie wir es am besten machen. Ich glaube, es wäre das allerbeste, wenn ich ins Ausland ginge. Eines ist gewiß – so können wir nicht weitermachen.«

Aber sie machen dennoch weiter; Andrejewna Tolstoi muß, wie zur Psychostrafe, Fahnen zu einer Neuauflage der »Kreutzersonate« korrigieren, muß deren Sätze als bittere persönliche Vorwürfe verstehen: »Und überhaupt die Musik – was für eine entsetzliche Sache! Was tut sie? Und warum tut sie eben das, was sie tut? Es heißt, die Musik erhebt die Seele – Unsinn, Lüge! ... bei der bloßen Musik läuft alles nur auf Erregung hinaus ... Daher wirkt die Musik zuweilen so grausig, so entsetzlich.« –

Schon einmal ist Sergej Rachmaninow bei Tolstoi gewesen, unseligerweise genau in jener häuslichen Katastrophenzeit des Jahres 1896. Damals war es ein Verzweiflungsschritt gewesen, der Hilferuf eines noch unfertigen Künstlers an einen überlebensgroßen anderen. Rachmaninow, das Moskauer Stadtgespräch als hoffnungsvoller Komponist, hat seine erste große Misere erlebt, den Durchfall seiner 1. Sinfonie bei der Uraufführung in St. Petersburg, hat Vokabeln wie »unausgegoren, krankhaft und entartet« verkraften müssen und sein großes Werk als »Ausgeburt eines Höllenkonservatoriums« verspottet gefunden. Und Rachmaninow hat bei diesem Absturz Bekanntschaft gemacht mit einer Lebensbegleiterin, die seiner glamourösen Karriere immer auf der Spur bleiben wird: der Depression. Wochenlang müht sich der Komponist ab, das, was er als Desaster empfindet, zu verarbeiten.

In dieser Situation war die Mutter auf die Idee gekommen, ihn zu Tolstoi zu schicken. Da es fast leichter ist, eine Audienz beim Zaren als Zutritt zum Hause Tolstois zu erlangen, setzt sie alle gesellschaftlichen Hebel in Bewegung. Aber schon das erste Zusammentreffen bringt nicht die erhoffte Erlösung. Rachmaninow selbst hat zweimal darüber berichtet, und die Differenz seiner Reminiszenzen spiegelt wohl die Zwiespältigkeit, mit der er die Begegnung erlebt hat.

»In der schwierigsten und kritischsten Periode meines Lebens, als ich dachte, daß alles verloren war, und daß es nutzlos sei, sich länger zu quälen, traf ich einen Mann, der sich die Mühe machte, mit mir zu sprechen. Dieser Mann war Graf Tolstoi. Ich war 24 Jahre alt, als ich ihm vorgestellt wurde … Junger Mann, sagte er zu mir, glauben Sie, daß alles in meinem Leben glattgeht? Denken Sie, ich habe keine Sorgen, nie Zweifel und verliere nie das Vertrauen zu mir? … Alle von uns haben schwere Augenblicke, aber so ist das Leben. Halten Sie Ihren Kopf hoch und halten Sie fest an Ihrem eingeschlagenen Pfad.«

In einer späteren Aufzeichnung erinnert sich Rachmaninow seines Besuchs sehr viel kritischer: »Es endete alles sehr unerfreulich. Als ich ihn zum erstenmal besuchte, spielte er Schach mit Goldenweiser. Ich verehrte damals Tolstoi. Als ich mich ihm näherte, zitterten meine Knie. Er ließ mich bei sich Platz nehmen und strich mir über die Knie. Er sah, wie nervös ich war. Und dann sagte er am Tisch zu mir: ›Sie müssen arbeiten. Denken Sie, daß ich mit mir zufrieden bin? Arbeit. Ich arbeite jeden Tag‹ und ähnlich stereotype Phrasen.«

Übrigens hat auch der eben erwähnte Artur Goldenweiser, gleichfalls berühmter Virtuose und Klavierlehrer am Moskauer Konservatorium, einen Bericht über seine Erfahrungen
mit Tolstoi gegeben: »Leo Tolstoi schlug mir am Tag nach meiner Ankunft einen gemeinsamen Ausflug zu Pferde vor. Er war
ein prächtiger Reiter, aber ich hatte noch nie zuvor im Sattel
gesessen. Nur zögernd sagte ich zu. Da Tolstoi wußte, daß ich
noch nie geritten war, zeigte er mir einige Grundregeln, wie
man im Sattel sitzen, daß man die Zügel in der linken Hand
halten muß usf. Als wir nun aufgebrochen waren, machte ich
versehentlich irgendeine Bewegung mit der linken Hand, und
das Pferd brach sofort seitlich aus ... Und das sollten auch wir
Pianisten wissen, wenn wir am Instrument sitzen. Wir müssen
uns klar darüber werden, daß wir nicht wahllos irgendwelche
Bewegungen machen dürfen, obgleich das hier nicht so ver-
hängnisvoll wäre wie etwa im Sattel ...« Tolstoi also doch ein
weiser Pianistenberater?

Und nun sind wir wieder à jour, beim 9. Januar 1900 an einem Moskauer Wintertag, in der Morgendämmerung des Säkulums. Noch immer haben die beiden jungen Leute, der Pianist und der Sänger, Tolstois Bitte zu musizieren, die mehr ein
knurrendes Kommando ist, nicht erfüllt. Aber nun stellt sich
der eine am Flügel auf, der andere setzt sich. Und später wird
Rachmaninow, tief enttäuscht, berichten:
»Wir waren beide 26 Jahre alt, wir musizierten mein Lied
›Das Schicksal‹ für ihn. Wir hatten den Eindruck, daß alle begeistert waren. Plötzlich wurde der enthusiastische Applaus
unterbrochen – alles schwieg. Tolstoi saß auf einem Sessel, ein
wenig im Hintergrund; er sah melancholisch und unzufrieden
aus. Ich ging ihm in der folgenden Stunde aus dem Wege,
plötzlich aber kam er zu mir und sagte erregt: ›Ich muß mit
Ihnen sprechen. Ich muß Ihnen sagen, wie ich das alles verab-
scheue!‹ ... Es war schrecklich. Sofia Andrejewna stand hinter
mir. Sie tippte mir auf die Schulter und flüsterte: ›Machen Sie
sich nichts draus, widersprechen Sie ihm nicht. Ljowoschka

darf sich nicht aufregen – es schadet ihm.‹ Nach einiger Zeit kam Tolstoi noch einmal zu mir: ›Bitte verzeihen Sie mir. Ich bin ein alter Mann. Ich wollte Sie nicht verletzen.‹ Ich antwortete: ›Wie sollte ich persönlich gekränkt sein? Ich war ja nicht einmal beleidigt, als Sie Beethoven ablehnten.‹ Ich bin aber nie wieder zu ihm gegangen.«

Aber noch immer fehlt dieser Episode der entscheidende Satz, der den Besuch Rachmaninows bei Leo Tolstoi zu einem programmatischen Ereignis gemacht hat. Noch steht der ruppige Einwurf aus, mit dem der greise Dichter einer noch immer nicht beendeten Musikdebatte das Stichwort lieferte. Tolstoi stellte eine Frage, die nichts von ihrer Brisanz verloren hat; Schaljapin, der Sänger, nicht Rachmaninow, hat sie in seinen Aufzeichnungen überliefert: »Welche Musik ist für die Menschheit wichtiger – klassische oder volkstümliche?« Man kann sie auch als »klassische oder populäre?« übersetzen. Als E- oder U-Musik.

Es ist die Frage des Jahrhunderts geworden.

Dabei ist sie gar nicht mit Entweder-Oder, mit Einerseits-Andererseits, mit Sowohl-Als-auch zu beantworten. In ihr rumort eine hermeneutische Tücke. Ist der Übergang von der ernsten Musik zur populären nicht fließend? Gibt es nicht einen stetigen Erosionsprozeß, der die den Zeitgenossen schroff erscheinenden Stellen abschleift? Der die Tiefen in Untiefen verwandelt? Just Rachmaninow steht ja ein für das Phänomen. In den Monaten nach dem Besuch bei Tolstoi beginnt er mit der Arbeit an seinem 2. Klavierkonzert, einem pianistischen Kraftakt und melancholischen Geniestreich; aber einem Werk, das inzwischen die Laufbahn von der Avantgarde zum Promenadenstück genommen hat, von der Brutalität zur Eleganz. Das aus dem 20. Jahrhundert zurückgewandert zu sein scheint ins 19. und sich damit als Repertoire-Renner fürs 21. qualifiziert. Ist der kühne junge Klavierkomponist Rachmaninow, der sich von Leo Tolstoi abfertigen läßt, nicht längst auf dessen Seite gedriftet, als Heros des pianistisch Populären?

Aber muß das nicht so sein? Ingeborg Bachmann hat der

wunderbar entschiedenen Satz gesagt: »Die neue Musik altert, wenn man sich an sie gewöhnt. Die Musik, an die niemand sich gewöhnen kann, wird vergessen.« Aber dann hat sie ihrer eigenen Entschiedenheit nicht getraut und sich unter der Maske der Wortspielerei zur widerständigen Musik bekannt: »Das Gewicht, das an der schweren Musik hängt, hat noch niemand bestimmt. Sie muß, dieses unwägbaren Gewichts wegen, nicht schwerer zu spielen sein als die leichte Musik; auch nicht schwerer anzuhören. Aber sie verlangt, anders angehört zu werden, denn was sich an sie gehängt hat, ist nur wieder zu erfahren durch ein erfahrenes Gefühl … In der allerschwersten Musik trägt jeder Klang eine Schuld ab und erlöst das Gefühl von der traurigsten Gestalt. Es gibt nur wenig von ihr.«

Auftritt eines Wunderkindes

Schon der Name sagt alles: »Bibi Saccellaphylaccas heißt er.« Es ist ein Phantasiename wie einst die der herumreisenden Zauberer und Gaukler, der Magier und Alchimisten, der Magnettrickser und Taschenspieler, ein Name nach Art der Cagliostro und Philadelphia. Dieser Name ist mit allen Wassern der Durchtriebenheit gewaschen, mit diesem Namen ist es weit her, er kommt aus dem Reich der Ironie, wo es schon ans Alberne, an die Region des höheren Blödsinns grenzt. Bibi Saccellaphylaccas heißt man einfach nicht, schon gar nicht als Pianist, auch nicht als sensationelles Wunderkind. Und mit dem Alter ist es auch so eine Sache: »Er sieht aus, als sei er neun Jahre alt, zählt aber erst acht und wird für siebenjährig ausgegeben. Die Leute wissen selbst nicht, ob sie es eigentlich glauben. Vielleicht wissen sie es besser und glauben dennoch daran, wie sie es in so manchen Fällen zu tun gewohnt sind. Ein wenig Lüge, denken sie, gehört zur Schönheit.« Bibi Saccellaphylaccas ist Pianist, aber er steht in keinem Musiklexikon und kommt weder in Joachim Kaisers »Große

Pianisten in unserer Zeit«, in Harald C. Schonbergs »Die großen Pianisten« noch in Arthur Loessers »Men, Women and Pianos« vor. Der einzige, der vor hundert Jahren von ihm Notiz genommen hat, ist Thomas Mann. »Das Wunderkind« heißt die kurze satirische Erzählung, die 1903, im Jahr von Debussys und Schönbergs »Pelleas und Melisande«, in der Wiener »Neuen Freien Presse« zuerst erschienen ist. Ein überdrehtes Stück Prosa, das aber dennoch viel von der tolstoischen Prophetie enthält, weil das Jahrhundert selbst diesen Bibi als jenen Typus erwiesen hat, der erst in unserer Gegenwart, und ohne Ironie, alle Podien besetzt hält: Die Gestalt des Showmusikers, des Effekthaschers, des Schmusekünstlers, des Seelenschmalzlers. Alle die Übertreibungen des jungen Thomas Mann nehmen gewissermaßen die Übertreibungen voraus, die heute zum Konzertmarketing gehören. Was damals grotesk erschien, ist heute Routine.

Schon zieht Thomas Manns Wunderkind, wie heute ein Ivo Pogorelich oder ein Justus Frantz, alle Register des öffentlichen Auftritts: »Wie dieser kleine versierte Wicht den Beifall hinauszuziehen versteht! Er läßt hinter dem Wandschirm auf sich warten, versäumt sich ein bißchen auf den Stufen zum Podium, betrachtet mit kindlichem Vergnügen die Atlasschleifen der Kränze, obgleich sie ihn längst langweilen, grüßt lieblich und zögernd und läßt den Leuten Zeit sich auszutoben, damit nichts von dem wertvollen Geräusch ihrer Hände verlorengehe.«

Klavierspiel, das ist die melancholische Mitteilung unterhalb des Textes, Klavierspiel allein ist um 1900 nicht mehr genug; so virtuos es sein mag, es muß das hinzukommen, was nicht dazugehört. Fast zur selben Zeit wie Thomas Mann definiert Claude Debussy die Anziehungskraft des Virtuosen auf das Publikum: »Man hofft immer, daß sich irgend etwas Sensationelles ereignen wird: Herr X wird Herrn Y auf seine Schultern nehmen und dabei Geige spielen, oder Herr Z wird, am Ende seines Spiels, das Klavier mit den Zähnen hochheben.« Das Spiel selbst zählt nichts, die Sensation muß mit im Spiel sein. Die Philharmonie wird erst wirksam, wenn sie zur Pädophilharmonie erweitert wird. Lasset die Kindlein zu uns kommen.

»Er sitzt und spielt, ganz klein und weiß glänzend vor dem großen schwarzen Flügel, allein und auserkoren auf dem Podium über der verschwommenen Menschenmasse, die zusammen nur eine dumpfe, schwerbewegliche Seele hat, auf die er mit seiner einzelnen und herausgehobenen Seele wirken soll ... Sein weiches, schwarzes Haar ist ihm mitsamt der weißseidenen Schleife in die Stirn gefallen, seine starkknochigen, trainierten Handgelenke, und man sieht die Muskeln seiner bräunlichen, kindlichen Wangen erheben.«

Natürlich ist noch nicht alles Schau an diesem kleinen Bibi, natürlich steckt auch der arme, unselige Hanno Buddenbrook in ihm, der sich, ehe die Lunge ihn hinwegraffte, seine Wonnen der Ungewöhnlichkeit, seine Rauschzustände am Klavier verschafft. Und selbstverständlich wird die Sensationshascherei nicht ohne Sensibilität betrieben. Nicht allein in Gestalt des Wunderkindes, sondern auch von seiten des Autors, der ja selbst zum Klavier ein lebenslanges Verhältnis haben wird und der sich nicht scheut, passagenweise mit dem kleinen Künstler gemeinsame Sache zu machen: »Seine Miene macht Bibi für die Leute, weil er weiß, daß er sie ein wenig unterhalten muß. Aber er selbst für sein Teil hat im stillen sein besonderes Vergnügen bei der Sache, ein Vergnügen, das er niemandem beschreiben könnte. Es ist dies prickelnde Glück, dieser heimliche Wonneschauer, der ihn jedesmal überrieselt, wenn er wieder an einem offenen Klavier sitzt, er wird das niemals verlieren.«

Und nicht Bibi Saccellaphylaccas, sondern Thomas Mann definiert nun das Klavier, seine Verführungskraft, sein Verlockungstableau. »Wieder bietet sich ihm die Tastatur dar, diese sieben schwarzweißen Oktaven, unter denen er sich oft in Abenteuer und tief erregende Schicksale verloren, und die doch wieder so reinlich und unberührt erscheinen wie eine geputzte Zeichentafel. Es ist die Musik, die ganze Musik, die

vor ihm liegt! Sie liegt vor ihm ausgebreitet wie ein locken-
des Meer, und er kann sich hineinstürzen und selig schwim-
men, sich tragen und entführen lassen und im Sturm gänzlich
untergehen, und dennoch dabei die Herrschaft in Händen halten, regieren und verfügen …«

Nein, es ist nicht das Klavier, nicht das Klavierspiel, nicht
einmal der kleine Bibi, die der Autor dem Spott preisgibt, es
ist das Publikum, das gemischte Publikum einer neuen Zeit,
einer robusteren Erwartung. Es sind »die Leute«. »Ein gewaltiger Reklameapparat hat dem Wunderkinde vorgearbeitet, und
die Leute sind schon betört, ob sie es wissen oder nicht.«

Thomas Mann beschreibt den Konzertabend als Unerhört-
heitskult, das Recital als Teil eines ganz neuen Musikbetriebes.
Seine Satire führt uns die Geburt des Events aus dem Geist des
Klavierspiels vor. Noch sitzen da auch die Vertreter des Adels
im Saal, sogar eine Prinzessin läßt der Erzähler nicht aus. Aber
die Mehrheit bilden doch schon die Leute, die sich allerlei Un-
musikalisches denken in ihren »Leutehirnen«. Der Geschäftsmann mit der Papageiennase gibt die Marsch- und Markt-
richtung fürs damals noch junge Jahrhundert vor: »Kunst. Ja
freilich, das bringt ein bißchen Schimmer ins Leben, ein wenig Klingklang und weiße Seide. Übrigens schneidet er nicht
übel ab. Es sind reichlich fünfzig Plätze zu zwölf Mark verkauft: das macht allein sechshundert Mark – und dann alles
übrige. Bringt man Saalmiete, Beleuchtung und Programme
in Abzug, so bleiben gut und gern tausend Mark netto. Das ist
mitzunehmen.«

Das ist mitzunehmen – dieses Credo des Kaufmanns wird
dem Klavier, wird der Musik im 20. Jahrhundert treu bleiben.
Schon gesellen sich ähnliche Stimmen dazu: »Wir Künstler
sind ein Luxusartikel der Bourgeoisie«, hatte Frank Wedekind
erkannt, der sich in seinen literarischen Anfängen auch schon
als Werbetexter für Maggi betätigt hatte. Und von Erik Satie
war die wertfreie Frage gekommen: »Was ziehen Sie vor: die
Musik oder den Handel mit Schweinefleisch?«

Thomas Mann hat mit seiner Erzählung »Das Wunderkind«

eine der ersten Beschreibungen dessen gegeben, was zur Entertainment-Industrie werden sollte. Erst wenn das Klavier schweigt, hebt wahrhaft der Kult an. Nach der Musik ereignet sich das Unerhörte: »Da ist das Wunderkind fertig, und ein wahrer Sturm erhebt sich im Saale. Der Mann mit den blanken Knöpfen ... hängt einen Lorbeerkranz um Bibi's Hals, er streichelt zärtlich sein schwarzes Haar. Und plötzlich, wie übermannt, beugt er sich nieder und gibt dem Wunderkinde einen Kuß, einen schallenden Kuß, gerade auf den Mund. Da aber schwillt der Sturm zum Orkan. Dieser Kuß fährt wie ein elektrischer Stoß in den Saal, durchläuft die Menge wie ein nervöser Schauer. Ein tolles Lärmbedürfnis reißt die Leute hin ... Aber der Kritiker denkt: Freilich, dieser Impresariokuß mußte kommen. Ein alter, wirksamer Scherz. Ja, Herrschaften, wenn man nicht alles so klar durchschaute!«

Ein wirksamer Scherz, aber ein zeitloser. Ist es am Ende die Musik selbst, die immer schon alle Register zog, mit allen Tricks zu arbeiten wußte? Sind womöglich alle Klaviere präpariert? Nicht mit Objekten, sondern mit emotionalen Extras? Nicht für den Klang, sondern bloß für »die Leute«?

»Ich habe das Klavier geküßt«

Und wieder sitzt ein Kind vor dem Klavier, vor einem Flügel der Marke Becker, und spielt. Aber es ist der umgekehrte Fall: Hier sträubt sich ein junges Mädchen, ebenso alt wie Bibi, gegen die Zumutungen des Instruments, der Mutter, des musikalischen Drills und gegen die Hoffnungen der Großen auf eine Karriere, wer weiß? Die russische Lyrikerin Marina Zwetajewa schreibt in einem autobiographischen Prosastück so etwas wie das Gegenstück zum Mann'schen Ironie-Glissando, beschreibt das tiefe Leiden eines Kindes am Klavier, das ein doppeltes Leiden ist, weil es die Mutter nicht enttäuschen will, aber doch schon deutlich spürt, daß es für die Faxen eines Bibi – den es natürlich nicht kennt – nie taugen würde. Das Herzzerreißende des Übe-Vorgangs, die Qual der »Einzelhaft am Klavier« (so die polemische Formel Grete Wehmeyers), die Konfrontation mit einer Musik, die der eigenen Seele noch fremd ist: dies alles ist hier nicht nur thematisiert, sondern ebenso einfühlsam wie nachfühlbar erzählt. Das Stück heißt »Die Mutter und die Musik«; aber in Wahrheit ist es eine einzigartige Klavier-Beschwörung, eine faszinierende Mythologie des Flügels, die schönste Hommage an das Instrument, die sich denken (und dichten) läßt.

Das Kind, mit dessen Augen wir sehen lernen, nähert sich dem Klavier wie einem unentdeckten Kontinent, ja wie einem Mysterium, das vor allen profanen Handlungen zu schützen ist. »... weil der Flügel ein Heiligtum ist und man auf ihn nichts legen darf, nicht nur keine Füße, auch keine Bücher. Die Zeitungen jedoch nahm – räumte – fegte die Mutter mit der hochmütigen Duldsamkeit des Märtyrers jeden Morgen, ohne dem Vater etwas zu sagen, der sie arglos und prompt immer wieder dort ablegte, vom Flügel – weg damit!, und, wer weiß, kommt nicht aus dieser Unterscheidung der grenzenlosen spiegelnden Klaviereinheit und -schwärze von diesem liederlichen und farblosen Zeitungshaufen ... meine mit nichts auszutreibende Gewißheit: Zeitungen sind Unrat ...?«

Aber wenn man, der Mutter zuliebe, einmal Priesterin im Heiligtum Klavier werden will, teilhaftig der Göttlichkeit seines Klangs, muß man sich der Strenge seines Initiationsritus unterziehen. »Ich spielte. Spielte eisern. Glut. Bläue. Mückenmusik und Marter. Der Flügel dicht am Fenster, so als versuchte er verzweifelt, mit seiner ganzen Elefantenhaftigkeit durch das Fenster zu gehen, und dicht am Fenster, zum Fenster herein, schon halb in ihm drin, wie ein lebendiger Mensch, der Jasmin. Der Schweiß strömt, die Finger sind rot – ich spiele, spiele mit dem ganzen Körper, mit meiner ganzen nicht geringen Kraft, meinem ganzen Gewicht, mit vollem Fingerdruck, und vor allem, mit meiner ganzen Abscheu vor dem Spiel ... Alle sind im Freien ... nur die Köchin hämmert mit dem Hackmesser, so wie ich – mit den Tasten.«

So wie die kleine Marina sitzen zur selben Zeit Tausende
von Kindern in Rußland am Klavier, vor allem die Söhne und
Töchter der wohlhabenden Familien in Moskau, Petersburg
und Kiew, wo es die berühmten Konservatorien gibt. So wie
sie sich abquält, haben sich vorher Skrjabin und Siloti, Tanejew und Glasunow abgequält, Lhévinne und Godowsky, so
quälen sich zeitgleich Samuil Feinberg und Benno Moisewitsch
und Sergej Prokofjew ab und viele andere Berühmtheiten. Da
sitzt die musikalische Jugend eines Riesenreiches vor den Tasten, eine ehrgeizige Elite, die nicht von der Revolution träumt,
sondern vom Ruhm am und mit dem Klavier. Eine Schar von
potentiellen Virtuosen, die nicht eine neue Welt wollen, sondern einfach nur »die Welt«. So wie das kleine Mädchen mit
seinem ganzen Gewicht, mit vollem Fingerdruck den Flügel
bearbeitet, so arbeitet ganz Rußland am Klavier als dem Instrument seiner wirklichen Befreiung.

»Musikalischen Eifer«, so erzählt die Klavier-Dichterin weiter, »habe ich nicht gehabt. Doch auch beim Spiel war ich ehrlich, ich spielte, ohne zu betrügen, die gebotenen zwei Mor-
gen- und Abendstunden (vor der Musikschule, das heißt vor
dem sechsten Lebensjahr!), und sogar ohne mich des öfteren
nach dem rettenden Rund der Uhr umzublicken ... doch wie
froh stets über ihren tiefen Ruf! Ich spielte, wenn die Mutter
nicht da war, genauso wie wenn die Mutter da war, spielte, ohne
mich einzulassen auf die Lockungen des mit der Mutter ha-
dernden Fräuleins und des mitleidigen Kindermädchens (›Wie
Sie das Kind aber auch quälen!‹) und sogar des Hausknechts,
der den Ofen im Saal heizte: ›Geh, Mussjalein, lauf raus!‹ –
und, manchmal, sogar des Vaters, der aus seinem Arbeitszim-
mer erschien, und, nicht ohne Schüchternheit: ›Sind die zwei
Stunden noch nicht um?‹«

Und dann erst der Schrecken, die Tortur des Metronoms,
dieser Peitsche für das Ohr! »Das Metronom war – ein Sarg,
und in ihm wohnte der Tod. Über dem Schrecken des Lautes
vergaß ich sogar den Schrecken des Anblicks: ein stählerner
Stock, der hervorkommt wie ein Finger und mit manischer

Sturheit hinter dem lebendigen Rücken pendelt.« Wie die Kleine das systematische Knacken zu fürchten, zu hassen beginnt, wie ihr der regelmäßige, unerbittliche Laut durch die Seele geht, daß ihr das Herz pocht, erstarrt, erkaltet. Wie ihr dieses Instrument die Musik erschlägt, bis sie, nach dem Ende der Übezeit, kindliche Rache nimmt und ihm zuruft: »Ich gehe, und du – stehst!«

Nie ist der Zauber des Klaviers sinnlicher, ergreifender, urtümlicher beschworen worden als in der Erinnerung der Marina Zwetajewa. Aber sie vermochte das nur, weil sie sich trotz der energisch-liebevollen Mutter dann doch nicht zu diesem Instrument hat verführen lassen. So bleibt es ein halb wohlig, halb gruselig betrachteter Fremdkörper, ein Riesenspielzeug, das sie, die erwachsene Lyrikerin, auseinandernimmt und träumerisch-traumatisch wieder zusammensetzt.

Gehört nicht schon der Klavierhocker zu dieser seltsamen Aura? Lädt er nicht geradezu ins Abenteuer ein, zum Karussellfahren, zum Schwindel in beiderlei Gestalt, zur Lust, der ganzen Übequal einen anderen Dreh zu geben? »Ein Ding, das im ganzen Haus nicht seinesgleichen hatte – magisch, denn von allen Dingen verlangte gerade es, das sich selber drehte, daß ich still saß.« Und natürlich kann das Kind nicht widerstehen, schraubt sich hinauf und wartet auf den kitzligen Punkt, wo der Sitz wankt und abkippt. Und natürlich kommt der ältere Stiefbruder dazu und sagt: »A-a-ah! Wieder beim Drehen!« Und beginnt seine eigenen frechen Erziehungsmaßnahmen.

Und dann die Tastatur! »Aber die Tasten liebte ich: für ihr Schwarz und ihr Weiß (leicht gelb!), das so *heimlich* traurig ist, dafür, daß die einen breit sind und die anderen schmal (gekränkt!), dafür, daß man auf ihnen, ohne sich vom Platz zu rühren, wie auf einer Leiter steigen kann, daß diese Leiter – unter den Händen hervorkommt!, und daß von diesen Leitern sofort eisige Bäche – eisige Leitern von Bächen über den Rükken gehen – und Glut in die Augen dringt … und dafür, daß die weißen Tasten, beim Drücken, deutlich fröhlich sind und die schwarzen – sofort traurig, *wirklich* traurig, so *wirklich*, daß, wenn ich drücke, ich mir gleichsam auf die Augen drücke und aus den Augen – Tränen drücke.« Und sie bekennt ihre Liebe für die Klaviatur, »für dieses so mächtige Wort, daß ich es heute nur mit einem ausgebreiteten Adlerflügel vergleichen kann«.

Wie vielen Kindern spricht sie aus der Seele, wie viele Erwachsenen-Erinnerungen beschwört Marina Zwetajewa herauf, wenn sie von einem Flügel der dritten Art spricht; nicht dem, an dem man selber sitzt; nicht dem, an dem man die Mutter spielen sieht; sondern dem, *unter* dem man sich's gruselig wohlsein läßt, während die Mutter spielt: »Das Klavier von unten, die ganze Unterwasser-, Unterklavierwelt. Unterwasserwelt nicht nur wegen der Musik, die sich auf den Kopf ergoß: hinter unserem, zwischen ihm und den Fenstern, verstellt von seinem schwarzen Koloß, von ihm abgehoben und gespiegelt wie von einem schwarzen See, standen Blumen, Palmen und Philodendren, die das Unter-Klavier-Parkett in einen richtigen Wassergrund verwandelten, wo mattes, sich auf Gesichter und Hände legendes grünes Licht herrschte und richtige Wurzeln waren, die man mit den Fingern berühren konnte, und wo sich wie riesige Wunder lautlos Mutters Füße und die Pedale bewegten ... Mutters Füße waren selbständige Lebewesen, fern jeden Zusammenhangs mit dem Saum ihres langen schwarzen Rocks. Ich sehe sie, richtiger einen, den auf dem Pedal, schmal, doch groß, in flachem schwarzem Schuh mit Knöpfen, die wir Mopsaugen nennen ...« Und die Mutter, als sie nach einer Stunde endlich die Tochter unter dem Flügel entdeckt, ist entsetzt, schimpft über das Versteckspiel: »Noch ein Beweis für deine Unmusikalität! Ein musikalisches Ohr kann solch Donnern nicht ertragen!«

Die Klavierwelt als Unterwelt ist nicht das Ende der Expedition. Auch einen vierten Flügel gibt es, das beunruhigende und doch ich-bestätigende Reich einer »Alice hinter den Spiegeln«. Das schwarzgelackte Instrument wird zum Abenteuer der Selbsterfahrung. »Du schaust und gehst schauend hinein ... Du schaust, und schauend erschaust du dich, während du nach und nach erst die Nasenspitze, dann den Mund, dann die Stirn in seine schwarze und harte Kälte tauchst. Aber neben dem Versuch, mit dem Gesicht ins Klavier hineinzugehen, war da noch diese kleine kindliche Flause: Hauchen, wie an eine Fensterscheibe, und auf dem matten, schon verfliegenden silbernen Atemoval rasch noch Nase und Mund abzudrücken ... Und manchmal auch habe ich das Klavier einfach geküßt – zur Kühlung der Lippen. Und da nun, vom dunkelsten Grund her, kommt ein rundes fünfjähriges, neugieriges Gesicht auf mich zu: ohne ein Lächeln, rosig selbst unter der Schwärze – wie ein in Morgenröte gehüllter Neger oder wie eine Rose – in einen Tintenteich tauchend. Das Klavier war mein erster Spiegel.«

Und noch ein fünftes Klavier beschreibt die Dichterin, »das Klavier des Innern, das Innere des Klaviers, sein saitenspielendes Inneres, das – wie alles Innere – Geheime, das Klavier der Pandora«. Wie später ein John Cage beugt sie sich über den Flügel, greift in ihn hinein, bestückt ihn noch nicht mit konkreten Gegenständen, mit Löffeln, Plastikklötzchen und Schrauben, sondern mit Assoziationen aus der Märchenwelt, aus den Spukgeschichten. Sie erschauert vor den Saiten, »die, von der Hand eines Meisters gespannt, man mit der Hand berühren kann, die man, von den silbernen Schrauben bis zu den Hämmerlein im roten Samtschuh, irgendwie – grimmschen oder gnomischen – Hämmerlein im Kämmerlein, verfolgen kann«.

Gesänge der Frühe: Erschaffung des Klaviers aus dem Geist des Verzichts, Beschwörung eines Wunderkastens in Kinderszenen. Traumhafter Nachruf? Oder nicht doch eher der poetische Hinweis, daß der damals neuen Epoche, dem 20. Jahrhundert, mit dem Klavier nicht nur ein Instrument, sondern schon ein Mythos zu hoffentlich treuen Händen übergeben wurde.

II

Ragtime

oder: Ein Rhythmus macht Epoche

Wir spielten Ragtime, weil Gott – wenn ihm
niemand zuschaut – zu dieser Musik tanzt.
Wenn Gott ein Schwarzer ist, tanzt er dazu.

Alessandro Baricco

Die Elektrisierung der Beine

Zu Beginn des Jahres 1903 hat der deutsche Musikwissenschaftler Dr. Gustav Kühl bei einem Amerikaaufenthalt ein aufregendes Erlebnis. Er besucht eine der kleinen Inseln, die dem amerikanischen Bundesstaat Georgia vorgelagert sind, und ist zu Gast bei einem Kostümfest, wo auch zwei schwarze Musiker aufspielen. Dort erlebt er eine Musik, wie er sie nie vorher gehört hat, und die ihn zugleich irritiert und fasziniert. Und die er bald darauf für die Zeitschrift »Melos« wie folgt beschreibt:

»Aber meine Sinne wurden gegen meinen Willen von der Musik gefangen genommen, die von einer kleinen Armee von Teufeln zu meiner Linken hervorgebracht zu werden schien. Es war mir zunächst völlig unfaßlich, wie irgendjemand auch nur einen einzigen Schritt zu einer so irregulären und lärmenden Klanghäufung tanzen könne; und es war noch schwieriger für mich zu verstehen, wie solches komplizierte und für mich unmusikalische Geräusch überhaupt entstehen konnte … An einem total ramponierten Flügel bearbeitete ein muskelstarker, kurzhaariger Neger mit Armen und Ellbogen die Tasten in Sechzehnteln mit solcher Leichtigkeit und Geschicklichkeit, wie sie sich mancher Pianist nur wünschen könnte. Und tatsächlich produzierte er die Musik ganz allein, nur von einem Kollegen begleitet, der an seinem Baß (dem eine Saite fehlte) mit lebhaften und brummenden Strichen die Baßtöne verstärkte …«

Den europäischen Ohren geschieht etwas wahrhaft Unerhörtes: Sie werden zu Organen zweiten Ranges; der Mann nimmt die neuartige Musik mit dem ganzen Leib wahr: »Die fortwährende Wiederkehr und Aufeinanderfolge der Betonung auf den falschen Taktteilen und die unnatürliche Synkopierung setzt den Körper unter eine Art von rhythmischem Zwang, der geradezu unwiderstehlich ist und sich schon bemerkbar macht, ehe die Ohren den Takt oder die rhythmische Struktur sortiert haben … Plötzlich fühlte ich, daß meine Beine in einem Zustand großer Erregung waren. Sie verschränkten sich, als wären sie elektrisch geladen, und verrieten eine beträchtliche und ziemlich gefährliche Neigung, mich vom Stuhl zu reißen. Der Rhythmus der Musik, die mir zuerst so unnatürlich vorgekommen war, begann, mich in Bann zu ziehen. Es war nicht jene Leichtfüßigkeit, wie sie von einem Straußwalzer ausgeht, nein, viel energischer, körperlicher, unabhängiger, als hätte man es mit einem bockenden Pferd zu tun, das absolut nicht zu bändigen ist.«

Eine ähnliche Szene hat der Schriftsteller E. L. Doctorov in seinem Roman »Ragtime« geschildert. Der etwas penetrante Verehrer des schwarzen Hausmädchens darf in einem repräsentativen Landhaus in Neuengland spielen:

»Coalhouse Walker Jr. wandte sich wieder dem Klavier zu und sagte The Maple Leaf. Komponiert vom Großen Scott Joplin. Der berühmteste Rag von allen klang durchs Zimmer. Der Pianist saß steif am Klavier, seine langen dunklen Finger mit ihren rosa Nägeln produzierten scheinbar mühelos die Cluster der synkopierten Oktaven. Das war eine robuste Komposition, eine zupackende Musik, die die Sinne aufputschte und nicht einen Moment stillhielt. Der Junge nahm es wahr wie Licht, das verschiedene Orte im Raum berührte und sich zu bizarren Mustern fügte, bis das ganze Zimmer wie von sich aus erglühte …«

Die Musik, die zu Beginn des Jahrhunderts die Menschen vom Stuhl reißt, im genauen Wortsinn, ist der Rag, der Ragtime. Das ist nicht irgendeine Schlagermasche, keine Hitmode, keine kurzlebige Faszination, es ist so etwas wie ein Schockerlebnis durch die Macht der Synkope. Es ist die Elektrisierung der Glieder ohne Zutun und fast gegen den Willen des Kopfes. Ein bis dahin unerhörter Rhythmus schreckt die Menschen auf und läßt sie zappeln wie Marionetten.

Ragtime – das ist wörtlich: die zerrissene Zeit. Die zerfetzte Dauer. Der Takt, der aus dem Takt kommt. Der Herzschlag, der aussetzt. Das auskomponierte Hoppla. Ragtime hört sich so an wie ein Clown aussieht, der dauernd über irgendwelche Gegenstände stolpert, holpert, poltert und sich dennoch stets höchst virtuos wieder fängt.

Und Ragtime ist zugleich Klaviermusik. Nein, mehr: Es ist eine ganz neue Art von Klaviermusik zu Beginn des 20. Jahrhunderts. Der Ragtime reißt das Klavier noch einmal heraus und treibt es zu einer ganz neuen Funktion. Ragtime ist die Verwandlung des Hammerklaviers in das Hämmerklavier. Er zieht nicht neue Saiten auf, aber er läßt sie anders klingen. Noch vor der »Emanzipation der Dissonanz« (Schönberg) spielt er die Emanzipation der Synkope aus. Ragtime ist der große Adrenalinstoß für das müde gewordene Klavier, und er wird zwanzig Jahre lang auch die europäischen Komponisten mobilisieren.

Scott Joplin – Genie der Synkope

Es gibt mehrere große Figuren des Ragtime – James Scott, Henry Lodge, Maxwell Gordon, Harry P. Guy, Charles Mullen –, aber eine überragt sie alle: Scott Joplin. Seine Musik hat in den siebziger Jahren unseres Jahrhunderts ein Revival erlebt, und einer seiner berühmtesten Rags, der »Entertainer«, liegt jedem im Ohr, der den hinreißendsten aller Gangsterfilme, »The Sting« (Der Clou) von 1974, gesehen hat.

Ein Ragtime, eine lumpige Zeit, war auch jenes Jahr 1868, in dem Scott Joplin geboren wurde. Seine Eltern waren Kinder von Sklaven, und daß man sie nach dem amerikanischen Bürgerkrieg freigelassen hatte, erhöhte ihre Zukunftschancen nicht. Das einzige Gut, das ihnen aus ihrer Jugend geblieben war, bestand darin, daß sie gelernt hatten, Musik zu machen. Sie waren so etwas wie die Entertainer ihrer weißen Herren gewesen (von denen sie übrigens, traditionsweise, den Nachnamen übernommen hatten). Der Vater Jiles spielte Geige, die Mutter Florence konnte Banjo. Musik war der Strohhalm, an den sich die farbigen Amerikaner zunehmend klammerten:

erst einmal gegen die Verzweiflung, dann zur Geselligkeit, gelegentlich als Job und in Ausnahmefällen als Weg zum Ruhm.

Scott Joplins Geburtsort mag eher wie ein Flüchtlingslager als wie eine jener Wildweststädte ausgesehen haben, die man aus dem Kino kennt: Texarkana hieß diese plötzlich entstandene Siedlung, Texarkana, wie irgendein Firmenzusammenschluß, wie ein Werbeslogan, wie ein schmissiges Label aus unseren Marketingtagen. Es sollte aber nur das Dreistaateneck von Texas, Arkansas und Louisiana bezeichnen, wo sich die Menschenansammlung festsetzte, weil sich hier zwei Eisenbahnlinien, die Texas & Pacific und die Cairo & Fulton, kreuzen würden. Es ist das neue Verkehrsmittel, das hier erst Station und dann eine Stadt für die Siedler macht.

Eine der ersten Kompositionen des jungen Joplin wird denn auch ein Eisenbahn-Stück sein, ein Marsch mit dem Titel »Great Crust Collision March«, den er der Missouri, Kansas & Texas Railway widmet, auf deren Strecke sich, in der Nähe der Ortschaft Temple, ein Zugzusammenstoß ereignet hatte. Der Komposition sind programmatische Hinweise eingeschrieben, wie aus einer Reportage: »The noise of the train while running at the rate oft sixty miles per hour« oder »Whistling for the crossing«, »Noise of the trains«, »Whistle before collision«, und schließlich, als sich die Dissonanzen immer schriller aufbauen, »The collision«, der Zusammenstoß, mit einem krachenden Fortissimo-Cluster. In diesem Stück, jedenfalls in der Art, wie Joplin es selbst gespielt hat, tauchen erste Elemente der Ragtime-Synkopik auf.

Wie aber lernt so einer Klavier spielen? Wo lernt er es? Wie muß man sich eine Situation denken, in der der Enkel von Sklaven, der Sohn armer Freigelassener, überhaupt an ein Instrument kommt? Er fängt nicht mit dem Klavier, er fängt mit der Musik an, und die findet in der Kirche statt. Die Kirche − oft nicht mehr als ein primitiver Versammlungsraum − ist für die farbige Bevölkerung jener Jahre nicht so sehr Treffpunkt zum Gottesdienst, als Gelegenheit zur ekstatischen Einstimmung. Bibel und Musik, Aberglaube und rhythmische Bewegung, Gemeinschaft und Gesang machen die schwarze Kirche zu einer einzigartigen Institution.

Eine der Formen dieses Kommunizierens ist der ring shout, eine Art Kreistanz mit Vorsänger und Respons, der in einem zeitgenössischen Zeitungsbericht so beschrieben wird: »Alle stellen sich in der Mitte des Saals auf, und wenn das ›sperichil‹ (Spiritual) ertönt, beginnen sie, zuerst gehend, nach und nach schwingend, sich im Kreis zu bewegen. Dabei werden die Füße kaum vom Boden gehoben, und der Fortgang entsteht vor allem durch eine ruckartige, staksige Bewegung, die auch den Vorsänger erfaßt und bald Ströme von Schweiß fließen läßt. Manchmal tanzt er schweigend, manchmal, während er vorwärts schlurft, singt er den Refrain des Spirituals, und manchmal stimmen auch die übrigen Tänzer in den Gesang ein. Aber für gewöhnlich steht eine Band, gebildet aus den besten Sängern und bereits ermüdeten Shoutern, an der Seite des Saals, um den übrigen Unterstützung zu geben, die die Grundstimme des Songs singen und mit ihren Händen auf die Knie klatschen. Gesang und Tanz sind gleichermaßen energiegeladen.«

An solchen ring shouts nahm schon der junge Joplin teil, und er lernte, daß Musik nicht eigentlich im Kopf, sondern daß sie in den Füßen beginnt. Daß musikalische Formen keine bloßen Formalien sind, sondern lebendiges Hin und Her, Zuruf und Antwort, Einzelstimme im Wechsel mit einer Gemeinschaft, und daß sie einen tragen, forttragen, daß sie selber fortschreiten wollen. Daß Musik, die bewegen soll, auch Bewegung braucht.

Und noch die extreme Armut der Familie kam dem Jungen zugute, eine Armut, die an nackte Not grenzte, nachdem der Vater die Mutter mit ihren fünf Kindern hatte sitzenlassen. Florence Joplin war jetzt Mädchen für alles, ging putzen, machte die Wäsche für andere Leute, verrichtete jede nur mögliche Arbeit. Eine der Familien, bei denen sie half, die Cooks in der Hazelstreet, hatten ein Klavier, und Florence, eine jener Mütter, die Energie mit Zukunftsträumen zu bündeln wissen, erreichte es, daß ihr Sohn, während sie den Haushalt machte, auf dem Klavier der Cooks spielen durfte. Und ausprobieren konnte, was ihm sein Lehrer an Übestücken aufgegeben hatte.

Denn auch so etwas wie Klavierunterricht hatte die Mutter ermöglicht: Da gab es in Texarkana einen »Professor« namens J. C. Johnson, der neben seinen Geschäften als Barbier und Grundstücksmakler auch Musikstunden für Horn, Violine und Klavier gab. Johnson brachte dem jungen Joplin das Notenlesen und wohl auch ein paar »klassische« Stücke und Strukturen bei. (Es ist eine erheiternde Paradoxie, wenn in der amerikanischen Literatur über solche Episoden, die ja an manche Geschichten aus dem »Western« erinnern, die klassische Musik Europas immer wieder mit dem Beiwort »Western [European] Musik« belegt wird.)

Aber daß Scott Joplin Noten lesen und schreiben lernt, wird mitentscheidend sein für seine Karriere, ja für den Erfolg des Ragtime: Denn es ist, im Unterschied zum Blues und anderen Frühformen des Jazz, sheet music, auskomponierte, aufgeschriebene, genau notierte (und nicht improvisierte) Musik. Musik nach Noten.

Es ist dann eine weitere dieser Eisenbahnstädte des amerikanischen »Westens«, in der Scott Joplin, nach Jahren als Wanderpianist, seinen ersten großen Erfolg hat. Solche Stadtgründungen vollzogen sich immer nach dem gleichen Muster. Ein vermögender Mann (der es gerade erst geworden war) hört von irgendwelchen Eisenbahnprojekten; kauft sich große Mengen Land entlang der geplanten Strecke, steckt die Grenzen einer »Stadt« ab, wartet auf die Gleise, auf die Ankunft des ersten Zuges und dann auf das Geschäft seines Lebens. Manchmal werden die Streckenpläne über den Haufen geworfen, weil vielleicht ein Konkurrent anderswo noch mehr Geld in den Sand und in die richtigen Taschen gesteckt hat: Dann ist die ganze Investition futsch. Manchmal aber hat so einer auch Glück: Dann ist er ein gemachter Mann. General George R. Smith hatte solches Glück, als er im Vertrauen auf die Pläne der Missouri & Pacific Railroad in der Nähe von St. Louis einen Ort gründete und nach seiner Tochter Sarah, die er Sed nannte, Sedalia taufte. Um die Jahrhundertwende ist Sedalia ein prosperierender Ort von etwa fünfzehntausend Einwohnern; inzwischen kreuzen sich hier die an die Westküste und die nach Texas führenden Bahnlinien. Sedalia hat nicht nur ein College für farbige Kinder, es hat auch ein großes Vergnügungsviertel mit mehr als dreißig Saloons. In jedem steht mindestens ein Klavier, und viele davon bearbeitet Scott Joplin.

Eines dieser Etablissements ist der 1898 gegründete Maple Leaf Club, der sich zum Ziel gesetzt hatte, »ein Treffpunkt für den häufigen und geselligen Verkehr seiner Mitglieder untereinander zu sein« (samt Bibliothek, Billard und anderen Bequemlichkeiten). Daß damit meist auch Bordellbetrieb gemeint war, geht aus den Protesten der schwarzen Geistlichen hervor, die alsbald eine Schließung des Lokals als einer Brutstätte des Lasters verlangten.

»Maple Leaf Rag« heißt auch die Komposition aus dem Jahre 1899, die zum Hit des kommenden Jahrhunderts werden sollte, zum Rag schlechthin, zur akustischen Ikone einer neuen amerikanischen Musik. Ob auch der Name, der mit der Verrufenheit des anrüchigen Clubs kokettierte, dazu beigetragen hat, ist nicht gewiß, ja nicht einmal, ob Scott Joplin wirklich das Etablissement und nicht abermals die Eisenbahn gemeint hatte: Denn es gab eine Strecke der Chicago Great Western Railroad, die Chicago, Kansas City, Minneapolis und St. Paul verband und auf der Karte die Form eines Ahornblattes hatte. Schon 1895 hatte ein anderer Komponist einen »Maple Leaf Two Step« ausdrücklich diesem Trassen-Bild gewidmet.

Wie auch immer: Joplins »Maple Leaf Rag« wurde gedruckt. Der Kleinverleger John Stark sicherte dem Komponisten, entgegen der damaligen Praxis, nicht ein kleines einmaliges Honorar, sondern eine winzige Tantieme zu: ein Prozent pro verkauftem Exemplar. Es war der Beginn einer zehn Jahre währenden Zusammenarbeit, die beiden zwar nicht Reichtum, so doch ein sattes Auskommen bescherte. Allerdings war das Stück ein Langsamstarter. Im ersten Jahr verdiente Joplin nur etwa vier Dollar, ehe sich das Stück als Ohrwurm erwies, der sich durch den Mittleren Westen bis nach New York vorarbeitete.

Aber nicht jeder, der sich Ragtime-Noten zulegte, konnte sie auch spielen. Die Synkopierung in der rechten Hand gegen die provokatorische Gleichmäßigkeit der linken verlangte nicht nur Schwung, sondern auch Präzision. In einem Inserat erzählte John Stark die Geschichte einer Pianistin, die den »Maple Leaf«, den »Entertainer« und die »Elite Syncopations« von Scott Joplin in ihrem Repertoire hatte und die Stücke nach ihrem Gusto herunterspielte, aber nichts mit ihnen anfangen konnte. Eines Tages kommt sie in ein Lokal, wo Scott Joplin selbst einen dieser Rags spielt. Sie ist sofort fasziniert und fragt: Was ist das für ein Stück? Hatte selbst wochenlang daran herumgefingert und es nicht wiedererkannt.

»Um 1900 spielten alle Ragtime. Die Pianisten spielten ihn, schwarze und weiße, in den Saloons, in den Bars, in den Bordellen und auch in den eleganten Lokalen … Zu Ragtime-Klängen tanzte man den Cake-Walk, in Amerika und in Europa.« (Arigo Polillo) Unter allen Raketen der Jahrhundertwende ist der Ragtime die langlebigste. Und der »Maple Leaf Rag« wird zum besonderen Renner. Der Verleger John Stark muß sein Büro von Sedalia nach St. Louis verlegen, um den Vertrieb zu bewältigen. Er installiert in einem Hotelzimmer eine Handpresse und stellt etwa zehntausend Exemplare des begehrten Stücks her. Und noch größere Formen nimmt der Absatz an, als dann die ersten Billigläden wie Woolworth Interesse zeigen: Da stellen Stark und Sohn Hilfskräfte für die Maschinen ein und werfen sich selbst in Schale, um den Verkauf in großem Stil zu organisieren.

Inzwischen überbieten sich in Kneipen und Clubs, in Tanzsälen und auf kleinen Bühnen die Klavierspieler in Ragtime-Konkurrenzen. Das Tastenduell, das schon von Bachs Zeiten her Tradition hat, dem sich Scarlatti und Händel, Mozart und Clementi, Beethoven und Speidel, Liszt und Thalberg unterworfen haben, erlebt eine neue Variante: das Schnellspielen. Der quickere Spieler siegt. Robert Schumanns »Il più presto possibile« wird zur Sportart. Das Publikum hört nicht mehr zu; es schaut auf die Uhr.

Und Scott Joplin beginnt mit warnenden Hinweisen in seinen Notentexten: »Zu beachten: Spielen Sie dieses Stück nicht schnell. Es ist niemals richtig, Ragtime schnell zu spielen.« Diese Ermahnung wird bei ihm zur Regel, und in seiner »School of Ragtime« begründet er sie ausführlich mit der Vertracktheit des Rags:

»Es liegt auf der Hand, daß man den Effekt nur erzielen kann, wenn jeder Note ihre angemessene Dauer gegeben wird und die Bindungen genau beachtet werden … Spielen Sie langsam, bis Sie den Swing heraushaben, und spielen Sie Ragtime überhaupt niemals schnell … Sehr oft verfehlen auch gute Spieler die Wirkung, weil sie zu schnell spielen. Die Stücke sind mit Absicht so gesetzt, daß sie Note für Note zu spielen sind, weil nur dadurch und durch die entsprechenden Taktunterbrechungen der gehörige Eindruck entsteht.«

Als der Ragtime nach New York kommt, gerät er nicht nur in die große Welt der Reichen und Mächtigen, in die Hände der weißen Komponisten, er muß sich auch den Windkanal der Kommerzialisierung gefallen lassen und wird zunehmend stromlinienförmiger, angepaßter, weniger sperrig. Zu dieser urbanen Rezeption des Rag gehört auch, daß seine Titel jetzt nicht mehr »Maple Leaf« oder »Fig Leaf«, »Gladiolus Rag« oder »Euphonia« heißen, sondern Blinklichter des Highlifes sind: Um 1910 gibt es den »Novelty Rag« und den »Champagne Rag«, den »Prosperity Rag« und den »Sensation Rag«, den »Wireless Rag« und den »Live Wires Rag«, es gibt »That Eccentric Rag« und »The Holdup Rag« – der Rag wird gleichsam zur Nachsilbe für alles, was die Metropole an Neuem, Sensationellem zu bieten hat. Scott Joplin paßt sich an und liefert mit dem »Wallstreet Rag« einen der kessesten Titel, dessen einzelne Teile sich wie eine Reportage lesen: »Panik in Wallstreet; Broker kriegen das heulende Elend; gute Zeiten kündigen sich an; gute Zeiten sind da; Broker hören die Klänge des Rag und vergessen ihre Sorgen.«

Aber New York ist nicht Endstation, sondern Startrampe für den Sprung des Ragtime über den Ozean. 1903 hatte der amerikanische Allround-Komponist und Orchesterleiter John Philipp Souza eine Europatournee unternommen und dabei zum erstenmal auch Ragtime-Musik vorgestellt. Dieses Gastspiel muß sensationell gewirkt haben; der Funke der Ragtime-Synkopik erwies sich in der Alten Welt aber eher als Spätzünder.

Europa stolpert hinterher

Claude Debussy reagierte keineswegs spontan mit seinem »Golliwoggs Cake-Walk«, der als das erste vom amerikanischen Rag-Rhythmus beeinflußte europäische Musikstück gilt. Nach dem Gastspiel Souzas in Paris schrieb er am 20. April in der Zeitschrift »Gil Blas« eher distanziert: »Wenn die amerikanische Musik auch einzigartig in der Rhythmisierung des unaussprechlichen Cake-Walk ist, so scheint mir das im Augenblick doch der einzige Vorrang vor aller anderen Musik zu sein ... Und M. Souza ist darin unzweifelhaft der König.«

Erst gut vier Jahre später beginnt Debussy sich kompositorisch mit den amerikanischen Rhythmen zu beschäftigen und arbeitet sie immer wieder als ironisch-exotische Einsprengsel in die Klavierwerke der folgenden Zeit ein. Es beginnt mit dem »Golliwogg«, dem letzten Stück der Reihe »Children's Corner«, einer Komposition für die Tochter Chouchou, setzt sich fort mit den »Minstrels«, die im 1. Heft der »Préludes« ebenfalls die Schlußpointe bilden, dann im 2. Heft mit dem »General Lavine – eccentric«, einem Stück, das »Dans le Style et le Mouvement d'un Cake-Walk« zu spielen ist, und es endet 1913 mit dem »Petit Nègre« aus der »Boite à Joujoux«.

Man hat zu analysieren versucht, ob »Golliwoggs Cake-Walk«, ob die Ragtime-Klänge in den ersten Takten Ausdruck von Faszination oder musikalischem Spott sind. Man sieht, wie Peter W. Schatt, den musikalischen Charakter des Stücks »eher im Bereich des Lächerlichen und Grotesken«, weist auf den Spielcharakter der ganzen Reihe hin und darauf, daß die gleiche Komposition ja auch noch einem anderen Schabernack diene, nämlich der Verjuxung des »Tristan«-Beginns. Wenn dann aber Debussys Spielanweisung »très net et très sec« (»sehr klar und sehr trocken«) als Beleg dafür angeführt wird, daß Debussy die »lockere Anschlagstechnik und leicht schwammige Ungenauigkeit bei den Synkopen« in der amerikanischen Musik nicht begriffen oder nicht befolgt, jedenfalls nicht so wichtig genommen habe, beginnt man an der Interpretation insgesamt zu zweifeln. Denn Debussys »net« und »sec« trifft sich genau mit den Spielregeln, auf die Scott Joplin – wie wir eben gelesen haben – gepocht und in denen er eine »leicht schwammige Ungenauigkeit« ausdrücklich verpönt hat. Fazit: Golliwogg, die Minstrels, der Exzentriker Lavine und der kleine Neger mögen im Anfang kuriose Gestalten gewesen sein. Am Ende des Jahrhunderts erkennt man sie als wichtige Botschafter eines neuen Rhythmus, ja als des Prinzips Rhythmus schlechthin.

Ein Jahrzehnt später wird, neben Eric Satie (»Parade«, 1917), Arthur Honegger (»Sonatine für Klarinette und Klavier«, 1921/22) und Paul Hindemith (»Ragtime« als Schluß der »Klaviersuite«, 1922) sich vor allem Igor Strawinsky dem Ragtime widmen. Der läßt sich nach dem Ersten Weltkrieg nicht nur von Ernest Ansermet einen Packen Ragtime-Noten aus New York mitbringen; er hatte auch als junger Mann in Petersburg eine frühe, leicht schockierende Begegnung mit der Holper-Synkopik.

Im Hause seines Kompositionslehrers und künstlerischen Übervaters Rimskij-Korsakow, wo es oft gesellige Konzertabende gab, bei denen seine Schüler eigene Kompositionen oder andere avantgardistische Werke spielen konnten, setzte sich eines Tages – es war am 17. Februar 1904 – der Pianist Nikolas Richter an den Flügel und begann, zum Entsetzen der Hausfrau, einen Cake-Walk zu spielen.

Strawinsky muß den neuen Rhythmus sofort begriffen haben. Er und sein Freund Stefan Mitusow führten der konsternierten Gesellschaft vor, wie man dazu tanzt.

III
Das Klavier verstößt den Spieler
oder: Der Siegeszug des Player Pianos

Doch an mein Pianola, da laß ich keinen ran.
Marlene Dietrich in »Der blaue Engel«

Locker vom Hocker

Es ist ja kein Wunder: Irgendwann hat das Klavier den Menschen satt. Irgendwann ist es dieser Spieler überdrüssig, die da Tag und Nacht Hand an es legen. Irgendwann will es dieser Tortur durch Klimperer und Drescher, Gefühlsselige und Gutwillige, durch Stümper und Stocherer entkommen. Da hat es genug vom Anblick der höheren Tochter und des streberhaften Etüden-Eiferers, von den Gesichtern der Unlust wie der Verzückung, es mag die wallenden Busen nicht mehr sehen und die geschmierten Schnurrbärte, die Frackhemden sowenig wie die Schürzen der Hausfrau. Die abgekauten Fingernägel sind ihm so zuwider wie die langen lackierten, die dreckigen Schuhe auf den Pedalen ebenso wie die abgestellten Biergläser oben auf dem Deckel. Es ekelt sich nicht so sehr vor den immer ungewaschenen Kinderhänden als vor den Schweißpfoten der Begleiter, die lieber als nach den Tasten nach den Brüsten der Sängerin griffen, und es graut ihm vor dem üblen Atem der kunstsinnigen Herren, die ihren Alkoholdunst per Gesang verströmen. Das Klavier will nichts mehr wissen von dieser ganzen comédie humaine, die sich vor ihm und an ihm abspielt, von diesen Schwülstigkeiten und Liebesergüssen, diesen Eifersuchtsdramen und Amateurleidenschaften, von diesem Grölen und Himmelhochjauchzen, nichts mehr von der holden Kunst und der Balladen-Uhr und dem Irrwitz des Flohwalzers.

Es kommt der Tag, da kann das Klavier auch alle die Emma Bovarys und Effie Briests und Gabriele Klöterjahns nicht mehr ertragen, die Tastenräusche eines Hanno Buddenbrook oder einer Renée Mauperin, die selbstkomponierten Walzer eines Frédéric Moreau (»Education sentimentale«) sowenig wie die Opernarien eines Conte Fosco (»Die Frau in Weiß«) und die musikalischen Handstickereien der Elizabeth Bennet (»Stolz und Vorurteil«). Und nichts als Widerwillen empfindet es zuletzt gegenüber einem Romancier wie Emile Zola, dem keine Pointe zu billig zu sein scheint, wenn er Dialoge schreibt wie diesen:»Warum gießt er denn Champagner ins Klavier?« – »Nichts ist so gut für Klaviere wie Champagner. Das verleiht ihnen Klang.«

Es kommt der Tag … Es ist ein trauriger Moment der Klaviergeschichte, aber verschweigen läßt er sich nicht. Um 1900 hat das Klavier – fürs erste – seinen Spieler, der zum Gegenspieler geworden ist, satt, stößt ihn vom Hocker und setzt ihn vor die Tür. Das Klavier will für sich sein und läßt das ganze menschliche Zubehör sausen. Das Klavier emanzipiert sich, indem es automatisch wird, ja geradezu autistisch. Es zieht sich in sein Inneres zurück.

Die Verstoßung des Klavierspielers geschieht nicht auf einmal, aber gerade der Übergang zeitigt eine besondere Groteske. Denn bei den frühen automatischen Klavieren gibt es den Pianisten noch in unansehnlicher Homunkulus-Gestalt. Der »Piano Player« ist ein großer ungefüger Kasten, der vor das »Player Piano« gerückt wird und gräßliche, künstliche, filzbespannte Finger hat, die auf die Tasten des eigentlichen Instruments ausgerichtet sind – zuerst nur 65, dann die ganzen 88 einer normalen Klaviatur erfassend. Dieser »Vorsetzer«, dieser klotzige Apparat, war gleichsam alles, was von den Hunderttausenden von Klavierspielern und -spielerinnen des 19. Jahrhunderts übrigblieb – ein makabres Relikt, ein unansehnlicher Sockel als Denkmal.

Innerhalb dieser Vorsatzapparatur, dieses geklonten Klavierspielers, befand sich eine metallene Walze, die für jeden Tastenton eine spezielle Öffnung hatte; über diese abtastende Walze wurde nun eine Rolle aus starkem Papier geführt, die – vergleichbar einer Lochkarte – Ton für Ton mechanisch gestanzt war. Das Notenblatt war also in eine Art Stanz-Chiffrierung übertragen worden – längere Lochungen bedeuteten lange Notenwerte, kürzere kürzere, und so konnte ein Klavierstück seinen mechanischen Lauf nehmen. Dabei ging durch die Walze ein Luftstrom, der durch zwei Tretpedale, ähnlich wie beim

Harmonium, erzeugt wurde; wo also (und solange) Walzen-öffnung und Rollenstanze übereinstimmten, wurden durch den Luftstrom Ventile geöffnet, die nun aber (anders als beim Harmonium) nicht direkt einen Ton erzeugten, sondern den Tastenmechanismus in Bewegung setzten.

Zu diesen Hebeln, die vorn am »Vorsetzer« angebracht waren, gehörten auch solche, die das Tempo, die ungefähre Lautstärke, getrennt nach Baß und Diskant, steuern konnten; außerdem hatten einige Modelle auch einen automatischen Fuß, der das Dämpferpedal des Klaviers herunterdrückte.

Aber schon bald wurde der Pianoplayer in das Player Piano integriert, was zur Folge hatte, daß das Gerät noch schwerer wurde, als Klaviere normalerweise schon sind. Nun saßen die Pedale für den Blasebalg unten am Instrument, und die verschiedenen Regelknöpfe, wie die Register einer Orgel, über der Tastatur. Durch die diversen Lautstärke-Regler, die Tempo-Kontrolle und die Betätigung des Dämpferpedals konnte man das rein mechanische Abspielen, wenn man geschickt damit umging, in ein relativ freies Spiel verwandeln und so den Eindruck verwischen, Musik werde einfach nur heruntergerattert. Viele der Rollen wurden mit Anweisungen für Tempo, Dynamik und Schattierungen versehen. Da aber das Pianola gerade von Leuten gekauft wurde, die weder vom Klavier noch von Musik eine Ahnung hatten, blieben diese Spezialeffekte weitgehend ungenutzt, bis die Fabrikanten dazu übergingen, auch solche »Gestaltungs«-Codes der Rolle selbst einzuzeichnen. Der Gipfel dieser Überlistung der Mechanik durch sich selbst war dann das »Expressions«-Klavier nach Art des »Themodist« der Aeolian Company.

Zwanzig Jahre lang, zwischen 1900 und 1919, boomte die Pianola-Industrie, vor allem in den Vereinigten Staaten, wo der Ragtime zur eigentlichen Software des Player Pianos wurde. Die bekanntesten Firmen waren die schon genannte Aeolian Co., die American Piano Co., die Auto-Pneumatic-Action Co., Melville Clark Piano Co., in England die Orchestrelle Co. und in Deutschland die Firmen Hupfeld und Kastner-Auto-Piano.

Der Kinematograph des Klavierlauts

Und wieder, wie so oft in der Geschichte des Klaviers, ereignet sich das Wunder segensreicher Paradoxie. Wieder zeigt sich die produktive Dialektik des Pianoforte. Denn kaum, daß das Klavier seinen Spieler verabschiedet hat, hilft es, ihn auf die Nachwelt zu retten. Der, den es überflüssig macht, wird durch das Selbstspielklavier sogar unsterblich. Denn auf einmal taugt das Player Piano nicht mehr nur dazu, mechanisch gestanzte Rollen abzuspielen, sondern das Klavierspiel berühmter Komponisten und Pianisten festzuhalten. Um 1905 begibt sich das Mirakel der ersten Tonaufnahmen, und die starr gelochte Rolle avanciert zur »Künstlerrolle«.

Es beginnt eine Wallfahrt der bedeutendsten europäischen Musiker nach Freiburg im Breisgau: Claude Debussy, Ferruccio Busoni, Max Reger, Edvard Grieg, Gabriel Fauré, Ignaz Paderewski, Frédéric Lamont und viele andere machen sich auf in den Schwarzwald, um dort ein Wunderding zu besichtigen, zu bespielen und zu bestaunen. Zu bestaunen mit Worten, bei denen »bewunderungswürdig« nur der kleinste gemeinsame Nenner ist; mit Äußerungen wie diesen: »Das unerreichte Ideal aller Musikinstrumente« (Reger), »das größte Wunder der Jetztzeit«. Gabriel Fauré schwärmt von einer Erfindung, »welche mit Reinheit und Geschmeidigkeit nicht nur den Ton in wunderbarer Reinheit, den vollen Zauber der Zartheit, sondern auch die Schattierungen mit ganzer Kraftentfaltung wiedergibt«. Und Ferruccio Busoni, der Intellektuelle unter den Klavierfreaks, findet für seine Verblüffung auch einen verblüffenden Vergleich: »Kinematograph des Klavierlauts«.

Was die Künstler anlockt, worüber sie sich begeistern: das ist das Welte-Mignon-Reproduktions-Klavier.

Aber wieder, wie in aller Klaviergeschichte, kommt das Wunder nicht über Nacht, ergibt sich die Neuerung aus alter Tradition. Das Versuchsgelände Klavier ist ja seit dem 18. Jahrhundert der Tummelplatz der Tüftler geblieben, und auch im Falle des Reproduktionsklaviers baut da eine Firma nicht plötzlich ein neues Instrument zusammen, sondern auf langer Erfahrung auf. Nur daß in diesem Fall noch der Wissensschatz eines anderen Handwerks hinzutritt.

Denn Michael Welte, der Firmengründer, kam nicht aus der Klavierschule, sondern aus der Uhrmacherlehre, und zwar aus deren schwäbischer Spezialklasse: von den Spieluhrenmachern. 1832 hatte er in Vöhrenbach eine Spieluhrenwerkstatt eröffnet und sich auf besonders präzise und schön ausgestattete Instrumente spezialisiert, die ihm bald einen guten und auch weitreichenden Ruf verschafften. Ein Orchestrion mit 1100 Pfeifen ging bis nach Odessa, wo es angeblich heute noch steht.

1872 war der Betrieb ins größere und günstiger gelegene Freiburg übergesiedelt, wo nach dem Tod des Vaters (1880) die Söhne Edwin, Berthold und Emil Welte sich um die Automatisierung des Klaviers kümmerten. 1904 war es dann soweit, daß sie dem Automatenklavier eine Seele einhauchen konnten. Bei ihnen wurde die Rolle nun nicht mehr automatisch (und mit der Robustheit eines Metronoms) chiffriert, sondern von einem speziell entwickelten Aufnahmeklavier im direkten Zuspiel beschrieben.

Ein Fachmann beschreibt das Verfahren so: »Die Aufnahme kommt dadurch zustande, daß jeder vom Pianisten auf einem speziell eingerichteten normalen Flügel angeschlagene Ton durch einen Stift auf eine gleichmäßig rotierende Papierrolle eingetragen wird. Jeder Ton des Klaviers hat auf dieser Rolle seinen bestimmten Platz. Dadurch ist also einmal die Tonhöhe genau bestimmt. Durch die Länge des Striches wird die Tondauer genau festgehalten, denn der Stift beschreibt die laufende Rolle nur genau so lange, als der betreffende Ton erklingt. Dank eines sehr komplizierten Systems werden am Rand der Rolle – und zwar sowohl links für die tiefe Hälfte der Klaviatur als auch rechts für die hohe – alle dynamischen Nuancierungen graphisch aufgezeichnet: crescendo und decrescendo, die Tonstärke, die Funktion der Pedale und anderes mehr. Die Papierrolle, auf der nun alle notwendigen Angaben über das

Klangbild genau fixiert sind, wird sodann auf Spezialpapier übertragen und anstelle der in der Laufrichtung der Rolle eingetragenen Striche werden eng aneinanderliegende Perforationen ausgestochen. Damit ist die Rolle für die Wiedergabe durch das Reproduktions-Klavier fertiggestellt und kann auf einer selbständigen Stanzmaschine beliebig oft vervielfältigt werden.«

Fast fünfzehn Jahre lang war die Firma Welte auch eine Weltfirma, die sich schon früh auch in New York, der Metropole des Player Pianos, niedergelassen hatte. Aber im Unterschied zu den Fabrikanten der meisten anderen automatischen Klaviere, die ihr Geschäft vor allem in Bars, Restaurants und anderen Etablissements machten, galt bei den Freiburgern die Devise: »Für Cafés und Kneipen werden keine Instrumente abgegeben.«

An die sechstausend Rollen sollen in diesen anderthalb Jahrzehnten bespielt worden sein; etwas mehr als fünftausend haben sich in rund einhundert Sammlungen erhalten. Und viele der interessantesten »Einspielungen« – darunter Grieg, Reger, Fauré – sind in den letzten Jahren, mit Hilfe eines wieder instandgesetzten Reproduktionsflügels, auf Schallplatte oder CD übertragen, gewissermaßen neu »erhört« worden. Späte Versöhnung zweier Tonträger-Generationen. Zwar hatte es zu Anfang des Jahrhunderts auch schon den Phonographen Edisons gegeben, aber die Wiedergabe von Musik war zunächst derart unzulänglich, daß die Schallplatte keine Chance gegen die »Künstlerrolle« hatte. Erst um 1920 brach das Geschäft mit den Rollen wie auch das der Player Pianos komplett zusammen.

Die Welt (der Musik) wurde zur Scheibe.

Experimente eines Einsiedlers

Aber nachdem das Player Piano als Berieselungsmaschine und Reproduktionsapparat ausgedient hatte, erfuhr es noch einmal eine Bewährungsprobe: als Kompositionshilfe mit eigenen Gesetzen und Möglichkeiten. Just als der eigentliche Boom zu Ende ging, als die Ungetüme in Zehntausenden von Wohnungen sich in Sperrmüll verwandelten – um 1919 –, schrieb der stets findige und neugierige Igor Strawinsky seine »Étude pour pianola«, in der er gleichsam eine jazzige Paraphrase auf das mechanische Geklimper bot, ohne sich aber tiefer auf die Präzisionsekstase einzulassen, die das Instrument bot.

In Deutschland war es dann – Mitte der Zwanziger – Paul Hindemith, der mit seiner »Toccata op. 40« den Spuren Strawinskys folgte und wiederum Komponisten wie Ernst Toch, Hans Haas und Nikolai Lopatnikoff anregte. Im Sommer 1926 gab es im avantgardistischen Donaueschingen einen ganzen Abend, der der mechanischen Musik gewidmet war, von der sich Hindemith »eine gewisse Reinigung von allerlei Wucherungen in der heute üblichen Darstellungsmanier der ›gefühlsmäßigen‹ Musik« erhoffte.

Der Komponist Hans Haas, der zu dem Abend ein »Fugen-Capriccio« beigesteuert hatte, machte sich Gedanken über die kompositorischen Ressourcen, die in dem scheinbar obsolet gewordenen Instrument steckten. »Größte Beachtung jedoch verdient die bisher noch nicht ausgenutzte Verwendungsmöglichkeit eines unerhört raschen Tempos. Damit bietet sich dem Komponisten die Erfüllung einer ungehemmten Bewegungsfreiheit, die Erfassung absolut neuer rhythmischer Bewegung.«

Diese Gedankengänge hat dann der amerikanische Komponist Henry Cowell bei seinen Europa-Aufenthalten Ende der Zwanziger kennengelernt und aufgegriffen und 1930 in einem Aufsatz über »New Musical Resources« weiterentwickelt. Er sah vor allem die neuen rhythmischen Dimensionen. »Einige der Rhythmen, wie sie durch die gegenwärtigen akustischen Untersuchungen zutage treten, könnten von keinem lebenden Interpreten gespielt werden; aber diese höchst faszinierenden rhythmischen Komplexe könnten ohne weiteres auf einer Player-Piano-Rolle aufgezeichnet werden. Das wäre dann ein Grund, Musik speziell fürs Player Piano zu schreiben; ein Grund, den die derzeit dafür komponierte Musik nicht bietet, weil fast alle Sachen ebenso gut von zwei tüchtigen Pianisten auf dem herkömmlichen Instrument zu spielen sind.« Cowell, der selbst ein Experimentator am Klavier war (wir werden ihm im Zusammenhang mit John Cage wiederbegegnen), ist merkwürdigerweise seinem eigenen Wunschdenken nicht gefolgt: Es gibt von ihm keine Pianola-Kompositionen.

Aber zehn Jahre später las diese Anregung ein junger Amerikaner, der sie nicht nur so obenhin befolgte, sondern aus ihr eine Mission machte und dank ihr ein eigenwilliges Lebenswerk schuf, ein Unikum in der Klaviermusik des 20. Jahrhunderts: Conlon Nancarrow. Das ist ein Name, der in den Musiklexika und den Anthologien und den historischen Abrissen der Modernen Musik erst um 1977 auftaucht, als der Komponist schon 65 war. Die Verspätung seines Ruhms, der fast schon am Rande des Nachruhms war, wird an dieser Stelle gewissermaßen kompensiert, indem Nancarrow vorab als einer der originellsten Komponisten des 20. Jahrhunderts auftaucht.

Nancarrow ist am 27. Oktober 1912 in einer Stadt geboren, die damals gerade erst Musikgeschichte gemacht hatte: in Texarkana, wie Scott Joplin. Wer da zur Welt kam, geriet nun wie von selbst in den Sog von Ragtime und frühem Jazz. Der junge Mann spielte Trompete in verschiedenen Bands, studierte später Komposition bei Walter Piston und Roger Sessions, war aber gleichzeitig, unter dem Eindruck der amerikanischen Depression, ein engagierter Sozialist. Von 1937 bis 1939 beteiligte er sich mit der Abraham Lincoln-Brigade am Spanischen Bürgerkrieg. Als man ihm nach seiner Heimkehr die Aushändigung eines amerikanischen Passes verweigerte, emigrierte er 1940 nach Mexiko, wurde 1956 mexikanischer Staatsbürger und baute sich in Mexiko-Stadt eine musikalische Einsiedelei, ein Tonstudio mit zwei Player-Pianos auf, wo er im Laufe von viereinhalb Jahrzehnten rund fünfzig sogenannte Studies für diese Instrumente komponierte.

Für Nancarrow war das mechanische Klavier aus mehreren Gründen das ideale Werkzeug: Es bot ihm in der musikalischen Klausur und abseits des Musikbetriebs zugleich Spielfeld und Spielraum für seine Experimentierlust. Zudem entsprach es seinem eigensinnigen, eigenbrötlerischen Charakter. Wenn das Player Piano den Spieler »verstoßen« hatte, so war ihm Nancarrow wesensverwandt: auch er »konnte« nicht mit anderen Musikern. »Seit ich angefangen habe, Musik zu schreiben, habe ich davon geträumt, die Interpreten loszuwerden.« Das mechanische Instrument erfüllte dem Eremiten den Wunsch nach völliger Freiheit. Nur zwei Komponisten, als Vorbilder, teilten die mexikanische Einsamkeit: »… Strawinsky ist einer meiner Lieblingskomponisten. Nicht nur ›Sacre du Printemps‹, auch die ›Geschichte vom Soldaten‹ und ›Les Noces‹, und verschiedenes andere. Er ist mein Lieblingskomponist. Er und Bach.«

Mit Conlon Nancarrow erschließen sich die kompositorischen Möglichkeiten des Player Pianos noch einmal ganz neu; es wird zum Composer's Piano. Zunächst kümmerte sich der amerikanische Musiker um sein Handwerkszeug. Seine ersten Studies hatte er alle von Hand auf die Rollen gestochen, nachdem er seine Werke zuvor mit Bleistift notiert (und gleichzeitig nach dem herkömmlichen Notensystem fixiert) hatte. Diese Handarbeit erklärt die exzessive Verwendung des Staccatos in den frühen Stücken, etwa des jazzigen Nr. 2. Denn ein Staccato erforderte nur einen Stanzstich in die Rolle, während für einen länger ausgehaltenen Ton vier Punktierungen hintereinander nötig waren. Als das Verfahren dem Komponisten zu tüftelig und einengend wurde, ging er, auf der Suche nach einer Stanzmaschine, nach New York, wo er sich nach einem Modell eine anfertigen ließ, so daß er nun seine Rollen automatisch stanzen konnte. Doch ergab sich eine weitere Schwierigkeit dadurch, daß die Rolle, ähnlich einer Schreibmaschinenwalze, nur ruckartig weitertransportierte, so daß die Stanzabstände gewissermaßen von der Mechanik diktiert wurden. Wiederum benötigte Nancarrow die Hilfe eines Mechanikers, der ihm einen gleitenden Rollenmechanismus einbaute und damit uneingeschränktes rhythmisches und thematisches Arbeiten auf engstem Raum, das heißt in kürzesten Zeitmaßen, ermöglichte.

Die Faszination, die von den Kompositionen Nancarrows ausgeht, beschreibt Ulrich Dibelius: »Dieser gewissenhafte Umgang mit einem Reproduktionsapparat ... erlaubt bei äußerster Präzision und unveränderlicher Wiedergabetreue bis ins kleinste Detail nicht nur Griffkombinationen, Intervallsprünge und rasende Geschwindigkeiten, wie sie kein Pianist je spielen könnte, sondern auch die völlig freie Bestimmung von Metrum und Tempo: Beschleunigung und Verlangsamung sind ebenso möglich wie die Überlagerung verschiedener, ganz unabhängiger Temposchichten ... Seine Studies, die anfangs noch Ragtime-, Boogie- oder Blues-Elemente reflektierten, stoßen immer mehr in eine Welt streng proportionierter, aber überbordender rhythmischer Variabilität vor (mit Kanons in extravaganten Temporelationen zwischen den einzelnen Stimmen und gleichzeitiger Kreuzung von Accelerando und Ritardando). Eine Super-Virtuosität des kompositorisch Komplexen und klavieristisch Exakten (selbst bei chromatischen Glissando-Kaskaden) breitet sich in hinreißender Spiel-Leichtigkeit aus und verleiht dieser Musik, die sich souverän über Wahrnehmungsgrenzen hinwegsetzt, eine eigene, bis dahin nicht gekannte Qualität.«

Wenn es auch in seinen Stücken wie mit dem Teufel zugeht: Conlon Nancarrow hat dem Player Piano wieder eine Seele eingehaucht.

IV
Dissonanzen und Tumulte
oder: Tonalität, adieu!

»Diese Musik wird man in fünfzig Jahren überall spielen!«

Arnold Schönberg 1907
(über seine Kammersinfonie)

»Ja, Herr Kapellmeister, warum spieln wir's denn
eh heut schon?«

Zuruf eines der beteiligten Musiker

Der Konzertsaal als Kampfplatz

In den Konzertsälen war die Hölle los. Die Jahre um 1909 zeitigten einen Skandal nach dem andern. Eine neue Musik wollte sich Gehör verschaffen, aber oft ging sie in lauten Protesten oder im schieren Tumult unter, gelegentlich kam es sogar zum Handgemenge oder zu anderen Tätlichkeiten. Gleichsam als Schalltrichter kam die Ohrfeige zu neuen Unehren: Indem man gelegentlich so den Urheber der neuen Klänge züchtigte, legte man die Hand an das verletzte Sinnesorgan und deutete, wie auch immer grob, an: Man wollte nicht länger ganz Ohr sein.

Zum Beispiel am 5. Januar 1907, als im Bösendorfer Saal in Wien das erste Streichquartett von Arnold Schönberg uraufgeführt wurde, unter lautem Gelärm des Publikums. Auch Gustav Mahler, damals Dirigent der Wiener Hofoper, war unter den Gästen. Der Bericht eines Schönberg-Vertrauten geht so: »Als auch nachher noch vernehmlich gezischt wurde, ging Gustav Mahler, der unter dieser Hörerschaft saß, auf einen der Unzufriedenen los und sagte in seiner wunderbar tätigen Ergriffenheit und gleichsam für die entrechtete Kunst aufflammend: Sie haben nicht zu zischen! Der Unbekannte, stolz vor Königen des Geistes (vor seinem Hausmeister wäre er zusammengebrochen): Ich zische auch bei Ihren Symphonien!«

Aber auch sechs Jahre später hatte sich an der Haltung des Wiener Publikums noch nichts geändert. Am 31. März 1913 dirigierte Schönberg im großen Musikvereinssaal ein Konzert mit Werken seiner Schüler Anton von Webern (»Sechs Stücke für Orchester« op. 4) und Alban Berg (»Zwei Orchesterlieder nach Ansichtskartentexten von Peter Altenberg«), mit den »Kindertotenliedern« Mahlers und vier Orchesterliedern (nach Maeterlinck) von Alexander von Zemlinsky, dazu seine einsätzige »Kammersinfonie« op. 9. Diesmal ging es im Publikum drunter und drüber. Eine Wiener Zeitungskritik machte sich die Banausie zu eigen, eine Banausie übrigens, die später staatstragend werden sollte und schon die Vokabeln des Kunstterrors soufflierte:

»Nach dem opus 9 von Schönberg, seiner schon vor einigen Jahren abgelehnten Kammersymphonie, mischten sich leider in das wütende Zischen und Klatschen auch die schrillen Töne von Hausschlüsseln und Pfeifchen und auf der zweiten Galerie kam es zur ersten Prügelei des Abends. Von allen Seiten wurde nun in wüsten Schreiereien Stellung genommen und schon in dieser unnatürlich langen Zwischenpause gerieten die Gegner hart aneinander. Zwei Orchesterlieder nach Ansichtskartentexten von Peter Altenberg von Alban Berg raubten aber auch den bisher Besonnenen die Fassung ... Die Musik ... überbietet alles bisher Gehörte und es ist nur der Gutmütigkeit der Wiener zuzuschreiben, daß sie sich bei ihrem Anhören mit herzlichem Lachen begnügen wollten. Dadurch aber, daß Schönberg inmitten des Liedes abklopfte und in das Publikum die Worte schrie, daß er jeden Ruhestörer mit Anwendung der öffentlichen Gewalt abführen lassen werde, kam es neuerlich zu aufregenden und wüsten Schimpfereien, Abohrfeigungen und Forderungen. Herr von Webern schrie auch von seiner Loge aus, daß man die ganze Bagage hinausschmeißen sollte, und aus dem Publikum kam pünktlich die Antwort, daß man die Anhänger der mißliebigen Richtung der Musik nach Steinhof« – der Wiener Landesirrenanstalt – »abschaffen müßte. Das Toben und Johlen im Saal hörte nun nicht mehr auf. Es war gar kein seltener Anblick, daß irgendein Herr aus dem Publikum in atemloser Hast und mit affenartiger Behendigkeit über etliche Parkettreihen kletterte, um das Objekt seines Zorns zu ohrfeigen. Der einschreitende Polizeipräsident konnte in diesem Chaos wild aufgepeitschter Leidenschaften nichts ausrichten ...«

Dabei kam das, was auf das Publikum jener Jahre so schockartig wirkte, keinesfalls über Nacht, durchaus nicht überraschend. Es war nichts als die Konsequenz eines langen, ebenso komplizierten wie folgerichtigen Prozesses. Das Konzertpublikum hatte nur eine musikalische Entwicklung verschlafen und fühlte sich plötzlich unsanft geweckt.

Halten wir uns bei der Beschreibung des Vorgangs an einen der besten Sachverständigen, an Arnold Schönberg selbst: »In den letzten hundert Jahren hat sich der Harmoniebegriff durch die Entwicklung der Chromatik ungeheuer gewandelt. Die Vorstellung, daß ein Grundton, die Tonika, den Aufbau der Akkorde beherrschte und ihre Aufeinanderfolge regelte – der Begriff der *Tonalität* –, mußte sich zuerst zum Begriff der erweiterten Tonalität entwickeln. Sehr bald wurde fraglich, ob solch eine Tonika noch das Zentrum blieb, auf das jede Harmonie und Harmonienfolge bezogen sein mußte. Richard Wagners Harmonik hatte einem Wandel in der Logik und der konstruktiven Kraft der Harmonie Vorschub geleistet. Eine ihrer Folgen war der sogenannte impressionistische Gebrauch der Harmonien, wie er besonders von Debussy praktiziert wurde … Auf diese Weise war die Tonalität praktisch schon entthront, wenn auch noch nicht theoretisch. Jedoch wurde ein solcher Wandel unumgänglich, als sich gleichzeitig eine Entwicklung anbahnte, die mit dem endete, was ich die Emanzipation der Dissonanz nenne.«

Bis dahin, so kann man Schönberg interpretieren, hatte die abendländische Musik mit der Dissonanz immer nur gespielt, kokettiert, immer raffiniertere Experimente veranstaltet; aber immer hieß das Ergebnis: Auflösung, Erlösung, Ruhepol und Harmonie. Doch das Spiel mit den Dissonanzen war so weit gegangen, daß das Ohr die Furcht vor ihrer »sinnstörenden« Wirkung verlor. »Man erwartete keine Wagnersche Vorbereitung der Dissonanz und keine Strauss'sche Auflösung von dissonanten Akkorden mehr; Debussys funktionslose Harmonien oder der rauhe Kontrapunkt späterer Komponisten störten nicht mehr.« Schönberg ist auf einen neuen Stil aus, der ganz auf ein tonales Zentrum verzichtet.

Das im doppelten Sinn Phänomenale der »Atonalität« – auch dieser Begriff war übrigens zunächst ein Schimpfwort, eine polemische Vokabel –, oder vielmehr: ihre immanente Stimmigkeit erwies sich daran, daß, ohne irgendeine Absprache oder Beeinflussung, das neue, prinzipienlose Prinzip nahezu gleichzeitig in Moskau wie in Amerika, in Wien wie in Budapest und Paris angewandt wurde. Die Tonalität war, nachdem sie immer näher an ihre Grenzen gegangen war, darüber hinaus geraten und gekippt. Man könnte auch sagen: Die Komponisten hatten so lange mit den Reizen dieses Grenzgangs gearbeitet, daß sie ihn ausgereizt und überreizt hatten. Eine aktuelle Assoziation drängt sich auf: Die Tonalität war wie ein in Jahrhunderten aufgebautes Computerprogramm, das – nachdem die Programmierer immer raffinierter damit experimentiert hatten – plötzlich abstürzt.

Wann hatte es begonnen? Vielleicht schon mit dem zweiten Prélude von Frédéric Chopin, dieser fahl dahinschwankenden, fast tonlos wirkenden Totenmelodie, die sich, erst ganz zum Schluß und wie mit einer begütigend angehängten Kadenz, zum a–Moll bekennt? Oder mit der »Bagatelle sans Tonalité« des späten Liszt? Oder mit dem Raffinement des Tristan-Akkords, den die Musikologen nicht mehr auf klassische Weise ableiten konnten?

Eines der deutlichsten Merkmale der Atonalität war die Verabschiedung der Terz und damit des klassischen Dreiklangsystems mitsamt seinen Satrapen und Wesiren und anderen ausführenden Organen. An die Stelle der Terzenwelt trat nun die (Neu-)Entdeckung der Quarte als eines bis dahin gemiedenen, fremden, befremdenden Intervalls. Verblüffend ist dabei die Übereinstimmung etwa zwischen Schönberg, Skrjabin und Ives. Schönberg: »Die Quartenakkorde treten, wie wahrscheinlich alles, was später als technisches Hilfsmittel allgemein gebräuchlich wird, bei ihrem ersten Erscheinen in der Musik als impressionistisches Hilfsmittel auf.« (»Harmonielehre«, 1911) Skrjabin: »Früher wurden die Harmonien doch nach Terzen oder, was dasselbe ist, nach Sexten disponiert. Ich aber beschloß, sie nach Quarten oder, was dasselbe ist, nach Quinten zu konstruieren.« Und Charles Ives erinnert sich einer Äußerung seines Vaters: »Wenn man schon Akkorde aus Terzen sinnvoll verwenden kann, warum dann nicht auch Akkorde aus Quarten?«

Aber in diesem »Memo«, in dieser Reminiszenz des späten Ives an die Anfänge des Jahrhunderts geht es noch weiter: Alles steht damals auf dem Spiel, nichts gilt mehr als gesicherte oder weiterhin zu sichernde musikalische Praxis. Ives läßt immer noch den alten Mann aus Neuengland sprechen: »Wenn man lernen kann, eine (sogenannte) Konsonanz zu begreifen und anzuwenden, warum dann nicht auch eine (sogenannte) Dissonanz? Wenn das Klavier ›falsch‹ gestimmt werden kann – weil die Intervalle dann praktischer (allerdings unvollkommen) sind – (gemeint ist die temperierte Stimmung) – warum kann das Ohr nicht auch hundert andere Intervalle erleben, wenn es dies versuchen will? – und warum sollte es dies nicht versuchen wollen? … Wenn der Verstand *eine* Tonart begreifen kann, warum kann er dann nicht lernen, noch eine Tonart dazu zu begreifen?« Aber Ives fügt sarkastisch auch gleich die Gegenstimme dazu an und läßt einen feinen alten Professor mit Spitzenhäubchen erwidern: »Weil all dies gegen die natürlichen Tongesetze verstößt, die der Musik zugrunde liegen.« (Solche Einwände ziehen sich durchs ganze 20. Jahrhundert.)

Zur selben Zeit, da Vater Ives seine Ideen einer Zukunftsmusik ausspricht, um 1905, geht Béla Bartók auf die ungarischen, später auf die rumänischen Dörfer und sammelt Volkslieder und Tänze, indem er sie per Phonograph entweder direkt aufnimmt oder durch Notation festhält. Aber dabei geht es nicht so sehr um die folkloristische Ausbeute als um den Versuch, der Starre der Tonalität, dem Komment der Harmonielehre zu entkommen. »Das Studium all dieser Bauernmusik war deshalb von entscheidender Bedeutung für mich, weil sie mich auf die Möglichkeit einer vollständigen Emanzipation von der Alleinherrschaft des bisherigen Dur-Moll-Systems brachte … Es erwies sich, daß die alten, in unserer Kunstmusik nicht mehr gebrauchten Tonleitern ihre Lebensfähigkeit durchaus nicht verloren haben. Die Anwendung derselben ermöglichte auch neuartige harmonische Kombinationen. Diese Behandlung der diatonischen Tonreihe führte zur Befreiung der erstarrten Dur-Moll-Skala und, als letzte Konsequenz, zur vollkommen freien Verfügung über jeden einzelnen Ton unseres chromatischen Zwölftonsystems.«

Aber auch Claude Debussy, den Schönberg eher als modernisierenden Traditionalisten ansieht, dessen Werk für Klaus Billing »letzter Reflex jener klavieristischen Kompendien (ist), die von Bach bis zur Spätromantik das Klavier als Zentrum der musikalischen Bildung ausgewiesen haben« – selbst also Debussy nimmt gelegentlich den Gestus des entschiedenen Revolutionärs an. In einem Brief an seinen einstigen Kompositionslehrer Ernest Guiraud schreibt er im Stil eines Radikalen: »Ich glaube nicht mehr an die Allmacht eures ewigen do re mi fa sol la si do. Man braucht es nicht auszuschließen, aber man muß ihm Gesellschaft geben, von der sechsstufigen bis zur einundzwanzigstufigen Tonleiter ... Die Musik ist weder Dur noch Moll ... sondern vielmehr ein Kompromiß zwischen großen und kleinen Terzen: mit einem Schlag werden die Modulationen, die man für die entlegensten hält, ganz einfach. Mit um so größerer Berechtigung benützt man unvollständige Akkorde und unbestimmte, noch fließendere Intervalle. Auf diese Weise kann man, wenn man die *Tonart verschwimmen läßt*, jederzeit zum gewünschten Ziel gelangen, ohne Gewalt anzuwenden, und durch die Tür ein und aus gehen, die einem gefällt.«

Tastatur ohne Orientierung

Für das Klavier ist die Atonalität nicht nur eine Zumutung, sondern eine Katastrophe. Die Aufhebung des Dur-Moll-Systems stellt das Instrument nicht nur vor eine neue Aufgabe, sondern geradezu in Frage. Denn das Klavier – so unsere alte These – war zwei Jahrhunderte lang nicht nur so etwas wie ein »Leitzordner für Töne«, es war auch »der Sockel der Tonalität«. Bei allen Ekstasen, die das 19. Jahrhundert dem Klavier zugemutet hatte, war es doch, wie kein anderes Instrument, die Ordnungsmacht der Musik, ihr Prinzipienhüter und Rückversicherungsagent.

Die Tastatur war gleichsam ein Monument des klassischen Tonalitätsbewußtseins, sauber eingeteilt, kästchenförmig festgelegt, und es mochte scheinen, als seien Dur und Moll geradezu intarsiert, grundlegend eingebaut in diesen Spielapparat. Denn so sehr auch Beethoven am Klavier gewütet hatte, so irrwischig Chopin darüber hingefahren war, so herzjagend Schumann es aufgestört, so orchestral auch immer Franz Liszt es aufgedonnert hatte – das Klavier bot doch immer sichere Heimkehr, Zuflucht und Leitton, Tonika und Frieden, Coda und Codifizierung.

Das Klavier war zweierlei: das kühne Schiff, mit dem man zu ungeahnten Abenteuern aufbrechen konnte, und der sichere Port, zu dem man zurückkehren durfte. Es entdeckte immerzu neue Gefilde, Inseln der Seligen, Liliputs und Wunderländer, Grotten und Wolkenkuckucksheime – aber es fand stets den Weg zurück in den Hafen der tonalen Ruhe. Es strandete vielleicht einmal auf einer Sandbank – wie Brahms in seinem ersten Klavierkonzert –, aber es kam immer wieder flott und rettete sich heim in die beruhigten Gewässer der Kadenzen und Schlußakkorde, der Coda und des Kodex. Denn es besaß, bei allen Ausfahrten, Expeditionen und Extremtouren, doch dieses unfehlbare, reliefartig zu ertastende Navigationssystem: die der Tonalität angepaßte, nein, an ihr herausentwikkelte Tastatur, die wohltemperierte schwarz-weiße Ordnung.

Und gerade am Klavier erweist sich, was es mit der neuen Atonalität und der Emanzipation der Dissonanz an Weiterungen auf sich hat. Es handelt sich um mehr als um den Abschied von harmonischem happy end und konsonantischer Regalierung des Ohrs. Schönberg, der Täter als unser Kronzeuge, beschreibt die Konsequenzen so: »Indem die Befestigung einer Tonart vermieden wird, wird die Modulation ausgeschlossen, denn Modulation bedeutet das Verlassen einer befestigten Tonart und das Befestigen einer anderen Tonart.«

Die Vokabel »befestigen« und die Ankündigung, daß es damit ein Ende habe, weisen hin auf das, was heute Dekonstruktion heißt. Das bedeutet in jenem historischen Punkt den Zusammenbruch einer Form, die ganz und gar mit dem Klavier verknüpft, ja an ihm entstanden ist: die Klaviersonate. »Mit der Auflösung der harmonischen Tonalität waren dem Formprinzip der Sonate, das die musikgeschichtlichen Epochen der Klassik und Romantik weitgehend beherrscht hatte, die Existenzbedingungen entzogen«, schreibt Dietrich Kämper.

Die Aufgabe der Tonalität bedeutete den Tod, zumindest den Scheintod, der Sonate. Die Spannung zwischen Tonika und Dominante war in der Sonate zu dramatischer Steigerung getrieben worden, und die Tonarten selbst standen für ganz verschiedene Ausdruckswelten und Zeit-Räume. Mit einem Bild: Die Sonate hatte aus den Bausteinen des tonalen Systems eine eigene Architektur geschaffen, eine kompliziert verstrebte und verfugte Großkonstruktion, die dann zusammenbrechen mußte, wenn der Stein selbst zerbröselte. Wo die ordnende Kraft der tonalen Harmonik fehlt, kann es einen durchwaltenden Modulationsplan, der der Sonate ihren Zusammenhalt sichert, nicht mehr geben.

Theodor W. Adorno hat es in seiner »Philosophie der Neuen Musik« so beschrieben: »Der Sinn der klassischen Sonatenreprise ist unabtrennbar vom Modulationsschema der Exposition und von den harmonischen Ausweichungen der Durchführung: sie dient dazu, die in der Exposition bloß ›gesetzte‹ Haupttonart als Resultat eben des Prozesses, den die Exposition inauguriert, zu bestätigen.« Etwas faßlicher behandelt Hanns Eisler das Problem, wenn er feststellt, daß die klassischen Formen insgesamt »aus der Tonalität entstanden« seien, und dann fortfährt: »Bekanntlich sind die Gegensätze des Hauptthemas zum Seitensatz in der tonalen Sonatenform nicht nur rhythmische, melodische, metrische und satzmäßige. Der wichtigste Gegensatz ist die Verschiedenheit der Tonart. Die Modulation vom Hauptsatz zum Seitensatz, die Modulation in der Durchführung und die Rückführung zur Reprise geben den eigentlichen Spannungsreiz der klassischen Form. Nehmen wir das weg, dann bleiben gewiß noch gegensätzliche Elemente, aber die Gegensätze wirken mechanisch.«

Keine Sonaten mehr? Aber es werden in den ersten anderthalb Jahrzehnten des Jahrhunderts doch fast immer noch so viele komponiert wie zu der Zeit von Schumann, Chopin und Liszt. Hat nicht Skrjabin vom Beginn des Jahrhunderts an sieben Sonaten geschrieben, von der 4. in Fis-Dur bis zur 10. in den Jahren 1912/13? Weist das Werkverzeichnis von Charles Ives nicht drei Sonaten auf? Hämmert nicht der junge Prokofjew um 1910 seine ersten beiden Klaviersonaten heraus und tut es damit Sergej Rachmaninow gleich, der seine beiden einzigen Werke dieses Genres just um die Zeit des »Sonatentodes« vollendet? Schreibt nicht Alban Berg eine Klaviersonate sogar als sein opus 1, im harmonisch schon längst erodierten Jahr 1908?

Und dennoch: Fast alle diese Werke sind nicht mehr von der klassischen Sonatenform bestimmt, und auch die Mehrsätzigkeit scheint geradezu zu implodieren. Zumal bei Skrjabin erweist sich die Sonate als ein ausgeglühter Stern, der sich zu ungeheuren Energiedichten zusammenballt. Schon seine Titel sprechen Bände: »Weiße Messe« und »Schwarze Messe« nennt er seine Sonaten Nr. 6 und Nr. 9, die sich nicht mehr nach tonalen oder modalen Strukturen richten, sondern um ein »Klangzentrum« gruppieren.

Charles Ives gibt seinen Einstand mit der polemisch betitelten »Three-Page-Sonata«, arbeitet dann acht Jahre lang an einem weiteren Werk (der sogenannten 1. Sonate), ehe er mit der »Concord Sonata« (1911/12) eine experimentelle Klangexpedition in die Welt der amerikanischen Transzendentalisten Ralph Waldo Emerson, Henry Thoreau, Nathanael Hawthorne und Amos Bronson Alcott (nach denen die vier Sätze benannt sind) unternimmt. Aber Ives schreibt ausdrücklich, er habe diese vier (sehr verschiedenen) Stücke nur in Ermangelung einer präziseren Bezeichnung Sonate genannt, »denn die Form – und vielleicht auch die Substanz – rechtfertigt diesen

Namen nicht«. Und zum Werk gehören auch vier große Essays – sowie eine knappe ironische Animation: »Diese einleitenden Essays wurden vom Komponisten für jene geschrieben, welchen seine Musik zuwider ist – und die Musik für jene, denen seine Essays zuwider sind; jenen, denen beides zuwider ist, ist das Ganze respektvoll gewidmet.«

Und Alban Bergs Klaviersonate op. 1, eins der schönsten Klavierwerke des Jahrhunderts, das längst zu seinem klassischen »Bestand« gehört, spiegelt den Balanceakt eines Komponierens hart am Rande der Tonalität wie auch die Unmöglichkeit, über einen ersten Satz hinauszugelangen. »Ich mach jetzt so für mich eine Klaviersonate«, hatte Berg seine Motivation beschrieben, und als ihm nach dem ersten Satz »lange nichts rechtes einfallen« wollte, wußte Schönberg lapidaren Rat: »Nun, dann haben Sie eben alles gesagt, was zu sagen war.« Volker Scherlies erkennt in der motivischen Arbeit Bergs, in der Reduktion auf knappste Formeln, die Tendenz, »die Sonate im doppelten, hegelschen Wortsinn aufzuheben, ihr überkommenes Formschema aufzulösen, seinen Inhalt und Geist aber zu retten, nämlich das dialektische Prinzip neuen Entwicklungen dienstbar zu machen«.

Die Tendenz im ersten Jahrzehnt des Jahrhunderts geht also zu den kleinen und immer kleineren Formen, zu dem, was später bei Bartók »Mikrokosmos« heißen wird. Denn nach dem Verlust des Navigationssystems Tonalität, nach der De-Komposition der Sonatenstruktur, kann jede neue kompositorische Ausfahrt zu einer Odyssee werden. Das Reich der Klänge ist entgrenzt, jede Bewegung darin muß neu erkundet werden. Es entstehen kurze, ekstatische, sich selbst neu definierende Werke. Die Aufhebung der Tonalität bedeutet keineswegs ein »Anything goes«, sondern daß das Gehen neu gelernt werden muß.

Arnold Schönberg komponiert 1909 die »Drei Klavierstükke op. 11«, die am präzisesten den Satz Strawinskys beglaubigen: »Das Jahr 1909 ist gleichbedeutend mit dem Begriff Atonalität.« Schönberg, am 13. September 1874 in Wien geboren, als Volontär in einer Bank gescheitert (»Er beschmiert mir alle Papiere mit seinen Noten«, hatte der Direktor geklagt), mit Geigen- und Cellounterricht aufgewachsen, aber erst spät ans Klavier gelangt, hatte schon mit zwanzig Jahren »Drei Klavierstücke« komponiert, die ihn unter dem Einfluß des späten, aber durchaus progressiven Brahms zeigen. Die drei Klavierstücke von 1909 kehren nicht nur den frühen Versuchen den Rücken, sondern auch allen klavieristischen Gewohnheiten. Sie sind die auskomponierte Unerhörtheit, ein musikalischer »Paroxysmus« (Alfred Brendel). »Sie sind«, schreibt Klaus Billing, »der Blitzschlag, der die angehäufte Spannung einer erstarrten Epoche zerreißt und den Weg ins Unbekannte, Unerhörte freigibt.«

Busoni berauscht sich an Schönberg

Bei Gelegenheit von Schönbergs opus 11 kommt es zu einem exemplarischen Rencontre, der Begegnung des aphoristischen Klaviers mit der traditionellen Klavieristik. Es ist, als liefe ein Asket einem Schlemmer über den Weg oder ein Einsiedler einem Partylöwen. Und zugleich ist es das Aufeinandertreffen von 20. und 19. Jahrhundert: Die Rollen sind mit Arnold Schönberg und Ferruccio Busoni prominent und charakteristisch besetzt.

Im Sommer 1909 schickt Arnold Schönberg die ersten beiden der »Drei Klavierstücke« an Busoni nach Berlin, der darum gebeten hatte. Die beiden kannten sich nur brieflich, obwohl sie zu Beginn des Jahrhunderts in Berlin dicht nebeneinander gewohnt hatten, fast als Nachbarn in der Augsburger Straße des neu entstehenden Bayrischen Viertels. Obwohl sie sich also über den Weg hätten laufen können und obwohl Schönberg vermutlich das eine oder andere der Orchesterkonzerte Busonis besucht hat, sind sie sich, wie Hanns Heinz Stuckenschmidt herausgefunden hat, in jenen Jahren nicht nähergekommen. Aber Busoni, der nicht nur ein genialer Virtuose, sondern auch ein großer Komponist und ein stets faszinierter Neugieriger war, hatte sich schon damals für Schönbergs Arbeiten interessiert und ihn 1903 um das Manuskript von »Pelleas und Melisande« gebeten mit den Worten: »Vielleicht gelingt es mir, ein neuer Siegfried, die Feuerumzäunung, die Ihr Werk unzugänglich macht, zu durchschreiten und es aus dem Schlaf der Unaufgeführtheit zu wecken.« Obwohl aus dem Interesse von damals keine Aufführung resultierte, war die Verbindung nicht abgerissen.

Nun, sechs Jahre später, schreibt Ferruccio Busoni, kaum daß er die beiden kurzen Stücke – das 64taktige »Mässig« und die 66 Takte »Mässige Achtel« – in Händen hat, dem Komponisten einen ausführlichen und klavierhistorisch aufschlußreichen Brief: »Sehr verehrter Herr Schönberg, ich empfing Ihre Stücke und den begleitenden Brief. Beide zeugen von einem denkenden u. fühlenden Menschen, als welchen ich Sie übrigens schon zu erkennen geglaubt habe. Ich kenne von Ihnen ein Quartett, Lieder und seinerzeit hatte ich eine Partitur von Pelleas und Melisande in Händen … Von diesen gegebenen Punkten ausgehend, waren mir Ihre Klavierstücke keine Überraschung – d. i.: ich wußte beiläufig was ich zu erwarten hatte. Es war mir demgemäß selbstverständlich, daß ich mit einer subjectiven, eigenartigen u. auf das Gefühl gegründeten Kunst zu thun haben würde – und daß es verfeinerte künstlerische Gebilde sein würden, mit denen Sie mich in Berührung brächten. Das hat sich alles erfüllt u. ich freue mich innig einer solchen Erscheinung.«

Aber dann kommt der Einwand, wie man ihn vom Repräsentanten des Großklaviers, der orgelhaften Bach-Bearbeitungen und der rauschenden Volltönigkeit nicht anders erwarten durfte. Denn Busoni steht in der Tradition all derer, die, wenn sie fürs Klavier schreiben, gern alle Hände voll zu tun haben. Und angesichts des spröden, sparsamen, spartanischen Klaviersatzes der beiden Kompositionen nimmt er nun Schönberg ins Gebet: »Anders steht es mit meinem Eindruck als Klavierspieler, von welchem ich – sei es durch Erziehung, sei es durch fachmännische Einseitigkeit – nicht absehen kann. – Was mir die ersten Bedenken gegen Ihre Musik ›als Clavierstücke‹ einflößte, ist die wenige Breite des Satzes im Umfange der Zeit und des Raumes.« Und dann fällt ein Wort, das klarmacht, warum Busoni nicht nur die Orgelwerke Bachs mit gewaltigen Baßpassagen fürs Klavier transponiert, sondern etwa auch die schlanken Toccaten mit viel Beiwerk ausstaffiert hat: »Das Clavier ist ein kurzathmiges Instrument, u. man kann ihm nicht genug nachhelfen. Ich werde aber die Sachen noch durcharbeiten, bis sie mir ganz ins Blut gedrungen – und dann denke ich vielleicht anders. – Dieses soll weder ein Urtheil noch eine Kritik sein – welche beide ich mir (einer solchen Autorität wie der Ihrigen gegenüber) nie anmaßen würde, sondern nur ein Bericht des empfangenen Eindrucks u. meine Meinung als Klavierspieler.«

Die Gedanken, die Schönberg bei der Lektüre dieser Stelle gekommen sein mögen, hat er immer wieder, später besonders präzise in »Brahms the Progressive« ausformuliert: »Große Kunst muß zu Präzision und Kürze fortschreiten … Dies gibt einem Musiker die Möglichkeit, für die geistige Oberschicht zu schreiben, indem er nicht nur tut, was Grammatik und Idiom erfordern, sondern indem er in anderer Hinsicht jedem Satz die ganze Bedeutungsschwere einer Maxime, eines Sprichwortes, eines Aphorismus gibt. Das sollte musikalische Prosa sein – eine direkte und unumwundene Darstellung von Gedanken ohne jegliches Flickwerk, ohne bloßes Beiwerk und leere Wiederholungen. Dichte der Textur ist gewiß ein Hindernis für die Popularität; aber Weitschweifigkeit allein vermag keine allgemeine Gunst zu garantieren.«

Aber Busonis Brief vom 16. Juli 1909 ist noch gar nicht zu Ende; er hat noch ein Postskriptum: »Ich habe Ihre Stücke nun den fünften Tag bei mir u. habe mich täglich mit ihnen beschäftigt. Ich glaube Ihre Absichten zu erfassen u. getraute mich, nach einiger Vorbereitung, die Klänge u. Stimmungen nach Ihrer Erwartung wiederzugeben.« Und als Beleg für seine Bemühung, »das Orchestrale ins Pianistische zu übertragen«,

77

schickt er ihm ein kurzes Notenbeispiel, freilich mit der vorsichtigen Nachfrage: »Aber vielleicht entspricht das ganz und gar nicht Ihrer Absicht.«

Schönberg

Busoni-Paraphrase

Busoni bleibt weiter fasziniert von dem, was ihm als die Unausgefülltheit, das Provisorische der Schönbergschen Textur erscheinen mußte, und versucht sich aufs neue daran. Drei Wochen nach dem ersten Brief beichtet er Schönberg, er habe jetzt das ganze Stück Nr. 2 umgeschrieben, einfach als seine Privatsache, und er hoffe nur, daß ihm Schönberg nicht zürne. Schönbergs Kommentar ist vorerst nur musikalisch: Er schreibt, nach Erhalt der belehrenden Briefe aus Berlin, das dritte Stück, mit nur 35 Takten und etwa zweieinhalb Minuten Spieldauer noch gedrungener als die ersten und »in einem nahezu ungreifbaren Klaviersatz« (Wolfgang Rogge).

Die kuriose Affäre zog sich noch mehr als ein Jahr lang hin, und die Korrespondenz dauerte an. Endlich unterdrückt Schönberg seine Verstimmung nicht länger und schreibt, Busoni verstehe seine Stücke einfach nicht. Der gibt sich souverän, behauptet, er sei nach Schönbergs Brief in Tränen ausgebrochen, Tränen des Gelächters, und er wiederholt seinen Befund: »Ihre Ausdrucksweise ist neu, nicht aber Ihr Klaviersatz, der ist nur ärmer. Ich glaube, daß Sie z.B. das Orchester ganz anders im Griff haben.« Die friedliche, banale Pointe der Angelegenheit: Als endlich, Ende 1910, Schönbergs opus 11 in der Universal Edition in Wien erscheint, kommt gleichzeitig auch Busonis »Konzertmäßige Interpretation« des zweiten Stücks im selben Verlag heraus.

Zeitsprung: Es ist dann aber Arnold Schönberg selbst, der dem weiten Meer der freien Atonalität und der Gefahr des Schiffbruchs als erster resolut zu entkommen sucht. Ein gutes Jahrzehnt nach dem opus 11, von 1921 bis 1923, arbeitet er an seiner »Suite für Klavier op. 25«, in der er ein neues Ordnungsprinzip einführt, die Zwölftonreihe, ein System, das die Forderung nach Beziehung von Ton zu Ton mit totaler Chromatik verbindet. Alle Stücke der Suite – Präludium, Gavotte, Musette, Intermezzo, Menuett, Trio des Menuetts und Gigue – sind aus einer einzigen Zwölftonreihe aufgebaut: e f g des ges es as d h c a b. Als Spielregel gilt, daß kein Ton wiederkehrt, ehe die Reihe sich vollendet hat. Entscheidend ist jeweils die Wahl der Reihe: sie ist ein wichtiger Teil des Kompositionsprozesses. Verwandlungen geschehen nach vorklassischem Muster: Grundgestalt, Krebs, Umkehrung und Umkehrung des Krebses, Spiegelformen, wie sie in der Epoche des Kontrapunktes zum kompositorischen Handwerk gehörten.

Musik, auf die Reihe gebracht? Ist das nicht bloße Rechenkunst? Wohlkalkuliertes Komponieren? Abdankung der Kunst vor der Mathematik? Auch Schönberg selbst war im Anfang seines neuen Schaffens von solchen Fragen nicht frei. »Bei den ersten Werken, in denen ich diese Methode anwandte, war ich noch nicht überzeugt, daß der ausschließliche Gebrauch einer Reihe nicht in Monotonie enden würde. Würde sie das Hervorbringen einer ausreichenden Anzahl charakteristisch differenzierter Themen, Phrasen, Motive, Sätze und anderer Formen erlauben? ... Aber bald entdeckte ich, daß meine Furcht unbegründet war; ich konnte sogar eine ganze Oper, *Moses und Aron*, auf einer einzigen Reihe basieren lassen ... Man muß der Grundreihe folgen; aber trotzdem komponiert man so frei wie zuvor.«

Ein halbes Jahrhundert lang wird er die Komponisten der Welt in den Bann seiner neuen Ordnung schlagen; einer Ordnung, von der er selbst glaubt, daß sie eigentlich alt sei: Die erste Zwölftonreihe entdeckt er, triumphierend, bereits in Bachs h-moll Fuge, der letzten aus dem ersten Teil des »Wohltemperierten Klaviers«.

V

Überfahrten, Untergänge

oder: Auftritt der Ozeanpianisten

»Nachts denke ich oft an mein Piano in seinem
Grab im Meer. Und manchmal auch an mich
selbst, wie ich darüber treibe. Da unten ist alles
so still und lautlos, daß es mich in den Schlaf
wiegt. Es ist ein merkwürdiges Schlummerlied,
und warum auch nicht, es ist schließlich meins.
Es herrscht Schweigen, wo nie ein Laut sein
darf. Im kalten Grab, im tiefen, tiefen Meer.«

Ada im Film »Das Piano«

Rubinstein fällt vom Stuhl

Als die »Titanic« in der Nacht vom 14. auf den 15. April 1912 nach dem Zusammenstoß mit einem Eisberg bei Kap Race in der Nähe der Südspitze von Neufundland unterging, versanken neben 1490 Menschen auch drei Instrumente: der Flügel im Salon der ersten Klasse, ein Klavier in der zweiten und ein weiteres in der dritten. Die Marken sind, selbst für den Salon, nicht überliefert.

Das Klavier ist nämlich zum Luxusinstrument der frühen Traumschiffe des Jahrhunderts geworden und zugleich eine Art Sedativ. Es spielt, gerade auf der heiklen, oft stürmischen Atlantikpassage, eins vor: Sicherheit, Lässigkeit, entspannte Normalität. »Wir spielten, weil der Ozean so beängstigend groß war«, heißt es bei Alessandro Baricco in seiner »Legende vom Ozeanpianisten«. Denn: Wo ein Klavier erklingt, gibt es keine Gefahr, außer für Pianisten. Wo die Töne perlen, fürchtet man keinen Schiffbruch. Man ist nicht auf hoher See, man ist auf hohem Niveau.

Arthur Rubinstein hat seine erste Überfahrt nach Amerika, um die Jahreswende 1905/06, ausführlich beschrieben. In der Halle der relativ bescheidenen »Touraine«, die gleichzeitig als Foyer, Lesesaal, Schreibzimmer und allgemeiner Aufenthaltsraum dient, steht ein Pleyel, also ein anspruchsvoller Flügel. Rubinstein erleidet das Schicksal der meisten Atlantikpassagiere, wenn ihr Schiff erst aus dem Schutz der Britischen Inseln aufs offene Meer hinauskommt: Er wird seekrank. Denn auch wenn kein Sturm herrscht, türmt sich hier der Wellengang auf, gerät der Dampfer ins Stampfen, Schlingern, gar Rollen, und die Passagiere merken zum erstenmal, daß sie sich auf einem Spielball befinden. Und Rubinstein, Sturm nur gewöhnt aus der Chopin-Etüde, gerät in einen Aufruhr der Elemente, erlebt eine der übelsten Passagen.

»Nach zwei schlaflosen, immer wieder von Übelkeit heimgesuchten Nächten hielt ich es in der schlechten Kajütenluft nicht mehr aus. Ich kleidete mich an, kämpfte mich mühsam bis zur Halle vor und wollte auf das Promenadendeck hinaustreten. Alle Türen waren verschlossen, es hieß: draußen ist es gefährlich. Also setzte ich mich ans Klavier. Es war schwierig, sich auf dem Hocker zu halten, doch das Spielen ging recht gut. Nach einer Weile machte ich eine herrliche Entdeckung: spielte ich ein Stück von starkem Rhythmus, so paßte sich meine Atmung diesem Rhythmus an und nicht mehr dem unregelmäßigen Stampfen des Schiffes, wodurch jeder prompt seekrank wird. Da weiteres Experimentieren die Richtigkeit meiner Entdeckung bestätigte, beschloß ich, in der Halle zu bleiben, um im Notfall den Flügel in Reichweite zu haben. Ein freundlicher Steward brachte mir mein Essen — er war Musikliebhaber ...«

Bei der Silvesterfeier an Bord passiert es dann. Ob es der Wellengang war oder der Champagner, dem der junge Pianist reichlich zuspricht: er fällt, am Flügel sitzend, vom Hocker. »Ich war nicht verletzt, doch der Kapitän befahl zwei Matrosen, meine Beine mit Liederriemen an den Hocker zu binden, der seinerseits mit dem Fußboden verschraubt war, wie auch der Flügel. Ich beendete das Konzert ohne weitere Zwischenfälle und genoß es, ›an meine Kunst gefesselt‹ zu sein.« Daß diese Fesselung ihn nicht hindert, Nächte hindurch mit ausgebufften Partnern zu pokern und dabei über den Tisch gezogen zu werden, spricht sich noch vor der Ankunft der »Touraine« telegraphisch nach New York herum. »Junger Mann, hoffentlich spielen Sie besser Klavier als Poker!« — so empfängt ihn sein New Yorker Agent, ein Mr. Ulrich. Und die Reporter am Kai stellen, zumindest in der Erinnerung Rubinsteins, jene Fragen zwischen Sensationsgier und Imbezillität, die sich ein junger Künstler nur wünschen kann: »Wer waren Ihre Partner beim Poker? Sind Sie der Sohn von Anton Rubinstein? Zerreißen Ihnen bei jedem Konzert ein paar Klaviersaiten? Sind Sie Schüler von Paderewski?«

Aber so dicht ist der Pianistenverkehr auf der Nordatlantikroute, daß Arthur Rubinstein – der mit Anton Rubinstein nicht im mindesten verwandt ist – bei seiner Rückkehr keineswegs mehr Solo-Bewunderung erregen kann. Gleich am ersten Tag entdeckt er an Bord des Schiffes – es ist wiederum die »Touraine« – zwei berühmte Kollegen, den Franzosen Raoul Pugno und den Russen Joseph Lhévinne, der fast zeitgleich mit ihm in New York debütiert hatte. Die beiden bitten Rubinstein an ihren Tisch, und er genießt (schreibt er) die Gesellschaft des stämmigen, aber liebenswürdigen Franzosen ebenso wie die kindlich wirkende Sensibilität des dreißigjährigen Russen, der über seiner Glatze eine kunstvolle Lockenperücke trägt. Aber neben den drei Virtuosen hat die »Touraine« auch noch ein Pianistenopfer an Bord.

»Am zweiten Tag der Reise promenierte ich an Deck, um einem möglichen Anfall von Seekrankheit vorzubeugen. Ein Fremder in Umhang mit Barett schien mit derselben Absicht in entgegengesetzter Richtung zu wandeln. Plötzlich hielt er mich an und fragte: ›Sind Sie nicht der Pianist Rubinstein?‹

›Richtig‹, sagte ich und ging weiter, denn ich dachte im Moment nur an den Seegang.

Er ließ mich aber nicht in Ruhe. ›Wie finden Sie Pugno?‹ fragte er.

›Sehr gut‹, erwiderte ich.

›Und Lhévinne?‹

›Großartig.‹

›Und Paderewski?‹

›Hervorragend! Kolossal! Einzig!‹ sagte ich bekümmert, denn mir wurde übel.

›Und wie finden Sie Josef Hofmann?‹ beharrte der Mann. Mir riß die Geduld, schließlich war ich im Begriff seekrank zu werden, und ich verlor die Beherrschung. ›Hofmann! Hofmann muß verrückt sein, sonst würde er nicht mit einem häßlichen alten Weib und einem Haufen Kinder durchbrennen.‹

Darauf sagte der Mann ganz ruhig: ›Da haben Sie recht. Wie Sie mich hier sehen, bin ich nämlich der Gatte dieser Dame.‹ Man kann sich vorstellen, was ich für ein Gesicht machte.«

Die drei Bord-Pianisten analysieren die amerikanische Musikszene, auf der sie fast gleichzeitig herumgereicht worden sind, ohne sich zu begegnen. »Wir werden von den amerikanischen Klavierfabrikanten als Aushängeschild engagiert, und da jeder von uns auf einem anderen Fabrikat spielt, halten sie uns sauber voneinander getrennt ... Ich habe einen Baldwin gespielt«, sagte Pugno, »Lhévinne einen Steinway und Sie einen Knabe.« Und Lhévinne bringt die Situation auf den Punkt: »Die Konkurrenz ist so scharf, daß wir wie Preisboxer eingesetzt werden, die sich für die Fabrikanten schlagen müssen.«

Die Schiffahrtsgesellschaften können sich so sehr auf die Anwesenheit von Pianisten verlassen, daß ein Abschiedskonzert am Vorabend der Landung schon zur Tradition gehört. Nur ist bei dieser Passage die Verlegenheit groß: Wen von den drei Berühmtheiten soll man bitten, oder darf man alle drei? Aber der Pianistentisch entwirft in aller Kollegialität ein gemeinsames Programm, bei dem auch noch die mitreisenden Berühmtheiten von der Met berücksichtigt werden.

»Nach dem traditionellen Kapitänsessen spielte Pugno sehr elegant einen Walzer von Saint-Saëns und begleitete dann (den Tenor) Gilibert zu der Arie des Faust. Dem Alter nach folgte Lhévinne mit der schwierigen Paraphrase auf die ›Blaue Donau‹ von Schulz-Evler – er spielte brillant und als Zugabe ein Nocturno für die linke Hand allein von Skrjabin. Lhévinnes linke Hand war fabelhaft, um sie beneideten ihn alle Pianisten. Nachdem Madame Gilibert Micaelas Arie aus ›Carmen‹ gesungen hatte, legte ich den Mephistowalzer von Liszt hin, und zum Schluß sangen beide Giliberts, von mir begleitet, ein Duett aus einer Operette von Messager ...« Der Ertrag dieses Benefiz-Konzerts, übrigens, war für die Kinder ertrunkener Seeleute gedacht.

Abenteuer und Abschiedsszenen

Jener Josef Hofmann, der nicht mit an Bord war und nur als der
zweideutige Held einer Dreiecksgeschichte vorkommt, hatte
seinen Beitrag zur Transatlantikroute schon reichlich abgelei-
stet. Fast zwanzig Jahre früher, im Alter von elfeinhalb Jahren,
war er, in Begleitung seines Vaters Casimir, zum erstenmal über
den Ozean geschippert und hatte am 29. November 1896 in
der Metropolitan Opera ein umjubeltes Konzert mit Werken
von Beethoven, Chopin, Rameau und Weber und eigenen
Improvisationen gegeben, dem in den folgenden drei Monaten so viele weitere Abende folgten, daß zu den Jubelrufen
plötzlich auch besorgte Gegenstimmen laut wurden, wie die
des amerikanischen Pianisten Ernst Perabo, der in einem Le-
serbrief schrieb:

»Gerade weil er nicht Grimassen schneidet und vor seinem
Publikum keine Purzelbäume schlägt, meinen die Leute, seine
Arbeit sei leicht getan. Aber je müheloser er auffaßt, ausführt
und interpretiert, desto mehr Kraft braucht er; ausgezeichnete
Arbeit erschöpft die beste Fiber, und wenn das Nervensystem
erst einmal ruiniert ist, bleibt er ein Wrack. Wir hörten davon,
daß Bürgermeister Hewitt und einige Ärzte eine Prüfung ver-
nahmen. Bei allem Respekt vor ihrer Gelehrsamkeit müssen
wir fragen, was diese Herren denn von der geistigen Last wissen können, die er in seinem Gedächtnis trägt, von den komplizierten, abstrusen wissenschaftlichen Schwierigkeiten, die
achthundert bis tausend Seiten Repertoire darstellen? ... Wenn
seine Karriere in dieser Art weitergeht, wird er um seine Kindheit betrogen.«

Und wie als Antwort auf diesen Appell hatte der Vater am
21. Februar 1887 alle weiteren Konzerte abgesagt. Der zunächst
geleugnete Hintergrund: Der amerikanische Millionär Alfred
Corning Clark hatte Casimir Hofmann fünfzigtausend Dollar
geboten, wenn er seinen Sohn bis zum Alter von achtzehn aus
dem Konzertbetrieb heraushalte. Und so geschah es: Erst am
14. März 1894 gab Josef Hofmann in Hamburg sein zweites

»Debüt« und wurde nun einer jener reisenden Pianisten, die den Atlantik in beiden Richtungen immer wieder durchpflügten. Hofmann ließ sich schließlich in Amerika nieder, wurde 1926 amerikanischer Staatsbürger und im gleichen Jahr auch Direktor des Curtis Institut of Music in Philadelphia, ein Amt, dem er zwölf Jahre treu blieb.

Aber der jüngste aller seefahrenden Pianisten war Isaac Albéniz, und er soll in diesem Kapitel seinen Platz finden, auch wenn sein erstes Atlantikabenteuer noch in das 19. Jahrhundert fällt. Auch er war, wie Josef Hofmann, von seinen Eltern in Spanien schon früh als Wunderkind präsentiert worden: Im Kostüm eines französischen Musketiers, sogar mit einem Säbel, stolzierte er auf die Podien. Ihm half kein amerikanischer Philanthrop aus der Misere, er half sich selbst, indem er immer wieder von zu Hause wegrannte. Einmal, nach der Lektüre von Jules Verne, bestieg der kleine Junge einen Zug, in dem er den Alkalden des Escurial traf, der ihn ins dortige Casino mitnahm, wo Albéniz für das Publikum ein paar Stücke spielen durfte, ehe er wieder auf den Zug gesetzt und nach Hause zurückgeschickt wurde.

Aber zum ganz großen Abenteuer kam es, als er einmal ein Konzert in einem Badeort zu spielen hatte, in der Nähe eines großen Hafens. Dort schlich er sich an Bord eines Schiffes, das nach Puerto Rico auslaufen sollte. Erst als der Dampfer schon auf hoher See war, zeigte er sich in voller Montur – er war gerade zwölf Jahre alt. Er spielte für die Passagiere, und sie sammelten Geld für ihn. Aber auch als das Schiff in Südamerika ankam, wurde er keineswegs gleich nach Hause zurückverfrachtet, sondern schlug sich nach Buenos Aires durch, schlief in Kirchen, bettelte auf den Straßen – so will es jedenfalls die Legende. Aber bald schon sprach sich sein fulminantes Klavierspiel herum, er gab Konzerte, verdiente wieder Geld und zog weiter nach Kuba. Dort endlich konnten die von den Eltern alarmierten Behörden ihn aufspüren und nach Havanna bringen, wo sein Vater ihn in Empfang nahm. Aber noch keineswegs mit nach Hause: Denn der inzwischen Dreizehnjährige setzte durch, daß er weiterreisen konnte. Nach New York. Und allein.

In Amerika entsprach der Pianistenkult um die Jahrhundertwende etwa der Hysterie, die sich heute bei den Fans von Pop-Gruppen zeigt. Und schon 1899 erfindet ein amerikanischer Kritiker bei einem Paderewski-Konzert jenes Urwort, das man heutzutage nach jedem Auftritt einer Boygroup benutzen könnte: »There I was, simply girled in.« Aber die Pianisten-Raserei eines weniger kunstsinnigen als sensationsbedürftigen Ostküsten-Amerika zeigte sich besonders pittoresk an den Hafenkais von New York, wenn es galt, von den illustren Gästen aus Europa Abschied zu nehmen; so auch bei Ignaz Paderewskis Abfahrt am 23. April 1896: »Als der *White-Star*-Dampfer *Teutonic* gestern Mittag majestätisch den Pier verließ, wurden die Schiffskapelle, die Rufe der Matrosen und der in einem solchen Fall üblichen Tumult von einem schrillen Chor übertönt. Es war der Abschiedsgruß von Paderewskis Verehrerinnen ... zuvor waren sie über den vielgeplagten Pianisten hergefallen, hatten ihn von allen Seiten bedrängt, seine Hände geschüttelt, ihm Blumen gegeben, um Autogramme gefleht und ihn mit tränenerstickter Stimmen gebeten, bald zurückzukommen.« Es war schon Paderewskis dritte Amerikareise gewesen.

Granados und der Fluch des Goldes

Es ist fast auf den Monat genau zwanzig Jahre später, daß sich der spanische Komponist und Pianist Enrique Granados mit seiner Frau in New York auf der »Sussex« einschifft: Mitte März 1916. Eigentlich hatte er eine frühere Passage, ein anderes Schiff gebucht; aber dann war diese besondere Ehrung dazwischengekommen: Präsident Wilson hatte den berühmten europäischen Gast ins Weiße Haus eingeladen.

Es war die Krönung eines kurzen Amerikaaufenthaltes mitten im (noch) europäischen Krieg. Granados war auf Einladung der Metropolitan Opera in die Neue Welt gefahren, um

der Premiere seiner Ballett-Oper »Goyescas« beizuwohnen. Die
New Yorker hatten sich die Uraufführung gesichert, nachdem
die Pariser Oper, auf deren Initiative hin das Bühnenwerk entstanden war, das Projekt wegen der Kriegswirren abgesagt hatte. Und Granados hatte die Amerikareise um so williger angetreten, als er froh war, den europäischen Selbstzerstörungen
für einige Wochen zu entrinnen; auch winkte ein beträcht-
liches Honorar.

Dabei war die Oper nur die Zweitfassung eines außerordentlichen Klavierwerks, das dem Komponisten Granados, neben seinen »Danzas Espagnolas«, bleibenden Ruhm (und den
Respekt der Pianisten vor den immensen Schwierigkeiten)
sichern sollte: Es war eine ebenfalls »Goyescas« betitelte Klaviersuite nach Gemälden des spanischen Malers und Graphi-
kers Francesco de Goya. Nicht die scharfen, erschreckenden
»Caprichos« hatte sich Granados vorgenommen, sondern jene
Bilder, in denen der Künstler den Männlichkeitskult Spaniens
und sein Gegenstück, die halb verschreckte, halb aufbegeh-
rende Mädchensehnsucht, porträtiert hat. »Los majos enamo-
rados« heißt die Komposition im Untertitel, und die einzelnen
Stücke haben Überschriften wie »Unterhaltung durchs Fen-
stergitter«, »Fandango im Kerzenschein«, »Die Liebe und der
Tod«.

»Eine Mischung aus Bitterkeit und Anmut«, schreibt der
Komponist, habe er erreichen wollen, »eine Gefühlswelt, die
ebenso plötzlich verliebt und leidenschaftlich sein kann wie
dramatisch und tragisch«. Diese Spannung zeichnet vor allem
das letzte Stück, »Die Serenade des Gespensts«, aus, wo der im
Streit mit seinem Rivalen getötete Macho als Geist erscheint,
um seiner Geliebten noch einmal ein Ständchen zu bringen.
»Die Motive der Leidenschaft und der Anmut aus den frühe-
ren Sätzen werden jetzt in der verfremdenden Nachbarschaft
liturgischer Klänge zitiert. Zuletzt ist zu hören, wie sich das
Gespenst entfernt und im Fortgehen noch über die leeren Saiten der Gitarre streicht.« (Peter Rummenhöller)

Nicht nur das Gefühl des Erfolgs und der Ehrung nimmt

Granados auf der Heimfahrt mit sich; er hat sich seine Tantie-
men von der Met, wegen der Unsicherheit von Schecks und
Banküberweisungen in Kriegszeiten, nicht allein in bar, sondern in Gold auszahlen lassen, das er an einem Gürtel um den
Leib trägt. Die »Sussex« hat die Passage fast beendet, die Ankunft in Southampton steht kurz bevor – da wird das Schiff
am 24. März im Ärmelkanal vom Torpedo eines deutschen
U-Bootes getroffen und sinkt. Viele Passagiere können gerettet werden.

Enrique Granados, so weiß es die Legende, wird von seinem
Gold in die Tiefe gerissen.

VI
Das Klavier in Zeiten des Umsturzes
oder: Vom Klangkörper zur Maschine

Vernehmt die Revolution, vernehmt sie mit
ganzem Herzen und ganzem Bewußtsein ... Es
ist Aufgabe und Pflicht jedes Künstlers, das zu
sehen, was sich anbahnt, jene Musik zu hören,
in der die »sturmgepeitschte Luft« rumort.

Alexander Blok

Artur Schnabels »Revolutionsetüde«

Wie verhält sich ein Pianist, wenn eine Revolution ausbricht?
Sucht er Deckung unter dem Flügel? Spielt er gegen die lau-
fenden Ereignisse an? Geht er mit einem virtuosen Glissando
über sie hinweg? Verläßt er das Podium und eilt auf die Barri-
kaden? Wie reagiert er, wenn sich auf einmal die Welt, in der
er zu Hause ist, verwandelt? Hilft es ihm, daß er eine Revolutionsetüde im Repertoire hat? Haben sie etwa alle, die Rachmaninow und Prokofjew, die Horowitz und Rubinstein, die
Cortot und Gieseking, die Kempff und Fischer den Epochen-
sturz 1917/18 in Europa ohne Karriereknick überstanden? Was
tut der Künstler in den Zeiten des Umsturzes?

Halten wir uns an Artur Schnabel, den großen, subtilen,
außenseiterischen österreichischen Nichtvirtuosen: Er ist einer der wenigen, die detailliert Auskunft gegeben haben; ja, er
hat seinen (späteren) Bericht sogar motivisch gearbeitet, iro-
nisch durchkomponiert, so daß es nicht nur Pointe ist, wenn
wir von einer kleinen Revolutionsetüde sprechen. Schnabel
ist Mitte Dreißig, als ihm die Revolution gewissermaßen auf
silbernem Tablett serviert wird:

»Am 7. November ... gab ich mit meinen Kollegen Flesch
und Becker einen Trioabend in Bonn. Es war ein recht er-
freuliches Konzert, und anschließend hatten wir ein noch er-
freulicheres Abendessen in einem guten Hotel, wo man einen
vorzüglichen Wein kredenzte. Um Mitternacht kam der Oberkellner an unseren Tisch und sagte, man habe soeben einen
Telefonanruf aus Köln erhalten: Eine Revolution sei ausgebrochen. Sehen Sie, so kann es sich abspielen, wenn man den
Ausbruch einer Revolution miterlebt – ein Oberkellner kommt
und berichtet einem von einem Telefonanruf.«

Man erkennt sofort den musikalischen Geist der Erzählung:
»Eine Revolution«, vom Oberkellner gemeldet, das ist noch
kein Ereignis, kaum ein Begriff, sondern bloß ein Motiv, eine

Wortmelodie, mit der sich arbeiten läßt. Inmitten des zivilsten Beisammenseins, gleichsam zum Dessert, tritt eine historische Wendung keineswegs in Erscheinung, sondern nur ins Ohr: Eine Revolution sei ausgebrochen.

Am nächsten Morgen dann erste Ausspinnung des Themas: Rückungen, Verrückungen. Nichts geht mehr. Chaos, Turbulenz, Unübersichtlichkeit. Der Pianist strandet mit seinem umfänglichen Gepäck auf dem Hauptbahnhof Köln, zusammen mit Tausenden anderer ratloser Passagiere. Der Zugverkehr ist zusammengebrochen. Schnabels erster Gedanke gilt nicht den Lieben daheim in Berlin, sondern einem noch ungefähren Publikum in Kassel, wo er am nächsten Tag ein Konzert haben soll. Und dem wortwörtlichen Handicap des Virtuosen: »Ich konnte unmöglich mein ganzes Gepäck alleine tragen, schließlich war ich Pianist und wie alle Pianisten stets darauf bedacht, meine Hände nicht überzustrapazieren ... Schließlich muß ein alter Eisenbahner Mitleid mit mir bekommen haben und sprach mich an: ›Brauchen Sie einen Gepäckträger? Möchten Sie Ihr Gepäck deponieren? ... Ich werde darauf aufpassen. Sie kommen alle Stunde hierher und erkundigen sich, ob ein Zug Köln verläßt.‹«

Und nun hat Schnabel Zeit, die bekannten Scharaden einer Revolution zu beobachten: wie junge und alte Soldaten auf Generäle und Obersten zugehen, ihnen die Epauletten abschneiden und die Säbel abnehmen; wie in der Schalterhalle aus Karabinern Pyramiden zusammengestellt werden, wie Gewehre auseinandergebrochen und sorgfältig gestapelt, dann auf Lastwagen verladen und gleich neben dem Bahnhof im Rhein versenkt werden. Wie Matrosen das Kommando über alle diese Aktionen übernehmen. Aber nie vergißt Schnabel die motivische Arbeit: »So also spielte sich eine Revolution ab. Es war höchst eindrucksvoll.« Ironischer könnte auch Thomas Mann nicht repetieren: »Ich fragte mich ›Was machst du jetzt?‹, streifte umher und schaute der Revolution zu.«

Gegen Abend sitzt er dann, nach einem unangefochtenen Essen im Kölner Hotel Exzelsior, im ersehnten Zug nach Kassel, eng gequetscht in einem Abteil mit vielen jungen Soldaten, die aus Lazaretten und Militärgefängnissen gekommen sind und nun heimfahren wollen. Zwei davon kommen ihm besonders unheimlich vor: nicht, weil sie so wilde revolutionäre Gesellen wären, sondern weil sie davon sprechen, sie hätten Malaria. Aber auch diese jungen Heimkehrer sind eingestimmt auf das ironische Motiv, das der Bericht sequenziert, denn auf die Frage nach ihrem funkelnagelneuen Gepäck antworten sie: »Nun …, es hat eine Revolution gegeben, und so sind wir in die Kaufhäuser gegangen und haben uns diese Sachen genommen.«

In Kassel, am nächsten Tag, dem ungewiß gewordenen Termin des Konzertes, bekommen die Ereignisse endlich einen Zug ins Große. Der Pianist wagt sich hinaus in die Stadt, in einen trüben, nieseligen Novembertag, bekommt ein Flugblatt in die Hand gedrückt und findet sich alsbald mitten in einer riesigen Demonstration:

»Als ich dort hinkam, hatten sich dort zwanzig- bis dreißigtausend Menschen versammelt, die auf irgend etwas warteten. Inmitten der Menge tollten Kinder herum und spielten. Kurz nach zwölf kam ein Auto in hoher Geschwindigkeit auf den Platz gefahren, auf dem sich fünf Matrosen befanden. Sie schauten aus wie die Matrosen, die ich in Köln gesehen hatte – vielleicht waren es sogar dieselben. Als sechster saß ein Zivilist auf dem Wagen. Er erhob sich und verkündete: ›Der Kaiser hat abgedankt.‹ Und dann geschah etwas ganz Unbeschreibliches: Diese dreißigtausend Menschen reagierten, als müßte sich die Zukunft der gesamten Menschheit nun in den rosigsten Farben gestalten. Mit einemmal lag Erleichterung in ihren Gesichtern, und sie schienen überzeugt, von nun an ein glückliches Leben zu führen und sich nie wieder auf Probleme gefaßt machen zu müssen.«

Und dann beschließt Artur Schnabel sein Stück mit ironischen Realien: »Das war am 9. November. Mein Konzert fand statt und war ausverkauft. Es war ein sehr schöner Abend. Am nächsten Morgen fuhr ich mit dem Zug nach Göttingen, wo ich ein Nachmittagskonzert gab, und am darauffolgenden Tag, dem 11. November, kam ich schließlich in Berlin an. Von Göttingen aus hatte ich zu Hause angerufen, und meine Frau hatte mir berichtet, daß die Revolution in Berlin ebenfalls am 9. November begonnen hatte. Für diesen Tag, einen Samstag, hatte sie unseren beiden Jungen versprochen, Nachmittags in die Oper zu *Hänsel und Gretel* zu gehen. Man riet ihr, das Haus nicht zu verlassen, doch als sie sah, wie enttäuscht die Kinder waren, brachte sie es nicht übers Herz, ihnen die versprochene Freude vorzuenthalten; also gingen sie hin und sahen am Tag der Revolution *Hänsel und Gretel*. Es waren viele Kinder dort, und sie genossen es aus vollem Herzen.«

Aber Artur Schnabel hat sich zu früh gefreut. Nach dieser wohlgemuten Coda holt die Revolution den gelassenen Pianisten doch noch ein, mit einem Vierteljahrhundert Verspätung, aber mit voller Wucht. Denn er hat sein Stück vor einem strengen Publikum zum besten gegeben, in Amerika, wo er seit 1939 als Emigrant lebt, und zwar vor Studenten der University of Chicago. Der Revolutionsbericht ist Teil einer Reihe von zwölf Vorlesungen, die er dort im Jahr 1945 – gegen die eigene Skepsis – gehalten und bei denen er hinterher mit den jungen Amerikanern diskutiert hat. Und auf einmal, 27 Jahre nach den Novembertagen 1918, findet sich der mittlerweile Dreiundsechzigjährige vor einem ziemlich aufgebrachten Revolutionstribunal. Warum er, Herr Schnabel, während des Krieges und inmitten einer Revolution weiterhin Konzerte gegeben habe?

Der grandseigneurale Künstler schätzt offenbar die Dringlichkeit der Frage falsch ein, denn er fertigt sie kurz ab: »Warum ich Konzerte gab? Weil mich die Natur als Musiker erschaffen hat. Ich kann nichts anderes, und da es Leute gibt, die fürs Klavierspielen Geld bezahlen, habe ich es zu meinem Beruf gemacht – das ist alles. Es ist ganz einfach, nicht wahr?«

Für die Chicagoer Studenten des Jahre 1945 ist es das nicht. Nach einigen bösen Zwischenbemerkungen (»... daß Sie lediglich eine Ware sind«) kommt, mit epochaler Verzögerung, die

Grundsatzfrage: »Inmitten einer Revolution spielen Sie vor Leuten, die in der Dunkelheit zu Ihren Konzerten kommen, nur um zu beweisen, daß wenn sie sonst nichts, doch immerhin Kultur haben. Ich frage mich, ob das von viel Kultur zeugt?«

Artur Schnabel war dann von so viel kulturrevolutionärer Aggressivität zwar nicht mundtot gemacht, aber doch ratlos und resignativ. Und selbst ein halbes Jahrhundert später, am Beginn des 21. Jahrhunderts, fällt es nicht leicht, auf diese jugendbewegte Inquisition eine Antwort zu finden. Die Fragen vom Beginn erweisen sich auf einmal als nicht mehr rhetorisch: Darf man nicht Klavier spielen in Zeiten der Revolution? Müssen, wenn alle Räder stillstehen, auch die Flügel Ruhe geben? Muß der Virtuose sein Instrument stehenlassen und mit den Umstürzlern gemeinsame Sache machen? Muß die Kunst betreten oder ehrfürchtig schweigen, wenn die Straße zum Podium wird, ja zum Tribunal?

Aber ist nicht die Vorstellung, daß die Kunst, die Musik nur den aufgeräumteren Tagen vorbehalten sein müßten, nicht just jenes Feiertagsverständnis von Kultur, gegen das sich der studentische Sprecher eigentlich empört? Hat die nichtideologische Sprache der Musik nicht gerade in aufgewühlten Zeiten eine wichtige Stimme? Muß sie nicht auf ihren Spielräumen bestehen, auch wenn robustere Aktualitäten den Ton angeben?

Vermutlich wären die Chicagoer Studenten besser von Vladimir Horowitz bedient worden, der über seine Revolutionserlebnisse viel dramatischer, aber kaum überzeugender berichtet hat: »In vierundzwanzig Stunden verlor meine Familie alles. Mit eigenen Augen sah ich, wie unser Klavier zum Fenster hinausgeworfen wurde, hinunter auf die Straße! Die Kommunisten gingen nach dem Motto vor: ›Stehlt, was gestohlen worden ist!‹ Und sie stahlen wirklich alles: die Kleider aus den Schränken, die Bücher, meine Noten, Möbel, alles. Hunderte von Menschen wurden getötet, die Straßen waren voll von Blut und Kugeln. Auch ich hätte getötet werden können ...«

Immerhin machte Horowitz inmitten solcher Wirren sein Konzertexamen, und zwar das sensationellste seit langem am Kiewer Konservatorium.

Schlag auf Schlag

Es ist aber das Klavier selbst, das in den Jahren nach dem Ersten Weltkrieg Revolution macht. »Es hat Hämmer, warum sollten wir seine Natur ändern?« fragt Strawinsky provokatorisch, und Hindemith gibt dem letzten Stück seiner »Suite 1922«, einem Rag, die seither vielzitierte, mit zwei Ausrufungszeichen versehene »Gebrauchsanweisung« (auf englisch und französisch) mit: »Spiele dieses Stück sehr wild, aber stets sehr stramm im Rhythmus, wie eine Maschine. Betrachte hier das Klavier als eine interessante Art Schlagzeug und handle dementsprechend.«

Auch Béla Bartók betont in seinen Essays, daß die eigentliche Natur des Klavierklangs nur wirklich zum Ausdruck kommt, wenn man das Klavier als Schlaginstrument benutze. Das Klavier als Schlagzeug – das hat aber um jene Zeit nicht allein kompositorische Bedeutung, es hat auch etwas von einem ideologiekritischen Gestus. Das Perkussive gewinnt den Charakter des Dreinschlagens, einer gewaltigen Auf- und Abräumaktion. Das Klavier wird traktiert, wie man einen Teppich klopft – als wolle man den Muff eines ganzen Jahrhunderts heraustreiben. Zu dieser revolutionären Geste gehört auch, daß man die Finger zur Faust ballt und auf die Klaviatur einschlägt, wie es Charles Ives für den Hawthorne-Satz seiner »Concord-Sonata« angeraten hat: »Diese Akkordgruppen … können, wenn der Spieler es mag, mit der geballten Faust angeschlagen werden.«

Die »Schlagfertigkeit« des Klaviers aber gehört schon seit dem Beginn des Jahrhunderts zu den neuen Kennzeichen des Komponierens. »Ein neuer perkussiver Kompositionsstil bildete sich heraus«, schreibt Margaret Brink in ihrer Studie über

»The Piano as Percussion Instrument«: »Ostinato-Begleitungen wurden oft als Unterstützung neuen melodischen Materials verwendet, die man in der Volksmusik von Mittel- und Osteuropa, Rußland, Afrika und Asien fand, und der Rhythmus selbst« – davon war schon beim Ragtime die Rede – »wurde immer wichtiger. Vortragszeichen in der Klaviermusik wie Pesante, Fortissimo forzando oder Martellato wurden nun Allgemeingebrauch … Die physische Energie der primitiveren Tänze verband sich mit dem Mechanismus des 20. Jahrhunderts, mit der Energie, die in den Städten evident war. Das Resultat war ein motorischer Rhythmus.«

Der Trommelwirbel auf dem Klavier, der um 1920 losbrach, war eine Revolution mit Verzögerung. Der Schlachtenlärm dieses ersten völlig durchmechanisierten Krieges hatte die Explosionen auf dem Instrument vier Jahre lang übertönt. Die Epoche der Motorik, des Martellato, der Maschinenmusik, die nun anbrach, war schon weit früher gemacht worden, um 1911 und 1912. Als das Klavier unter den eigenen Hämmern zum erstenmal in Stücke ging, waren es diese beiden: Das »Allegro barbaro« von Béla Bartók und die »Toccata« von Sergej Prokofjew. Jedes dauert etwa zweieinhalb Minuten. Jedes überdauerte sein Jahrhundert. Diese fünf Minuten Klaviermusik erst gaben der Romantik den Rest und machten aus dem Instrument das neue Schlagzeug.

Béla Bartók ist dreißig Jahre alt, als er mit seinem Stück eine bewußte Provokation betreibt, die sich schon im Titel ausspricht: »Allegro barbaro« ist nicht nur Kampfansage, sondern auch Sarkasmus, Verhöhnung jener Pariser Kritiker, die ihn und seinen Freund Zoltán Kodály nach einem Konzert im Frühjahr 1911 als Barbaren abgetan hatten. Schon die »Vierzehn Bagatellen« von 1908 hatten, etwa mit der Bitonalität der Nummer 1 und der nahezu atonalen Chromatik der Nummer 8 und anderen Schocks, Proteste hervorgerufen oder Verständnislosigkeit gezeitigt. Nun aber, 1911, befreit sich Bartók auch von seiner Faszination für Claude Debussy, dessen Klangexperimente, dessen Klavierschraffuren ihn mehrere Jahre lang angeregt hatten. Das »Allegro barbaro« ist wie ein kurzer, heftiger Vulkanausbruch, der die Musiklandschaft verwandelt zurückläßt.

Man hat das Stück als eine »Apotheose der rhythmischen Gewalt« bezeichnet (Klaus Billing), aber Matthias Walz weist auf die kompositorische Arbeit hin, die den Ausbruch erst bewirkt: »Bei allem gezielt Barbarischen – brutale Akzente, ständige Wiederholungen, knappste Motivbildungen – ist das Allegro keineswegs so einfach gebaut, wie es beim Hören scheinen mag: die Form verknüpft vielmehr verschiedene Verarbeitungstechniken und gewinnt zwischen thematischer Arbeit und Erstarren in motivfreien Ostinati ihren asymmetrischen, beunruhigenden Verlauf.«

Zum durchgehenden Merkmal des »Allegro« wird das Martellato, das gehämmerte Klavier. Es ist eine der schwersten Techniken für den Spieler, die dem Amateur, selbst wenn er in die Tasten haut, verwehrt bleibt. Es setzt ausdauernde Akkordübungen voraus; die Kraft und die Elastizität, die Tasten mit jenem federnden Zugriff anzugehen, daß zum Ton selbst der Metallklang der Saite hinzutritt, daß man die Materialbeanspruchung mithört. Das Martellato ist nicht nur dem Höreindruck nach, sondern auch als sichtbare »Performance« kein Klavier*spiel* mehr, sondern Angriffslust, ein direktes Duell mit dem Instrument. Bloßes Dreschen würde nur zu einem scheppernden Fortissimo führen. Im richtig ausgeführten Martellato feiert das Klavier die eigene Urgewalt.

Der Ausbruch des »Allegro« fand aber vorerst nur in der Komponierstube Bartóks statt: 1913 spielte er das Stück einmal bei einem Konzert in der ungarischen Provinz; aber erst 1918 wurde es gedruckt, kam es zur Welt, um sie zu verändern. Doch dann wurde es gleichsam zur Signatur für die Musik Bartóks, so sehr, daß er sich schließlich dagegen sträubte, zum Synonym oder gar Symbol für jenen Barbaren zu werden, den er einmal eher protestierend ins Feld geführt hatte. Der zarte Mann war es leid, all seine Musik à la barbaro, im perkussiven Stil, heruntergehämmert zu hören. So daß er einmal einem

Musiker, der ihm seine ebenfalls mit vielen Schockeffekten und Bruitismen aufwartende Sonate (aus dem Jahr 1926) vordrosch, mit dem paradoxen Satz Einhalt gebot: »Bitte, spielen Sie das nicht auf so bartókische Weise.«

Nie hat ein scheuerer Mensch lautere Musik gemacht. Nie hat sich im 20. Jahrhundert die Zerrissenheit zwischen der Kompromißlosigkeit eines Künstlers und der Zartbesaitetheit eines Menschen deutlicher gezeigt. Als Béla Bartók 1921 in Berlin ist, Klavier spielt, seine eigenen Kompositionen vorstellt, sind die Berliner Verehrer weniger von der Wucht seines Spiels irritiert, als von der Mimosenhaftigkeit seines Umgangs. Und Oscar Bie, der große Klavier-Essayist, schrieb ihm, nach der Abreise, einen Brief, der das freundschaftlich moniert: »Lieber Bartók. Als Sie hier waren, konnten wir wenig sprechen. Es ist um Sie eine schöne Atmosphäre der Einsamkeit, vor der ich mich scheute. Wenn Sie spielen, lebt die ganze Musik in Ihnen, und man erhält den starken Eindruck Ihrer Persönlichkeit. Aber in dem Augenblicke, in dem Sie aufhören, findet sich nicht das rechte Wort zur Auseinandersetzung. Es ist, als ob Sie in Ihre Höhle wieder zurückkriechen, aus der man sie nur mit Gewalt hervorlocken kann.« Bie denkt nicht unbedingt an gesellige Abende, er bedenkt den Marketingcharakter des jungen Jahrhunderts. Er fährt fort: »Ich habe sehr viel Sinn für diese Zurückgezogenheit, aber ich muß immer an ein Wort denken, das neulich ein berühmter Komponist zu einem bescheidenen jungen Künstler sagte: das genügt nicht, daß Sie gute Kunst machen, Sie müssen auch ein bißchen verstehen, sich in Szene zu setzen. Natürlich verstehe ich, daß dies weniger Sache des Entschlusses, als des Temperaments ist. Aber ich schreibe heute an Sie, um Sie anzuflehen: treten Sie in die Welt hinein!«

Faszination Motorik

Was ist das akustische Merkmal von Motorik? Der Krach? Die Gleichmäßigkeit? Die Unablässigkeit? Die Repetition? Die wiederkehrenden Muster? Das bloße Vor-Sich-Hin? Die Unpersönlichkeit? Die Stupidität? Die Rasanz? – Als Sergej Prokofiew seine »Toccata« schreibt, ist es, als wolle er die Maschine Klavier zugleich in Betrieb und auseinandernehmen, sie auf ihre Leistungsfähigkeit testen und ad absurdum führen.

Sein Vorbild, als er zwanzigjährig diese einzigartige Komposition schreibt, ist Robert Schumann, der im gleichen Alter seine »Toccata« op. 7 komponiert hat, deren Motorik von keinem anderen Werk des 19. Jahrhunderts erreicht wird, obgleich es sich keineswegs um ein »barbarisches«, mit Schlageffekten aufwartendes Stück handelt, sondern eher um eine Doppelgriff-Etüde. Prokofiew spricht bei seinem eigenen Werk von einem »maschinenmäßigen oder motormäßigen Charakter, der vielleicht auf Schumanns Toccata zurückzuführen ist, die beim ersten Hören einen so gewaltigen Eindruck auf mich machte, und der sich in meinen Etüden op. 2, in der Toccata op. 11, im Scherzo op. 12 und dem Scherzo des Zweiten Konzerts ausdrückte«.

Der Ungewöhnlichkeit des Werks entspricht das Vokabular der Charakteristiken. »Prokofiew hat nie wieder ein so grausames Stück verfaßt; es kennzeichnet einen Grenzpunkt der Musik ... Die ›Toccata‹ ist das einzige, echt motorische Klavierstück, das wir kennen. Sie läßt die Maschine Klavier aus sich selbst heraus arbeiten. Sie beginnt auf dem tiefen Ton D zu stampfen, zieht die anliegenden Töne geräuschhaft hinzu, läßt sie um sich kreisen wie Kolben und Schwungräder, bis die ganze Klaviatur erfaßt ist. Die Symmetrie ist streng wie der Viertakt des Motors. Nur einmal setzt sie aus; vor dem dynamischen Höhepunkt durchbricht ein zusätzliches Viertel die Periode und wirkt wie eine Katastrophe. Die Kraft des Motors erlahmt nach der Störung, auf dem monotonen D des Anfangs wird er langsamer, rafft sich mühsam zu dem explosiven Schluß auf.« (Klaus

Billing) Vielleicht läßt sich sagen, daß es kein Musikstück gibt, in dem das Klavier so aus sich selbst heraus produziert, durch Repetition und Addition von Tönen, Akkorden, Akzenten, ein Kraftwerk anstelle eines Kunstwerks, eine Materialprobe statt eines Schaffensaktes, aber ein Geniestreich dank der Insistenz, mit der sich diese tour de force vollzieht. Zu diesem Stück vor allem paßt, was man dem Pianisten Prokofiew nachgesagt hat: »Stahlfinger, Stahlgelenke, Stahlbizeps, Stahltrizeps – ein ganzer Stahltrust.«

Einen vergleichbaren time-lag wie das »Allegro barbaro« und die »Toccata« haben auch Strawinskys »Trois Mouvements de ›Petrouchka‹« hinter sich, als sie 1921, auf Wunsch und im Auftrag von Arthur Rubinstein, für Soloklavier ausgeführt werden. Diese drei Klaviersätze sind eins der wildesten, schwierigsten und zugleich dankbarsten Werke für Klavier aus dem ersten Jahrhundertdrittel, eins, das alle Effekte des Klaviers zugleich heraushämmert und ausspielt und fast demonstrativ parodistisch vorführt. Es ist mehr als die Transkription einer Ballettmusik, sondern selbst ein Ballett auf der Tastatur geworden: eine virtuose, auch die Augen bedienende Choreographie für Finger, Hände, Fäuste und durcheinanderwirbelnde Arme.

Auch die originale »Petruschka« war ein Werk des Jahres 1911, eine Musik, die Strawinsky für den russischen Choreographen Sergej Diaghilev geschrieben hatte. Auch da schon hatte das Klavier seinen Platz – aber eben in der Schlagwerkgruppe, neben Celesta, Zymbeln, Tambourinen, Triangel, Tamtam, Baßtrommel und fünf Pauken. Und doch schon auch als Instrument eigenen Rechtes: Denn für die Proben des Balletts hatte der Komponist – der ohnehin am Klavier zu arbeiten liebte – eine Fassung für zwei Klaviere geschrieben, aus der die Solosätze dann ein Jahrzehnt später komprimiert werden konnten.

Und so, wie Strawinsky die Klavierhämmer wieder in ihr Recht einzusetzen forderte, so versuchte er andererseits eine Ehrenrettung der menschlichen Hämmer, der Finger, als er zu seiner 1919 entstandenen »Piano-Rag Music« schrieb: »Ich hatte an Arthur Rubinstein gedacht, an seine behenden Finger, die kräftig und zugleich geschickt sind ... wobei ich diesmal die schlagzeugähnlichen Möglichkeiten des Klaviers ausnutzte. Daran begeisterte mich vor allem, daß die verschiedenen rhythmischen Episoden des Stücks mir von den Fingern selbst geradezu diktiert wurden, und weil meine Finger solchen Spaß daran hatten, habe ich das Stück geschrieben. Man soll die Finger nicht verachten, sie geben uns viele Anregungen, und im Kontakt mit dem klingenden Instrument erwecken sie Ideen, die im Unterbewußtsein schlummern und sonst verborgen blieben.«

VII
Die Kernspaltung des Klavierklangs
oder: Auf der Suche nach dem Viertelton-Piano

Wenn man 1920 von Vierteltönen sprach, galt man als leicht geistesgestört. Tatsächlich wurde ich für verrückt gehalten.

Ivan Wyschnegradsky

Zwischen zwei Klavieren sitzen

In dem kleinen möblierten Zimmer in der Nähe des Berliner Alexanderplatzes stehen zwei Klaviere, dicht nebeneinander. Der junge Mann, dem sie gehören, bespielt sie, stehend und sich hin und her beugend, beide, beide zur gleichen Zeit. Mit der Rechten spielt er hier eine Passage, mit der Linken dort, und auch die wuchtigen Akkorde holt er aus beiden Instrumenten gleichzeitig heraus. Ein unbefangener Besucher könnte den Eindruck haben, daß die Pianos dringend gestimmt werden müßten. Aber sie sind gestimmt, und zwar aufs genaueste: Das eine exakt einen Viertelton höher als das andere. Denn der junge Mann experimentiert mit Vierteltonmusik.

Er heißt Alois Hába, ist 1893 im mährischen Wisowitz geboren, hat in Wien bei Franz Schreker studiert und ist mit ihm 1920 nach Berlin gegangen, wo er sich aber rasch abnabelt, weil er mit idiosynkratischer Besessenheit dem Plan mikrotonalen Komponierens nachgehen will. Er will damit Experimente fortsetzen und erweitern, die schon während der Kriegsjahre Jörg Mager und Willi Moellendorf begonnen und beschrieben hatten: Mager in seiner Schrift »Vierteltonmusik« und Moellendorf in dem 1917 erschienenen Buch »Musik mit Vierteltönen«. 1918 hat Alois Hába schon seine 1. Sonate (d-moll) für vierteltöniges Klavier geschrieben, und in diesen drei Jahren in Berlin komponiert er in rascher Folge Klavierstücke, Suiten und Fantasien.

Ernst Krenek, der ihn in seiner Experimentierbude besucht hat, beschreibt die Versuche als »eine sehr umständliche Prozedur, die die ganze Sturheit dieses Bauernjungen aus Ostmähren erforderte, der von Kindheit an Mühsal und Plackerei gewohnt war«. Und offenbar ganz auf die neuen Klänge setzte: »Hába hatte sich bereits entschlossen, sich als Vierteltonspezialist zu etablieren und seine Idee der tschechoslowakischen Regierung zu verkaufen ... Von Berlin erwartete er nur die Informationen, die Ausrüstung und die Ausbildung, die er zur Verwirklichung seines neuartigen Projekts brauchte.«

Szenenwechsel: Neuengland. Der junge Charles Ives, 1874 in Danbury, Connecticut, geboren, ist von den seltsamen Versuchsanordnungen seines Vaters, eines Militärkapellmeisters, fasziniert. Der experimentiert mit Gläsern, die er, verschieden hoch gefüllt, auf Viertel-, Achteltöne und noch kleinere Intervalle stimmt. Ives senior hat das absolute Gehör, und er liebt es, am Klavier höchst schockierende Töne zu produzieren. Einem Bekannten, der das entsetzlich findet, erklärt er: »Na ja, wenn ich vielleicht auch das absolute Gehör habe, das Klavier jedenfalls hat es nicht.« Als eines Nachmittags ein schweres Gewitter tobt und gleichzeitig die Kirchenglocken läuten, rennt der Vater, ohne Hut und Mantel, immer nasser werdend, hinaus in den Regen und zurück ans Klavier und wieder hinaus und wieder hinein, wo er wie wild die Tasten anschlägt: »Ich habe einen Akkord gehört, ich höre ihn immer wieder, ich kann aber nicht herausfinden, aus welchen Tönen er sich zusammensetzt.«

Solche Eindrücke lassen Charles Ives nicht los und bestimmen seine eigene Offenheit gegenüber neuen Klängen. Als er in der Central Presbyterian Church in New York die Sonntagsschule besucht, findet er dort im Klassenraum zwei Klaviere vor, die, ähnlich wie die beiden Instrumente Hábas, wenngleich aus Zufall, etwa einen Viertelton auseinanderliegen. »So begann ich … mit verschiedenen Tonleitern zu experimentieren, inspiriert durch eben jene zwei Klaviere und durch Vaters mikrotonal gestimmte Gläser. Bevor mein Gehör diese Tonleiter ganz verstanden hatte, wurde jedoch eins der Klaviere entfernt, und so arbeitete ich sie denn weitgehend am Schreibtisch aus … Ich ging so vor: c als Grundton, 5 Viertelton-schritte aufwärts = ein Ganzton-Intervall; dieses wurde in der Mitte durch einen Glaston geteilt = 2½ Vierteltöne. (Dabei spielte ich mehrere Male hintereinander die größere Tonleiter und die traditionelle – was einen sehr interessanten klanglichen Unterschied und durchaus musikalischen Sinn ergibt.)«

Szenenwechsel: Paris. Ein junger russischer Komponist, Ivan Wyschnegradsky, geboren 1893, kommt 1919 mit großen Plänen und einigen kleinen Kompositionen in die französische Hauptstadt, um dort seine Vorstellungen einer neuen Musik aus Vierteltönen zu realisieren. Im Gepäck hat er unter anderem »Fünf Fragmente für Klavier«, »eine Art Schlüsselwerk, ein geheimnisvolles Werk, das mir den Weg geöffnet hat«. Es sind kurze Stücke, die vom Halbton ausgehen, aber zunehmend mit Vierteltönen arbeiten. »Ich schrieb sie einfach so in einer Eingebung. Ich habe mich ans Klavier gesetzt, und die Vierteltöne sind herausgekommen. Damals notierte ich sie nicht. Ich zeichnete einfach eine Vertikale, zum Beispiel zwischen C und Cis; so wußte ich, daß zwischen beiden Noten noch eine andere war. Dann habe ich mit der Rationalisierung begonnen und einen Plan erstellt.« Wie bei Hába bleibt auch für Wyschnegradsky die Mikrotonalität eine lebenslange Faszination.

Szenenwechsel: Und auch in Mexiko versucht sich ein junger Komponist früh schon an der Aufhebung der klassischen Chromatik: Julian Carrillo-Trujullo (1875 geboren) ist Geiger, der zu Beginn des Jahrhunderts für sechs Jahre nach Europa geht, um an den Konservatorien von Gent und Leipzig zu studieren. Er versucht sich am sogenannten »sonido trece«, einem 13-Ton-System, spielt aber auch andere Möglichkeiten mit Drittel- bis Sechzehnteltönen durch. 1930 gründet er ein Orchester, das ausschließlich Instrumente benutzt, die Mikrotöne produzieren können.

Kommunismus und Kontinuum

Das Experimentieren und das Komponieren mit Vierteltönen ist weder Verabredung noch Marotte. Daß es sich in Amerika wie in Rußland, in Deutschland wie in Mexiko nahezu unisono abspielt, zeigt, wie sehr es »an der Zeit« ist, wie eng es mit der Suche nach neuen Wegen des Komponierens im frühen 20. Jahrhundert verbunden ist. Es offenbart aber auch, daß die

Auflösung der Tonalität nicht ihr Bewenden hat mit der freien Atonalität der Jahre um 1909, sondern daß die Zerschlagung der Tonleiter, die Atomisierung der Intervalle, die Zerschmelzung der Chromatik immer noch weitergetrieben werden. Wyschnegradsky hat das für sich so beschrieben: »Ich wollte die Welt der Viertel-, dann der Sechsteltöne – bis hin zur Synthese der Zwölfteltöne, die bis an die Grenze der menschlichen Wahrnehmungsfähigkeit reichten, erobern.«

Woher aber kommen die Impulse? Bei Wyschnegradsky ist es eine kuriose Motivmischung, die er selbst zu der Auskunft pointiert: »Nachdem sich mir nun Ultrachromatik, Kommunismus und Futurismus offenbart hatten, bekam ich einen anderen Stil, ohne den alten aufzugeben.« Die bizarre Mixtur wird dann plausibel, wenn man alle drei Phänomene unter dem Gesichtspunkt des radikal Neuen, des Revolutionären und des rücksichtslos Anderen betrachtet. »Ein aufheulendes Auto ist schöner als die Nike von Samothrake«, hatte Marinetti in seinem futuristischen Manifest von 1909 verkündet; »die Ohrfeige dem öffentlichen Geschmack« war ein Losungswort der Futuristen geworden. Und wie um die Geräuschapotheosen dieser Antikünstler aufzunehmen, hatte Lenin von den »schlagenden Hämmern« der Revolution gesprochen. So daß für Wyschnegradsky um 1918 alles eins wird: »… wurde mir der Kommunismus zu einer Offenbarung. Gleichzeitig gab es auch die Ultrachromatik, diese Vision des Kontinuums, und auch da habe ich die Kraft gespürt, die im Kommunismus steckt. Diese ›Hammerschläge‹ haben bei mir Widerhall gefunden.«

Kommunismus und Kontinuum – es sind offenbar nur zwei Begriffe für eine gemeinsame Utopie: die Aufhebung der Klassengesellschaft und die Aufhebung des starren abendländischen Tonsystems. Im ersten Überschwang jener Revolutionsjahre komponiert der Fünfundzwanzigjährige ein »Rotes Evangelium«, »L'Evangile Rouge«, für Baßbariton und zwei Klaviere, die im Vierteltonabstand gestimmt sind.

Eine völlig andere Genese hat die Faszination bei Alois Hába.

In einem seiner theoretischen Werke schreibt er unter der Kapitelüberschrift »Melodische und harmonische Grundlagen des Vierteltonsystems«, daß er seine Impulse – ähnlich wie Béla Bartók – aus der Volksmusik beziehe, vor allem aus den Liedern und Gesängen seiner mährischen Heimat. »Die Intonationsvariationen habe ich schon vor Jahren bei den Bauern beobachtet. Die psychologische Motivierung habe ich darin gefunden, daß die Volkssänger aus Übermut den Ganzton höher intonieren. Bei ernsten Gesängen singen sie kleinere Intervalle als die fixierten Halbton- und Ganztonstufen.« Hába entwickelt eine Kompositionsweise, die ihm erlaubt, im Bereich einer Oktave 24 gleichberechtigte Vierteltonstufen zu verwenden und zu athematischen Strukturen zu nutzen. Den Eindruck auf den Hörer hat Jaroslaw Smolka so beschrieben: »Vierteltöne steigern durch Verschärfung vor allem den Effekt des Zusammentreffens, der seit jeher von den Halbtönen bekannt ist. Etwas völlig anderes kommt bei der konsequenten Arbeit mit Sechsteltönen zustande. Hier sind die Tonstufen schon so klein, daß der Eindruck des Ineinanderfließens entsteht.« Damit begegnen sich Hába und Wyschnegradsky: denn das Ineinanderfließen ist nichts anderes als das Kontinuum. – Aber sie sollten sich auch im Leben begegnen, nämlich auf der Suche nach einem Klavier, mit dem sich Vierteltonstücke spielen ließen; das Arrangement mit den zwei verschieden gestimmten Instrumenten war ja nur ein Notbehelf.

Das Ding der Unmöglichkeit

Wyschnegradsky war vor allem deshalb nach Paris gegangen, weil er bei den berühmten französischen Klavierbauern die Möglichkeit erkunden wollte, ein Piano zu bauen, mit dem er nicht nur komponieren, sondern seine Werke auch öffentlich vorführen konnte. »Als ich 1920 in Frankreich ankam, habe ich mich zuerst an die französischen Firmen Erard, Gaveau und Pleyel gewandt. Weder bei Erard noch bei Gaveau wollte man mich anhören. Wenn man 1920 von Vierteltönen sprach, galt man als leicht geistesgestört. Tatsächlich wurde ich für verrückt gehalten.« Bei Pleyel gerät er an einen verständnisvolleren Gesprächspartner, Gustave Lyon, der nicht nur Geschäftsführer, sondern auch Ingenieur und Architekt ist. »Ich werde darüber nachdenken«, sagt der, »vielleicht kann man etwas tun.«

Pleyel baut ein Instrument: mit zwei Tastaturen und zwei Saitensystemen, die unterschiedlich, eben im Vierteltonabstand, gestimmt sind. Problematisch ist aber die Übertragung vom zweiten Manual auf die Hämmer, und Lyon löst das nach dem Prinzip der »Pleyela«, also pneumatisch, wie beim Player Piano. Doch das Ergebnis ist enttäuschend: »Schließlich war alles umsonst. Es gab zwar zwei Tastaturen, aber die zweite war nicht weich genug, konnte keine Nuancen ausdrücken. Es war ein toter Klang.«

Die weitere Suche nach einem adäquaten Instrument führt Wyschnegradsky nach Berlin, wo er Hába trifft und zunächst einmal mit ihm gemeinsame Sache macht. In Deutschland, so merkt der junge Russe, ist die Vierteltonmusik durchaus en vogue. »Die Konkurrenz war groß. Hába und ich waren die Jüngsten, alle anderen waren bereits Vorläufer, Greise. Wir beide haben uns zusammengetan und an dem Bau eines Vierteltonklaviers heimlich gearbeitet ... Wir wollten einen Tastatur-Entwurf herstellen. Was das Innenleben des Instruments anging, waren wir keine Klavierbautechniker. Diese Aufgabe erforderte Fachkräfte. Eine Firma würde die technische Seite übernehmen. Das Problem war: wie sollte man die doppelte Menge an Saiten im Gehäuse unterbringen.«

Aber die Schwierigkeiten, die Zwistigkeiten beginnen schon bei der Frage nach der bestmöglichen Klaviatur. Der Russe besteht auf einer dreimanualigen Tastatur, die aber nach der herkömmlichen Mensur gebaut ist, denn: »Der Pianist braucht eine ihm vertraute Tastatur.« (Immer denkt Wyschnegradsky daran, daß seine Musik im Konzertsaal gespielt werden solle.) Für Hába, der eigentlich – wie Carrillo-Trujullo – Geiger ist, scheint das Kriterium der Konzertfähigkeit weniger zwingend. Der

Dritte im Bunde, Willi Moellendorff, hat wiederum ganz eigene Vorstellungen: Er hat bereits ein Vierteltonharmonium gebaut, bei dem zwischen die schwarzen und weißen Tasten braune eingefügt worden waren, wobei allerdings schwarze und braune extrem schmal geraten waren. Wyschnegradsky wehrt sich gegen diese Einteilung sie möge für das Legato-Spiel auf dem Harmonium geeignet sein, nicht dagegen für schnelle Stücke, für Virtuoses auf dem Klavier. Als Wyschnegradsky vorzeitig nach Paris zurückmuß, setzt Moellendorff sein Konzept durch und läßt es bei Grotrian-Steinweg in Braunschweig realisieren.

Gegen Ende der Zwanziger gewinnt der Russe die Klavierfabrik August Förster für den Bau eines Instruments mit drei Manualen, das er in seiner Pariser Wohnung wie ein Heiligtum hütet, wo es mehr und mehr zum Monument der Vergeblichkeit wird: »Obwohl es sich um ein sehr wirkungsvolles Instrument handelte, fand ich keinen Pianisten, der meine Musik spielen würde.« Und zur gleichen Zeit kommt auch der Erfindungsgeist Carrillo-Trujullos zum Ziel: Die Firma Sauter im Schwarzwald baut die »Octaviana«, ein Mikrotonklavier, das zwischen Drittel- und Sechzehnteltönen alle Intervalle beherrscht.

Daß die Vierteltonmusik gescheitert ist, dafür gibt es vielfältige Gründe. Einer davon, der elementarste, ist unser Ohr: Es macht bei kleinen Intervallen einfach nicht mit, oder es hat Schwierigkeiten. In seinem Buch »Das wohltemperierte Gehirn« schreibt Robert Jourdain: »Es wurden viele Experimente mit Vierteltönen beziehungsweise Vierteltonskalen angestellt ... Sowohl Laborversuche als auch Erfahrungen im Konzertsaal haben jedoch gezeigt, daß unser Gehirn diese feine Einteilung des Tonraums nur mit Mühe bewerkstelligen kann. Vierteltöne stellen offenbar in etwa das obere Limit dar. Skalen mit 24 Abstufungen wurden im Mittleren Osten gefunden, Skalen mit 22 Unterteilungen in Indien. Noch feinere Abstufungen des Tonraums sind in keiner Kultur der Welt bisher aufgetaucht.«

Ein anderer wichtiger Grund besteht aber gewiß darin, daß

das Klavier nicht wirklich mitgespielt hat. Es wurden, wie wir gesehen haben, zwar Instrumente gebaut, aber sie blieben nicht bloß unbefriedigend im Klang, sondern waren auch ungefüge, monströs, unansehnlich. Es zeigt sich gerade bei dieser Gelegenheit ganz deutlich: Das Klavier, der Flügel selbst sträuben sich gegen ihre Deformation. Die jahrhundertealte Geschichte des Pianos, diese Schichtung aus Ingenium und Handwerkskunst, aus Musikverstand und Materialkenntnis, aus Fingerlust und Tüftelei, aus Spieltrieb und Spezialistentum, aus Design und Mechanik, aus Holzverarbeitung und Eisenguß, aus tonnenschwerer Zugkraft und leisester Abstraktion, diese hochgespannte Verschränkung von Piano und Forte – sie sind so etwas wie eine natürliche Evolution im Reich der Dinge, mit der Kraft begabt, alles Mutwillige, jede Mutation auszuscheiden. Der Klang*körper* Klavier läßt sich nicht willkürlich verrenken, und gegen die hochgescheite »Tastenlogik« (Scherer) der Klaviatur verstößt niemand mit Aussicht auf Erfolg.

Und so endet ein Komponist wie Ivan Wyschnegradsky nicht in den Konzertsälen am Ende seines Jahrhunderts, sondern im Memento, das ihm einer der Erfolgsschriftsteller unserer Tage, der Amerikaner Paul Auster, in seiner »New York Trilogie« gesetzt hat: »Wir sehen zum Beispiel einen alten russischen Komponisten namens Ivan Wyschnegradsky, der nun beinah achtzig ist – verarmt, ein Witwer, der allein in seiner schäbigen Wohnung in der Rue Mademoiselle lebt«, und wir sehen »das Viertelton-Piano in der Wohnung mit seinem enormen Umfang und den verschiedenen Klaviaturen (es wurde vor beinah fünfzig Jahren für Wyschnegradsky in Prag gebaut und ist eines von nur drei Viertelton-Pianos in Europa)«.

VIII

Acht Klaviere und ein Propeller

oder: Ein Amerikaner in Paris (George Antheil)

> Skandale wurden bei meinen Konzerten fast
> etwas Alltägliches.
>
> George Antheil

Der Skandal der Skandale

»Mein Flügel wurde an die Rampe der Bühne geschoben, vor den ungeheuren kubistischen Vorhang von Léger, und ich fing an zu spielen. Fast unverzüglich begann der Lärm. Ich erinnere mich noch, daß Man Ray jemand in der ersten Reihe eine Ohrfeige versetzte. Marcel Duchamps stritt laut mit einem andern in der zweiten Reihe. In einer Loge schrie Erik Satie: ›Welche Präzision! Welche Präzision!‹ und klatschte Beifall. Irgendein Spaßvogel unter den Technikern richtete die Scheinwerfer ins Publikum. Einer traf James Joyce genau ins Gesicht und tat seinen empfindlichen Augen weh. In einer der Logen stand ein großer stämmiger Dichter auf und schrie: ›Ihr seid alle Schweine!‹ Auf dem Rang erschien die Polizei und verhaftete die Surrealisten, die, weil ihnen die Musik gefiel, alle verprügelten, die etwas dagegen einzuwenden hatten. Erst volle zwanzig Minuten nachdem ich mit meinem Programm fertig war, wurde die Ruhe wiederhergestellt, und der Vorhang hob sich für das erste der Ballette. Doch seit dem 4. Oktober 1923 wußte in Paris jeder, wer ich war.«

In der chronique scandaleuse des Klaviers im 20. Jahrhundert ist dieser Abend ein besonders schrilles Datum. Selbst für die mit Eklats gesegneten zwanziger Jahre, selbst für das mit Surrealismen verwöhnte Paris war dieser Event im Théâtre des Champs-Élysées ein Nonplusultra der Turbulenz, eine Höchstleistung an Krawall. An diesem 4. Oktober sollte es in dem mondänen Pariser Theater eine Tanzaufführung geben – das sogenannte Ballet Suédois stellte eine neue Choreographie vor –, und nur fürs Vorprogramm war der dreiundzwanzigjährige George Antheil engagiert, der mit drei eigenen Kompositionen für die Einstimmung sorgen sollte: den »Mechanisms«, der »Airplane Sonata« und der »Sonate Sauvage«. Schon die Titel verraten etwas von der Provokation. Es waren Stücke, die in der Tendenz übereinkamen, daß sie das Klavier entfesselten, es als mechanisches Instrument traktierten, ihm technische Geräusche entlockten, eine Konsequenz des futuristischen Programms, »daß die Geräusche zu den Tönen treten und sie ersetzen« sollten, wie es zehn Jahre zuvor Luigi Russolo formuliert hatte.

Außerordentlich war der Abend schon durch das Publikum: Nicht nur tout Paris war gekommen, sondern auch die Elite der Kunstwelt: Picasso, Strawinsky, Joyce, Satie, Miró, Man Ray, Milhaud, Artur Rubinstein und andere. Aber die meisten von ihnen waren erst dabei, sich ihre großen Jahrhundert-Namen zu machen.

Wer aber war der junge Mann, der Paris so aus aller Fassung brachte? Er hieß George Antheil, kam aus Amerika, hatte aber deutsch-polnische Vorfahren. 1900 in Trenton (New Jersey) geboren, erhielt er schon früh Klavierunterricht und studierte später zwei Jahre lang Komposition bei Ernest Bloch, einem Schweizer, der erst kurz zuvor nach Amerika gekommen war und als Begründer der »national-jüdischen« Komponisten-schule gilt. Nimmt man Antheils eigene Schilderungen auch nur annähernd für wahr, so scheint bei seiner Ausbildung immer ein stark sportlicher, effekthaschender Ehrgeiz mit im Spiel gewesen zu sein.

Als er 1922 erfährt, daß der amerikanische Konzertagent Martin H. Hanson nach Europa fahren und noch einen jungen Pianisten mitnehmen will, beschließt Antheil, dieser neue Mann zu sein, und er beginnt, wie wild zu üben:

»Unverzüglich fuhr ich nach Trenton ... zu meinen Eltern. Ich kaufte zwei große Goldfischgläser, füllte sie mit Wasser und stellte an jeder Seite meiner Klavierbank eins auf einen niedrigen Tisch. Dann übte ich einen ganzen Monat lang täglich sechzehn bis zwanzig Stunden. Sobald eine meiner Hände anschwoll oder blutete, steckte ich sie einfach in eins der bequem aufgestellten Gefäße. Auf diese Weise erwarb ich mir eine Technik, die Hanson, als ich ihm einen Monat später vorspielte, überwältigte.«

Klavierspiel als Sport, Tastendonner als athletische Hochlei-

stung, Virtuosität als eine Art (noch nicht) olympischer Disziplin. Zum erstenmal hatte ja Ferruccio Busoni auf diese Ver-
wandtschaft hingewiesen, als er Typen wie Antheil so beschrieb:
»Für sie ist das Klavier eine mit einem Musikinstrument ver-
bundene Art Sportplatz.« Und Antheil selbst hat eine Physio-
logie solcher Klavierübung geliefert; die Beschreibung nicht
der Inspiration, sondern der Transpiration eines Pianisten:

Ein Kapitel Transpiration

»Der Schweiß strömt an dir nieder – in breiten glitschigen
Bächen. Er läuft dir an den Beinen entlang, an dem einen, mit
dem du das Sostenuto-Pedal bedienst, und am andern. Überall auf der Brust sickert er hervor und fließt bis zum Gurtband,
wo die Frackhosen ihn aufsaugen. Überall strömt er, über die
Arme, über die Hände. Du fängst an dich zu fürchten; zuviel
Schweiß könnte deine Hände zu naß machen, so daß sie auf
den schmalen schwarzen Tasten ausrutschen; du spielst in einem Tempo von hundert Minutenkilometern. Aber irgendwie
rutschen sie doch nicht ab. Und solange sie das nicht tun,
weißt du, daß alles gutgeht. Du funktionierst wie eine wohl-
geölte Maschine. Nicht zuviel Schweiß, nicht zuwenig.
   Erst wenn du plötzlich aufhörst zu transpirieren, werden
deine Unterarme lahm.
   Das ist das, wovor jeder Konzertpianist Angst hat, was ihm
Alpdrücken verursacht. Du kannst nie sagen, wann es passiert;
es geschieht nur einmal in hundert Konzerten, aber es geschieht; und wenn es geschieht, beginnt es mit Steifheit oben
im Unterarm. Dann wandert es den Arm hinunter ins Hand-
gelenk, in die Hand, in die Finger. Die Bach-Fuge oder die
Chopin-Sonate unter diesen Fingern bekommt Fehler – erst
kleine, dann große. Du spürst die plötzliche Überraschung des
Publikums, seine unfreundliche Reaktion. Der Schweiß auf
deinem Körper in dem schweren schwarzen wollenen Anzug
mit steifem Hemd und Kragen gefriert.

Du kriechst im Schneckentempo über die heranstürmenden Klavierläufe. Deine Finger stecken in zehn kleinen stählernen Zwangsjacken ...

In der Pause zwischen dem ersten und dem zweiten Teil deines Programms gehst du in die Garderobe und wechselst jeden Faden, den du auf dem Leib trägst: Unterzeug, Hemd, Schleife, Socken, Hosen, Frack. Alles, was du ausziehst, ist klatschnaß. Du bist zweiundzwanzig Jahre alt und bis zum letzten Kilo durchtrainiert wie ein Boxer. Du ißt nicht zuviel, rauchst und trinkst nicht und arbeitest täglich sechs bis acht Stunden an einem Klavier mit Spezialtastatur, dessen Tasten so schwer niederzudrücken sind, daß du am Abend, wenn du dich an deinen Konzertflügel setzt, buchstäblich glaubst, auf einer Wattewolke zu reiten, so leicht geben die Tasten nach. Vor jedem Konzert ißt du natürlich überhaupt nichts.

Deine Instrumente reisen mit dir. Ebenso dein Agent. Für Mädchen hast du keine Zeit. Dein Agent sorgt dafür, daß dir keine jungen weiblichen Raubwesen nahe kommen.

Du bist Konzertpianist. Das war mein Leben mit zweiundzwanzig.«

Die Pistole auf dem Flügel

Als ein enfant terrible der Musik hat sich George Antheil, kokettierend, selbst gesehen. »Bad Boy of Music« heißt seine Autobiographie im Original, in der er die frühen Stationen seines Komponistenlebens zu einem selbstironischen Reißer verarbeitet. Im Grunde aber war George Antheil weder Enfant terrible noch bad boy, sondern die frühe Ausprägung eines Jahrhunderttyps. Der junge Mann mit dem absoluten Erfolgswillen, mit dem Durchsetzungsvermögen um jeden Preis, auch um den, sich lächerlich zu machen. Er war ein Mensch, der das Medienzeitalter früher als andere begriffen hatte und wußte, daß, will man bekannt werden, berühmt oder wenigstens berüchtigt, man sich der Dramaturgie des Eklats, der Pflege des

Skandals bedienen muß. Die Kunst, Aufsehen zu erregen, ist bei diesem Typus ebenso stark entwickelt wie das eigentlich schöpferische Vermögen. Und so gefällt sich Antheil in Anekdoten wie dieser bei seinem Auftreten in Budapest:

»Anfang 1923 spielte ich zum zweitenmal in Budapest ... Einige Wochen zuvor hatte ich bereits in einem Konzert der Budapester Philharmonie gespielt, und es war zu lärmenden Szenen im Publikum gekommen. Das störte mich nicht so sehr wie die Tatsache, daß die Leute während dieses Tohuwabohu nichts von der Musik gehört hatten. Deshalb trat ich nach der Pause an die Rampe zum Publikum, verbeugte mich und sagte deutlich: ›Türschließer, machen Sie bitte die Türen zu und schließen Sie ab.‹ Als das geschehen war, griff ich nach bewährter amerikanischer Gangsterart unter meine linke Achsel und holte die häßliche kleine Pistole hervor. Ohne ein weiteres Wort legte ich sie auf meinen Steinway und begann mit dem Konzert. Jeder Ton war zu hören.«

Lange schon vor dem »Schießen Sie auf den Pianisten!« gab es also fast die umgekehrte Situation. Wobei es für die Marktstrategien des Säkulums keine Rolle spielt, ob es diesen Revolver auf dem Flügel wirklich gegeben hat: Als Markenzeichen Antheils trägt er zu seinem Image bei: ein durchgeknallter Typ. Oder: Ein Foto zeigt ihn als Fassadenkletterer in Paris. Er klimmt über den Sims eines Ladengeschäftes hinweg am Gitter eines Balkons empor, offenbar um in eine Wohnung zu gelangen, deren große Fenstertür offensteht. Hat er den Schlüssel vergessen, will er seinen Mut beweisen, probt er nun auch für eine Filmrolle? In jedem Fall ist die Sache Show: Denn es ist die berühmte Buchhandlung »Shakespeare & Co.« in der Rue de l'Odéon, über die Antheil hinwegturnt, und unten auf der Straße steht, mit großer Geste für den Fotografen, deren Inhaberin Sylvia Beach, die Muse der literarischen Avantgarde im Paris der zwanziger Jahre und frühe Förderin von James Joyce. Aber es spricht für George Antheil, daß er, kaum nach Paris gekommen, es geschafft hat, sich hier einzuquartieren (das Zimmer über der Buchhandlung ist sein eigenes) und nicht in irgendeinem idyllischen Vorort oder einer bohemienhaften Umgebung. Er war nicht nur ein Draufgänger, sondern fühlte sich zugehörig zu der intellektuellen Spitzentruppe, deren Mittelpunkt eben die rasch mythisch gewordene Bücherhöhle der Beach war. George Antheil ist im Augenblick dieses Fotos nicht nur ein Fassadenkletterer, sondern ein exzentrischer junger Mann auf dem Weg nach oben.

Das Ballett als Kehrmaschine

Mit George Antheils Namen ist aber vor allem ein Werk verknüpft, das dem Klavier ganz neue Spielgefährten, nämlich allerlei technisches Gerät, darunter einen Flugzeugpropeller, zuweist: das ballet mécanique. Antheil selbst: »Die Wörter ballet mécanique waren brutal, modern, nüchtern und symbolisch für die seelische Erschöpfung, für die hyperästhetische, unsentimentale Periode ...« Und obwohl er sich gegen die Deutung wehrt, die Komposition habe irgend etwas mit der Darstellung von Fabriken und Maschinenanlagen zu tun, gibt er zu: »Allerdings fand ich zu jener Zeit Maschinen sehr schön ... Nach meiner Meinung war mein ballet mécanique (richtig gespielt!) stromlinienförmig glitzernd, kalt und häufig ebenso von musikalischem Schweigen erfüllt wie der interplanetare Raum und ebenso häufig heiß wie ein elektrischer Glühofen.«

Die Uraufführung wird zum exklusiven gesellschaftlichen Ereignis. Eine reiche, schöne, junge Amerikanerin sucht den Anschluß an die Pariser Avantgarde und stellt gelegentlich ihre Villa für Experimente zur Verfügung. An diesem Tag ist es ein Ereignis zwischen neuester Musik, ältestem Adel und zeitlosem Snobismus. Aber auch James Joyce und Ezra Pound sind mit von der Partie. Besonders Joyce war in jenen Jahren ganz wild auf solche Privateinladungen, zu denen er sich gelegentlich auch Zutritt zu verschaffen wußte, wenn er gar nicht eingeladen war.

Die Villa muß stattlich gewesen sein, denn Antheils Besetzung war raumgreifend: acht Klaviere, Ambosse, Autohupen, Sirenen, Xylophone, Glocken, Sägen und ein laufender Flugzeugmotor. Während die Flügel den Hauptraum des Hauses okkupierten, mußten die übrigen »Instrumente« in den angrenzenden Zimmern und auf der Treppe untergebracht werden. Der Dirigent Wladimir Goschmann hatte sich auf einem zentral stehenden Flügel postiert. Antheil beschreibt eine surrealistische Szenerie:

»Und nun stellen Sie sich in diesem absolut überfüllten Haus noch zweihundert Gäste vor! In jedem Loch und Eckchen zwischen den Flügeln stand ein Gast. Ich glaube, mehrere hingen sogar an den Kronleuchtern – darunter aller Wahrscheinlichkeit nach auch die Herzogin von Clermont-Tonnerre; sie war ja eine solche Kunstschwärmerin! Ach so, und dazu kommt noch, daß es Sommer und ultraheiß war … Beim ersten Akkord des ballet mécanique flog beinah das Dach vom Haus! Und bei der gigantischen Erschütterung fiel eine Anzahl von Personen um! Die übrigen Gäste wanden sich wie lebendige Sardinen in einer Büchse; die Klaviere unter, über oder neben ihren Ohren dröhnten mächtig und in einer fremdartigen Synchronisierung.

Am Ende dieses überaus schweißtreibenden Konzerts wurde Champagner in großen Mengen serviert; die Leute waren sehr durstig, um nicht zu sagen: erschüttert und zerrüttet … Das Ergebnis: die kongenialste gesellschaftliche Veranstaltung, die man sich nur vorstellen konnte; und das letzte, was wir von unserer schönen jungen Gastgeberin an diesem Tag sahen: sie wurde von zwei Prinzessinnen, einer Herzogin und drei italienischen Marchesas in einer Decke immer wieder in die Höhe geworfen.«

Der Ruhm (oder ist es bloß der Rumor?) der sensationellen Veranstaltung dringt bis nach New York. Was wäre die Musik eines Amerikaners, wenn sie nicht in der Carnegie Hall getauft würde? Am 10. April 1927 findet die Aufführung statt, und sie wird zum Fiasko. Man hat die Zahl der Klaviere noch einmal verdoppelt – aber die sechzehn Flügel auf dem Podium verstärken den Ton nicht, sondern verklimpern sich gegenseitig die Wirkung. Immerhin ist der Durchfall Anlaß für den jungen Komponisten, über seine Instrumentation nachzudenken:

»Was ich am tiefsten bedaure, ist das ultrasensationelle Element des sichtbaren Propellers ... Dieses Geräusch ist als eine Art Orgelpunkt (wie wir Musiker das nennen) zum Aufbau einer gewisser Steigerung zum Höhepunkt gedacht; Bach zum Beispiel benutzt solche Orgelpunkte in den meisten seiner großen Fugen. Diese Besonderheit meiner Partitur gab jedoch unserm genieerfüllten Reklameagenten einen überaus sensationellen Gedanken ein: Das Publikum sollte glauben, es höre das Geräusch des richtigen Propellers. Und die Verantwortlichen hofften zuversichtlich, die Zuhörer würden dadurch in Furcht versetzt, daß der Propellerwind sie von den Sitzen blasen werde, besonders in den ersten Reihen ...«

Antheil vermutet übrigens, daß die dreitausend Menschen, die an jenem Aprilabend 1927 in die Carnegie Hall geströmt waren, von dem seltsamen Titel angelockt worden seien und einen mechanischen Tanz, ein Ballett von Apparaten und Maschinen, die musikalische Reproduktion einer Fabrikhalle erwarteten. Daß er genau diesen Effekt hatte erzielen wollen, will er dann Jahre später nicht mehr wahrhaben. Er erinnert sich nur noch, daß Sylvia Beach ihm den Namen habe ausreden wollen, weil das ballet wie balai, der französische Besen, klinge, und weil es schon einen balai mécanique gebe, nämlich eine Kehrmaschine. In der Carnegie Hall scheint das eine wie die andere gewirkt zu haben.

Aber noch haben wir den Skandal vom 4. Oktober 1923 im Théâtre des Champs-Élysées nicht vollständig abgefeiert. Noch hatten wir es nur mit der Kurzfassung des Tumults zu tun, gleichsam mit dem Thema, dessen Durchführung George Antheil in seiner Autobiographie dann knapp zweihundert Seiten später bringt.

»In der Mitte der zweiten Sonate bemerkte ich, wie plötzlich eine scharfe kleine Welle durch das Publikum lief ... Und dann brach der Sturm los. Irgend jemand in der vorderen Reihe begann zu pfeifen, ein Mann neben ihm versetzte ihm eine Ohrfeige. Ein gefährliches Rascheln des Erstaunens knisterte durch das Publikum. Im Orchester sprang ein Musiker auf und rief ärgerlich: ›Ruhe! Ruhe!‹ Jetzt standen wir am Rande des Skandals.

Ich spürte die Pistole unter dem linken Arm und spielte weiter. Ich hatte Skandale in Deutschland erlebt, aber dies hier versprach wirklich etwas Außerordentliches zu werden. Die Franzosen sind eine andere, leidenschaftlichere Rasse ... Die Katastrophe blies mir ihren Atem in den Nacken.

Doch die Katastrophe und ich waren bei Konzerten alte Freunde. Dies war ›Heimat‹ für mich. Und als mir das klar wurde, war ich plötzlich ruhig. Schließlich konnte ich mir immer noch den Weg hinaus freischießen! Ich hatte sogar Zeit, mir selber zuzuhören und zu denken: ›Was bist du für ein wunderbarer Pianist, Antheil, du Hund!‹ Meine Drüsen schalteten auf den vierten Gang.

Ich beendete die zweite Sonate des Programms und schaute zu Satie hinauf. Er applaudierte heftig. Milhaud schien ihn zurückzuhalten. Satie schob ihn anscheinend weg und klatschte weiter. Satie sah mit seinem freundlichen Spitzbart aus wie eine wohlwollende ältliche Ziege! Sein Beifall mußte, das wußte ich, für die allmächtige Gruppe um ihn her die Entscheidung bedeuten.

Nun stürzte ich mich in die Mechanisms. Da brach das Tollhaus wirklich los. Die Leute ohrfeigten und stießen einander freigebig. Niemand blieb sitzen. Eine Menschenwelle schien sich über die andere zu stürzen. So beginnt der Skandal immer: eine Welle über die andere. Die Menschen kämpften auf den Gängen, schrien, klatschten, heulten! Pandämonium!

Plötzlich hörte ich Satie mit schriller Stimme rufen: ›Quel précision! Quel précision! Bravo! Bravo!‹ Und er klatschte weiter die kleinen behandschuhten Hände gegeneinander. Milhaud applaudierte jetzt, es war deutlich zu sehen.

Mittlerweile rissen einige Leute auf den Rängen die Stühle

heraus und warfen sie ins Orchester. Die Polizei griff ein, und zahlreiche Surrealisten, Mitglieder der Gesellschaft und Menschen jeder Herkunft wurden verhaftet. – Ich beendete die Mechanisms ruhig wie ein Kohlkopf. Seit der Premiere von Strawinskys Sacre du printemps hatte Paris einen so schönen Abend nicht mehr erlebt.«

IX

Tortenschlachten mit Begleitung

oder: Das Klavier zum Film

Aber im wesentlichen steht es doch so, daß die
Art, wie die braven Dorfschullehrer nach des
Tages Last und Mühe auf ihrem Klavier phan-
tasieren mögen, im Kino zu einer berechtigten
Kunstform erhoben wurde.

Ernst Bloch

Akkordarbeit für »Metropolis«

Die Elfjährige bekommt den Schrecken ihres jungen Lebens. Der Vater, mit dem sie allein lebt, hat Magenschmerzen und krümmt sich mit Koliken im Bett. Vermutlich hat er zu viele grüne Bananen gegessen. Aber er kann sich die Krankheit nicht leisten, denn in einer Stunde müßte er im »Star« sein, einem Kino in Manchester, wo er einen Job als Kinoklavierspieler hat. Noch dazu ist für diesen Abend ein neuer Film vorgesehen, »Metropolis«, das futuristische Wunderwerk des genialen Fritz Lang, die düstere Parabel einer utopischen, unmenschlichen Stadt. Aber der Vater ist unfähig, sich zu rühren, geschweige denn, sich auf den Weg an seinen Arbeitsplatz, an das alte, klapprige Klavier zu machen. Und dann kommt für die Kleine der Schock: Sie müsse, sagt der Vater, für ihn einspringen, heute abend für ihn spielen. Die entsetzte Reaktion: »Ich kann nicht, Dad, du weißt doch, daß ich's nicht kann.«

Sie kann es nicht deshalb nicht, weil sie so jung ist oder weil Kinderarbeit nicht zugelassen wäre, sondern weil sie gar nicht Klavier spielen kann. Der Vater hat ihr in den letzten Wochen nur so etwas wie das Poker-Piano beigebracht, den Tastenbluff, die wichtigsten Akkorde, die Technik des Daumenglissandos und ein paar simple, auf Dreiklängen beruhende Grundmelodien, die sich meist zu albernen Wörtern wie »HEDA AFFE« klimpern lassen. Und wie man in den Bässen herumwühlen kann, daß es nach Donner oder Unheil oder Maschinengeräusch klingt, hat er ihr auch vorgemacht. Und mit diesen wenigen Tricks soll sie nun den Vater vertreten, noch dazu bei diesem schwierigen Film mit dem seltsamen Titel. »Ach Dad«, wiederholt sie, »ich kann's nicht, ich kann's nicht!« Und so ähnlich wiederholt es auch der entgeisterte Kinobesitzer, als er die Kleine ohne ihren Vater heranspazieren sieht: »Du? Aber du kannst es ja gar nicht.«

Und nun erleben wir die Elfjährige, wie sie sich durch den

schmierigen, schwärzlichen Vorhang schiebt, ans Klavier setzt, den Deckel hochklappt und sich vor Angst beinah auf die Tasten erbricht. Wie sie zum ersten Teil der Wochenschau einen kleinen Marsch in C-Dur klimpert, als Untermalung für ein Pfadfindertreffen. Wie sie zur Beerdigung eines amerikanischen Gangsters ein paar Mollakkorde beisteuert. Wie sie eine Überschwemmung in Neuseeland mit Septakkorden angeht und sogar eine nette traurige Melodie daraus spinnt. Wie sie sich also mit zunehmender Courage durch die Vorfilme fingert und vergeblich auf empörte Rufe aus dem Publikum wartet: Holt die Kleine vom Hocker!

»Und dann kam Metropolis. Natürlich hatte ich, senkrecht zur Leinwand aufschauend, ein sehr verzerrtes Bild, aber so im allgemeinen bekam ich mit, was los war. Es gab viel Abwechslung, wie mein Dad es schätzte, Arbeiter trotteten in die Fabrik, Maschinen, Wolkenkratzer und ein Roboter und eine große Überschwemmung und sogar ein Tanz des Roboters, nachdem ihn das wahnsinnige Genie zur Frau ausstaffiert hatte, und ich merkte, daß ich doch schon einiges von dem drauf hatte, was ich brauchte, mit den verminderten Septimakkorden und meiner neuen Schwarz-Weiß-Tonleiter und viel Lärm in dem Teil der Baßtastatur, wo keine Töne mehr kamen, sondern nur noch ein Brummen. Es war ein langer Film, und meine Hände waren am Schluß wie nasse Lappen, aber es gab ein Ende, die Arbeiter und der Chef schütteln sich die Hand und sind sich einig, daß sie lieber und netter zueinander sein wollen, und es kam der große C-Dur-Akkord – CEGCEG – zum ENDE.«

Nur als dann zum Schluß die Nationalhymne gesungen werden und vom Klavier begleitet werden soll, ist das durchtriebene Mädchen überfordert und läßt sich in Ohnmacht fallen. – Die Geschichte – zu schön, um ganz wahr zu sein – steht in Anthony Burgess' frechem kleinen Roman »Der Mann am Klavier« (The Pianoplayers), in dem er nicht nur die Geschichte seines Vaters erzählt, der in der Tat Kinoklavierspieler in Manchester gewesen ist; sondern mit dem er den Tausenden (!) armer, verarmter und armwunder Klavierspieler jener Jahre ein spöttisch-pathetisches Denkmal gesetzt hat.

Mit den Bildern um die Wette

Willy Sommerfeld zum Beispiel, 1904 in Danzig geboren, ein musikalisches Kind neben drei Geschwistern. Mit acht Jahren bekommt er eine Geige samt Unterricht, macht zehn Jahre später auch sein Geigenlehrerexamen. Viel lieber aber spielt er Klavier. Und am liebsten will er Dirigent werden, was damals noch Kapellmeister heißt. Um dieses hohen Zieles willen geht der Siebzehnjährige Anfang der zwanziger Jahre nach Berlin. Wo er aber nicht einfach nur studieren kann, sondern um sein Leben, seinen Lebensunterhalt spielen muß. Das Kino fängt ihn auf, wie viele seinesgleichen. Alle seine Mitstudenten sind auf Kinoarbeit scharf. »Am Stern'schen Konservatorium sprach sich das natürlich rum. Wo war was? Da war das! Da kannst du hingehen, da gibt es was! In jeder Straße war ein Kino, überlegen Sie mal!«

Der Kinoklavierspieler Sommerfeld fing untypisch an: »Ich habe erst mit der Geige im Kino hier gespielt. Am Klavier saß ein Professor, ein russischer Hof-Pianist, aber er überließ es mir schon immer, die Musik auszusuchen. Wir haben natürlich nach Noten gespielt, wenn wir zu zweit spielten. Und eines Tages war es soweit, daß der Inhaber sagte: ›Also, ich hab' das Geld nicht mehr für euch beide.‹ Und er hatte gehört, daß ich vor der Vorstellung mal so 'n bißchen geklimpert habe und sagte: ›Du kannst doch spielen, mach du das doch allein!‹«

Als die Grundtugenden des Kinoklavierspielers benennt Sommerfeld Notenfestigkeit, großes Repertoire, Improvisationsfähigkeit und Reaktionsvermögen. »Das Auge sieht's, dann geht's ins Gehirn, dann schießt der Gedanke für die jeweilige Musik in die Finger, und da ich sehr klein geraten bin, geht das sehr schnell.« Zum Beispiel damals, als er die »Sinfonie einer Großstadt« begleitete, wo es eine Trinkszene gibt und ein junger Mann plötzlich zu singen anfängt; da reagierte Sommerfeld geistesgegenwärtig mit dem Schlager »Wir versaufen unser Oma ihr klein Häuschen« und erlebte den raschen Triumph, daß gleich darauf ebendieses Lied als Zwischentitel erscheint. Nach Auskunft Sommerfelds aber war es in den zwanziger Jahren üblich, daß die Pianisten die Filme vorher zu sehen bekamen und sich ihre Musik zurechtlegen konnten. Auch wurde es mehr und mehr Praxis, daß zu Filmen Begleitschreiben mit Musikempfehlungen geliefert wurden. Und für besonders anspruchsvolle Werke wurde auch schon, Jahre vor dem Tonfilm, eine eigene Filmmusik komponiert, von der der Kritiker Adolf Weissmann allerdings spöttisch urteilte: »Die Beschaffenheit dieser Filmmusik ist im allgemeinen so, daß man sie sich wegwünscht.«

Der Stummfilm ist noch einmal eine große und völlig neue Bewährungsprobe für das Klavier. Das Klavier steht da und steht ein für all die Sinnlichkeit, Körperlichkeit, Greifbarkeit, die die Handlung auf der Leinwand nicht bieten kann. Im Visavis mit der Virtualität des neuen Mediums Film bildet das Klavier einen festen Sockel Realität. Ernst Bloch hat das so zu beschreiben versucht: »Wir sind als Besucher des Kinemas zunächst ausschließlich auf das Auge angewiesen ... Wir müssen aber vor dem Lichtbild auf alles verzichten, was sonst als Druck, Wärme, Duft, Geräusch und sinnliches Mittendrin dem Anblick der Dinge gerade seinen vollen Wirklichkeitscharakter verleiht. Die Haut, die Nase, das Gehör, alle übrigen Sinne sind ausgeschaltet, während das Auge überlastet ist ... Aber nun übernimmt Kinomusik eine eigentümliche Funktion: sie leistet die Vertretung aller übrigen Sinne ... diese Kunst (vermag) die Buntheit von der erlebniswirklichen Realität zu erben und darin in einem großen Zug, der niemals an das Einzelne erinnert, gleichsam die Gesamtsinnlichkeit zu leisten.«

Sagen wir es simpler: Als die Bilder laufen lernen, lernen sie zugleich das Rennen. Stummfilm bedeutet zunächst einmal eine neue Rasanz aller Bewegungen. Die Geburt eines künstlich schnelleren Menschen. Der Film beschert uns in seinem

Anfang eine Rasse von Zappelphilippen. Mit Armbewegungen, die so hektisch sind, daß sie dadurch, rein zufällig, oft zu Schlägen werden. Stummfilm ist die Welt als Hauruck-Verfahren. Im Stummfilm wird die Tücke des Objekts abendfüllend. Kein Mensch geht, ohne zu stolpern. Keine Leiter steht, ohne zu stürzen, keine wird getragen, ohne die Mitwelt vor den Kopf zu stoßen. Kuchen werden prinzipiell nicht gegessen: Das Diskuswerfen mit Sahnetorten gehört zur ersten kinematographischen Disziplin. Das Publikum soll sich genau so schief lachen, wie in den Szenen alles schiefgeht. Dabei kommt das neue Medium keineswegs proletarisch daher: In aller Regel trägt die Klamotte Frack. Diese frühen Filme sind nicht gedreht, sie sind überdreht.

Genau diese parodistische Überdrehtheit wird nun auch vom Klavier verlangt. Und so wie das Personal der Klamauk-Szenen mit Torten und anderen Objekten um sich wirft, so wirft nun das Klavier mit den Versatzstücken seines Repertoires um sich. Nicht nur werden, wie Ernst Bloch meinte, »Waldteufel, Czibulka und Eilenberg ... auf den Weg der neunten Symphonie und Tristans verwiesen, so daß dadurch die aneinandergefügten, zerbrochenen, wieder verschmolzenen und durchkomponierten Salonstücke zu ihrer beklagenswerten Existenz gelangen«; sondern alles ist erlaubt, alles eignet sich, alles kann Geräuschkulisse werden.

Weissmann hat den Abnutzungseffekt beschrieben: »Das Kino verschlingt Massen wertvoller Musik. Es ist Maschine, will aber Spannung erzeugen, verlangt volle Aufmerksamkeit und fordert doch von der Musik, daß sie es in der Erzeugung von Spannungen unterstütze. Musik kann an Schnellfüßigkeit den Film nicht erreichen ... Nur ihr Rhythmus knüpft sie an die Wirklichkeit, ihre Dynamik kann ihr dabei helfen. Aber nun wird sie, aus einem bedauerlichen Irrtum heraus, in einen Wettlauf mit den raschen Bilderfolgen gehetzt ... Gewöhnlich begnügt sich der Film damit, aus der Schatzkammer der durch frühere Zeiten künstlerischen Ringens aufgehäuften Musik das für seine Situationen Geeignete herauszusuchen. Auch das Allerhöchste wird, natürlich bruchstückweise, als Filmfutter verwendet. Die Maschine des Films arbeitet, sie ordnet auch die Musik in ihre Maschine ein ... Die Verwertung kostbarer Musik im Film führt zwangsläufig zu ihrer Entwertung und zu einer Verheerung der Phantasiekräfte.«

Man kann sich schon denken, was da vor allem landauf, landein, immer wieder abgespielt wurde: Chopins Trauermarsch, Sindings Frühlingsrauschen, Rossinis Gewittermarsch aus der Ouvertüre zu »Wilhelm Tell«, der Brautchor aus dem »Lohengrin«. »Die Suche nach Neuem und Ergänzendem erwies sich besonders in Kleinstädten oder auf dem Lande, wo gutsortierte Musikalienhandlungen nicht die Regel waren, oft als schwierig. Schließlich setzte die übliche Entlohnung dem Musiker finanzielle Grenzen«, schreibt Karl-Heinz Dettke.

Manchmal erwies sich ein Stück Klassik tauglicher als irgendein sentimentaler Schmachtfetzen. Willy Sommerfeld berichtet aus seiner Praxis, daß es bei Liebesszenen, wenn er einen populären Schwulst dazu lieferte, oft Gelächter und Kichern im Publikum gab. Eines Tages habe er am häuslichen Klavier ein Beethoven-Adagio vor sich hin gespielt, und seine Frau habe sofort reagiert: Er solle doch das für die heiklen Stellen nehmen. Gesagt, getan: Von der Magie Beethovens in Bann geschlagen, blieben die Zuschauer still; es herrschte, wie Sommerfeld sich ausdrückt, »Ruhe im Karton«.

Manche Pianisten waren nicht nur geistesgegenwärtig beim Improvisieren, sie waren auch erfindungsreich und lieferten Ansätze zu einem präparierten Klavier. Es ist gewiß nicht nur Fiktion, wenn Anthony Burgess in seinem bereits zitierten Buch »The Pianoplayers« einen solchen Alleskönner am Werk sieht: »Mein Vater hatte die ganze Holzverkleidung vom Klavier abgenommen, so daß er mit einem Kohlenhammer, den er hatte mitgehen lassen, direkt die Saiten anschlagen konnte, was wie Glocken und Zitherspiel wirkte ... wenn's um Filme ging, war er mehr als bloß Klavierspieler, er war dazu der Mann für die Geräuscheffekte. Er setzte seinen Stolz darein, immer allerlei kleine, irgendwo geklaute oder mitgenommene

Gegenstände zur Hand zu haben, damit die Sache, wie er sagte, reeller wurde. Er hatte einen kleinen Wecker für der Fall, daß jemand auf der Leinwand an der Tür läutete. Wenn ein Schäfer auf der Wiese für seine Herde die Flöte blies, griff er zu einem Blechpfeifchen. Regnete es, schüttelte er eine Keksdose voll trockener Erbsen. Einmal beschaffte er sich ein Aluminiumblech, um es beim Donner zu schütteln ...«

Schostakowitsch schlägt sich durch

Anthony Burgess' »Mann am Klavier« und Willy Sommerfeld und die Hundertschaften anderer Kinopianisten hatten Anfang der Zwanziger einen jungen Kollegen, der berühmt werden sollte: Dmitri Schostakowitsch. Er ist fünfzehn, als im Februar 1922 sein Vater stirbt und die Familie in eine wirtschaftliche Notlage gerät. Ein Jahr später erkrankt er an Bronchien- und Lymphdrüsentuberkulose. Die Vorbereitung aufs Klavierexamen am Leningrader Konservatorium muß er für eine Kur auf der Krim unterbrechen. Als er genesen ist, steht er mittellos da. Er versucht es mit der Arbeit im Kino. Doch im neuen sozialistischen Staat ist auch die streng geregelt:

»Um die zu bekommen, mußte ich eine Qualifikationsprüfung als Klavierillustrator bei der Gewerkschaft RABIS durchlaufen. Diese Prüfung ähnelte sehr meinem ersten Besuch bei Bruni (Improvisationslehrer). Zuerst sollte ich einen ›Blauen Walzer‹ spielen und danach etwas Östliches ... Die Qualifikation hatte ein positives Resultat, und im November trat ich meine Arbeit im Kinotheater ›Goldenes Band‹ an. Die Arbeit war sehr schwer, aber da wir zwei Pianisten waren, gelang es mir irgendwie, den Besuch von Konzert- und Theaterveranstaltungen mit dem Dienst zu verbinden. Da ›Das goldene Band‹ mir im Laufe meiner zweimonatigen Tätigkeit nur einmal Gehalt zahlte, mußte ich dort weggehen, das ausstehende Gehalt vor Gericht einklagen und mir einen anderen Lebensunterhalt suchen.«

Es sind die Jahre der futuristischen Revolution, die Sowjet-
union hat große Faszination für Künstler und Intellektuelle
aus aller Welt, und man gibt sich kosmopolitisch, bis in die Namen der Kinos. Die nächste Station des Kinoillustrators Schostakowitsch heißt »Splendid Palace«, aber auch die ist von kurzer Dauer, bis er im Februar 1925 im Kinotheater »Piccadilly«
landet. Immer wieder klingt in Schostakowitschs Bericht die
Strapaze dieser Tätigkeit durch:

»Zu dieser Zeit verfügte die Kinoverwaltung, daß beide Pia-
nisten zu Beginn den Dienst antreten mußten und ihn erst zu
Ende der Vorstellung beenden durften, indem sie sich alle halbe
Vorstellung abwechselten. Diese kluge Anordnung war vom
Leben selbst diktiert. Ein Pianist wurde krank. Einen anderen
gab es nicht, und es entstand ein Problem. Konzerte und Thea-
ter besuchte ich infolge dieser Anordnung nun nicht mehr ...
Der Dienst in den Kinos paralysierte meine Schaffenskraft.
Komponieren konnte ich überhaupt nicht mehr ...«

Dabei gehörte Schostakowitsch zu jenen Kinopianisten, die
gern und ausgiebig improvisierten. Mitunter scheint es ihn
überhaupt nicht gekümmert zu haben, was oben, über seinem
Kopf, auf der Leinwand vor sich ging. Als seine Begleitung immer eigenwilliger wurde, drohte die Kinodirektion ihm mit
dem Rauswurf, und sein Förderer Glasunow schaltete sich ver-
mittelnd ein. Schostakowitsch versuchte sich zu rechtfertigen:
»Ich versichere Ihnen, daß ich kein Lotterleben führe; die Sache steht schlimmer. Mit der Arbeit am Cinematograph bin
ich völlig aufgeschmissen ... Dank meiner Sensibilität klingt
mir, wenn ich nach Hause komme, immer noch die Kinomusik in den Ohren, und vor meinen Augen stehen die Helden
und sind mir böse. Infolgedessen kann ich lange nicht ein-
schlafen. Bis dahin wird es vier oder fünf Uhr. Also stehe ich
dann morgens sehr spät auf, mit schwerem Kopf und ungu-
ten Gefühlen. Es kriechen mir unanständige Gedanken in den
Kopf, etwa: ich hätte mich für 134 Rubel an das ›Sevzapkino‹
verkauft und sei nun ein Kinopianist geworden. Und da ist es
auch schon Zeit, ins Konservatorium zu rennen. Ich komme

nach Haus, esse etwas und dann wieder heidi in den ›Splen-did Palace‹.«

Einmal vollbringt der junge Schostakowitsch, wie Viktor Schklowskij überliefert, eine Heldentat. Als er im Kino am Klavier sitzt und der Film läuft, bricht im Fußboden unter ihm ein Feuer aus. Statt im ersten Schrecken aufzuspringen und vielleicht eine Panik auszulösen, spielt er, dem es unter den Füßen heiß wird, tapfer weiter, allerdings wohl nicht so lange, bis der ganze Kinopalast in Flammen stand: Sein Lehrer Glasunow jedenfalls rühmt ihm das Durchhaltevermögen nach.

Daß er übrigens aus dem Kino auch etwas gelernt und für seine Kompositionstechnik mitgenommen habe, gilt der Musikwissenschaft als ausgemacht: »Die Formabläufe seiner Sinfonien bekamen immer mehr etwas von einer Szenenfolge, sein Kontrapunkt etwas von einer Bildschnittechnik.« (Gojowy)

Der einsame Mann am meist schlechten Klavier schräg unterhalb der Leinwand ist eine geplagte, ja eine pathetische Figur. Er ist eine Art Don Quichotte der Moderne: Er wagt sich mit einem alten Instrument in die Virtualität eines Mediums, das seine eigenen Gesetze hat. Er kämpft mit seinen 88 Tasten gegen die Raserei einer Schnittfolge, die einen neuen Rhythmus setzt. Das Klavier und der Stummfilm – das ist in Wahrheit keine Partnerschaft, sondern eine Paradoxie: Wie da das bürgerliche Hausinstrument sich vortastet in eine neue technisierte Epoche und sich ihr zu Füßen wirft – das ist nicht nur skurril, es ist auch grandios.

Als gegen Ende der zwanziger Jahre der Tonfilm die Musik macht, werden, allein in Deutschland, viertausend Kinoklavierspieler arbeitslos.

X
Das Klavier, das durchs Fenster kam
oder: Ein Glissando für George Gershwin

> Ich hatte viele Wohnungen; zu Hause aber war
> ich am Klavier.
>
> George Gershwin

»Der Junge ist ein Genie!«

Irgendwann im Lauf des Jahres 1910 wird ein Klavier angeliefert in die Second Avenue, ins jüdische Viertel von New York. Eine resolute Mutter hat den Kauf, trotz knapper Kasse, durchgesetzt: Der älteste Sohn soll endlich spielen lernen.

Erste Überraschung (und sie steht stellvertretend für viele Klavier- und Möbeltransporte auch heute noch): Das Ding geht nicht durch die Tür und über die Treppe, die Transportleute lehnen es ab, sich totzuquetschen. Also muß es, teurer Spaß, durchs Fenster gehievt werden. In New York ist, auch vor der Erfindung praktischer Kräne, alles möglich.

Zweite Überraschung: Es ist nicht der älteste Sohn, der das Instrument sofort in Besitz nimmt, sondern der kleinere. Der größere Bruder erinnert sich später: »Kaum war das Piano durch ein Fenster ins Wohnzimmer befördert, setzte sich George schon daran und spielte eine gerade populäre Melodie. Ich erinnere mich, daß besonders seine linke Hand mir starken Eindruck machte. Ich hatte keine Ahnung, daß er überhaupt spielen konnte. Dann bekam ich heraus, daß er trotz seiner Rollschuhaktivitäten, der Kinderpartys, die er besuchte, und des Herumtreibens auf der Straße (was gelegentlich mit einer blutenden Nase endete) Zeit gefunden hatte, auf dem Klavier eines Freundes in der 7th Street herumzuexperimentieren.«

Da die Familie dem Instrument über Jahrzehnte hinweg treu bleibt, kann man es wohl als das erfolgreichste Klavier des Jahrhunderts bezeichnen: Von seinen bald gelblichen Tasten gingen die Grundmelodien, die Standards des Säkulums, erst in die Stadt, dann durch ganz Amerika und schließlich in alle Welt hinaus. Und es hat gewiß mehr Geld eingespielt als irgendein Konzertflügel oder sonst ein kostbares Instrument. Der kleine Junge, der sich im New York des Jahres 1910 daran zu schaffen macht, heißt George Gershwin.

Er übt darauf, als er erst bei einer Miss Green Klavierunterricht nimmt, dann bei Mr. Goldfarb, der einen imposanten Schnurrbart trägt, das Klavier mit großen Gesten traktiert und seinen Schülern vor allem Opernbearbeitungen vorsetzt. »In sechs Wochen war ich bereits bis zur Wilhelm-Tell-Ouvertüre fortgeschritten!« Aber was ist Goldfarb gegen Charles Hambitzer, den George im Herbst 1912 kennenlernt, Hambitzer, Mitglied des Waldorf-Astoria-Orchesters und Chef eines »Teaching Studio« in der Nähe der Columbia-Universität, Hambitzer, die erste Verkörperung jenes Erfolges, von dem George und sein Bruder Ira träumen. Und diesem Hambitzer darf der Vierzehnjährige vorspielen:

»Ich rieb mir die Finger, dann stürzte ich mich in die Wilhelm-Tell-Ouvertüre. Bis ich ans Ende kam, sagte Hambitzer kein einziges Wort. Dann fragte er nach meinem bisherigen Lehrer.« Und darauf Hambitzers legendär gewordener Satz: »Wir sollten diesen Mr. Goldfarb aufspüren und erschießen – aber keineswegs mit einem Apfel auf dem Kopf.« Doch es gibt noch bessere Sätze von Hambitzer; denn schon bald urteilte er über seinen neuen Schüler: »Wenn irgendeiner meiner Schüler einen Platz in der Musik erobern wird, dann der neue. Der Junge ist ein Genie, ohne Zweifel er ist verrückt nach Musik und kann den Beginn der Stunde kaum erwarten ... Er möchte, daß wir all dieses neue Zeug drannehmen, Jazz und was weiß ich.«

Und der Schüler ist vom Unterricht berauscht: »Durch Hambitzer gewöhnte ich mir intensives Hören an. Ich lauschte ernsthaft, so daß ich regelrecht in die Musik eintauchte. Dann ging ich nach Hause und hörte das Ganze noch einmal aus dem Gedächtnis, setzte mich ans Klavier und wiederholte die Motive.«

Der Piano Pounder

In den zwei Jahren, die auf Hambitzers Lektionen folgen, wird das Familienklavier der Gershwins eher geschont. Denn George hat eine erste Stufe pianistischen Praktikums erreicht und bearbeitet nun ein Klavier in einer engen Zelle im Geschäftshaus des Verlages Jerome H. Remick & Company in der 28th Street West. Er hat die High-School abgebrochen (der Vater nickt dazu, die Mutter, die immer noch einen Buchhalter aus ihm machen will, schüttelt den Kopf) und ist jetzt das, was man in Amerika einen »Piano Pounder« nennt, ein Tastendrescher.

Mit diesem um die Jahrhundertwende aufgekommenen Beruf des Piano Pounder erreicht das kommune Klavier, die gemeine Drahtkommode, noch einmal allerhöchste Popularität, nur um den Preis, daß es zum Dienstleistungsinstrument herunterkommt. Es wird ein Zweckmöbel. Der Piano Pounder ist der Galeerensträfling im roh und rasch gezimmerten ersten Traumschiff der Unterhaltungsindustrie. Er muß alles leisten, was bald schon Radio und Schallplatte, später dann Kassetten, CDs und Videos übernehmen werden: Das Klavier wird zum Tonträger. Und die Töne, die es tragen, ertragen muß, sind die der Hunderte von Schlagern, die wöchentlich von fleißigen Notenschreibern zu Papier gebracht, von Textern zusammengereimt und von Verlagen wie dem Remicks gedruckt und auf den Markt geworfen werden. Das Verlagsgeschäft ist eine Art Lotterie: viele Nieten dabei, aber vielleicht doch einmal ein Treffer, ein Hit.

Im Hause des Mr. Remick sind viele Zellen, und in der 28. Straße sind viele Musikverlage, mit noch viel mehr Zellen, und selbst wenn alle Fenster geschlossen wären, hörte es sich draußen an, wie wenn man durch ein Klavierkonservatorium geht, es klimpert und klirrt, es scheppert und dröhnt, schrillt und schrammt, trommelt und trillert, und für den Passanten klingt das nicht nach Musik, sondern eher nach einem wilden Wettbewerb von Kesselflickern. Der Spitzname der

Straße ergibt sich denn auch wie von selbst: Tin Pan Alley. Doch der Spott wird bald zum Begriff, zum Kult, zur Legende. Tin Pan Alley gehört längst zu den Klangmythen des 20. Jahrhunderts. Klavierhölle, die in den Himmel gehoben worden ist.

Man darf sich das Geschäft ein bißchen so vorstellen wie einen Bordellbetrieb. In der Verkaufsabteilung des Verlages warten die Pounder, die offiziell Song-Trader heißen, auf ihre Kunden, acht Stunden am Tag. George Gershwin hat die Zeit in nicht allzu guter Erinnerung behalten: »Jeden Tag um neun saß ich dort am Klavier und spielte jedem, der gerade kam, die gängigen Melodien vor. Neger kamen und verlangten, daß ich ihnen ›God send you back to me‹ in sieben Tonarten vorspielte. Chorsängerinnen kamen, und ich spürte ihren Atem im Nacken. Einige der Kunden behandelten mich wie Dreck. Andere waren ganz reizend.«

Und es war wie Erlösung vom Galeerenjob des Klavierhämmerns, wenn Gershwin hinausdurfte aus der Zelle und zu den Vergnügungszentren wie Coney Island oder Atlantic City, um die neuesten Schlager an Ort und Stelle vorzustellen (noch nicht: auf der Bühne zu präsentieren). Aber manchmal waren solche Besuche auch nur Detektivarbeit: Man setzte sich in den Saal, um herauszufinden, ob Stücke aus dem eigenen Verlag nicht etwa »schwarz« gespielt wurden.

Gershwin lernte in der Tin Pan Alley vielleicht nicht »besser« Klavier spielen. Aber er lernte den Betrieb, und er lernte, wie man es nicht macht. Die Idiotie der Melodien, die Dürftigkeit der Begleitung, der Stumpfsinn des Rhythmus – das alles war ihm bald zuwider, auch wenn er mit seinem eigenen Spiel die Routine zu durchbrechen versuchte.

»Der Lärm des popular songs begann mir definitiv auf die Nerven zu gehen«, beschreibt Gershwin später die Situation. »Seine Töne fingen an, mich unangenehm zu berühren. Oder vielleicht waren meine Ohren schon auf neue Harmonien eingestimmt. Jedenfalls war ich inzwischen der unglücklichste Bursche bei Remicks. Etwas trieb mich fort. Wenn ich zurückblicke, so ist mir ganz klar, daß ich mehr zur Theatermusik tendierte, zu Sachen, wie Jerome Kern sie schrieb.«

Zu Hause, am Klavier im Wohnzimmer, versuchte er, seine Musik gegen die Leerläufe des Tages zu setzen. Er experimentierte und schrieb eigene Stücke. Als er seine ersten Versuche dem Verleger vorspielte, reagierte der unwirsch: »Sie sind hier als Piano Pounder angestellt, nicht als Komponist.« Das gab den Ausschlag zur Trennung. Gershwin verließ »seine im doppelten Sinn enge Kabine bei Remick«, schreibt Wolfram Schwinger.

Die allmähliche Verfertigung eines Hits

Das erste Honorar, das das einfache Piano der Gershwins einspielte, war mäßig. Gershwin hatte zusammen mit einem Texter namens Murray Roth einen Song geschrieben mit einem der damals so beliebten Zungenbrechertitel: »When You Want 'em, You can't get 'em. When You've got 'em, You don't want 'em«. Der Verlag Harry von Tilzer, Nachbar Remicks in der Tin Pan Alley, schloß darüber einen Vertrag ab. »Nach einiger Zeit«, erinnerte sich Gershwin, »ging ich zu von Tilzer und fragte nach meinem Honorar. Er zuckte die Schultern, dann gab er mir fünf Dollar. Mehr habe ich nie von ihm bekommen.«

Zur Spardose fürs große Geld wurde das Gershwin-Klavier erst drei Jahre später mit dem Song »Swanee«, zu dem Irving Caesar den Text geschrieben hatte. Da hatte George Gershwin gerade den Zuspruch Irving Berlins erfahren, dem neben Jerome Kern erfolgreichsten Songkomponisten jener Epoche. Denn als er sich dem großen Vorbild als musikalischer Sekretär andienen wollte (was immer das ist), wies der ihn ab mit den Worten: »Warum für einen andern arbeiten, wenn man selbst solche Sachen kann? Junge, bleib dabei und schreib deine eigenen Songs.«

»Swanee« war zunächst Bestandteil einer Bühnenshow, die am 24. Oktober 1919 zur Eröffnung des Capitol Theatre, des

147

größten Kinopalastes von New York, aufgezogen wurde. Der Song machte den Beginn, aber weiter keinen großen Eindruck. Beifall und anschließender Notenverkauf waren mager. Das Stück schien ein weiterer jener Flops zu sein, mit denen sich George Gershwin nun schon drei Jahre lang herumgeschlagen hatte. Dann kam das Wunder, auf das er gewartet hatte: Auf einer Party für den arrivierten, als Star gefeierten Sänger Al Johnson wurde auch George ans Klavier gebeten und spielte seine neue Komposition – etwa so, wie sie auch heute noch auf einer Schallplattenaufnahme aus dem Jahr 1921 zu hören ist.

Der große Entertainer war sofort Feuer und Flamme, sagte noch am selben Abend zu, den Song in seine laufende Show im Winter Garden aufzunehmen, und schon wenige Wochen danach produzierte er eine Schallplatte. Was dann von der Zeitschrift »Variety« als »Al Johnson's Greatest Song« angepriesen wurde, erwies sich in Wahrheit als George Gershwins Sesamöffne-dich für die Welt des Erfolgs, der Jahrhundertberühmtheit, war erste Spur seiner unverwechselbar eigenen Musik, die sich bald darauf Bahn brach.

Die »New York Herald Tribune« vom 4. Januar 1924 hatte eine kurze Notiz auf der Titelseite, die aber für das Klavier im 20. Jahrhundert anhaltende Bedeutung haben sollte: »Was ist amerikanische Musik? Mitglieder eines Komitees, das diese Frage für das Paul-Whiteman-Konzert am 12. Februar in der Aeolian-Hall entscheiden wird, sind unter anderen Sergej Rachmaninow, Jascha Heifetz, Efrem Zimbalist und Selma Gluck. Den Vorsitz hat Leonard Liebling, Herausgeber des ›Musical Courier‹. George Gershwin arbeitet bereits an einem Jazzkonzert, Irving Berlin schreibt ein synkopenreiches Tonpoem, und Victor Herbert arbeitet an einer amerikanischen Suite.«

Die Gershwin-Legende macht es spannend: Da spielt George gerade Billard mit einem Freund aus der Musikszene, Buddy da Silva, als sein Bruder Ira, noch am späten Abend des 3. Januar, mit einer Frühausgabe des Blattes hereingestürmt kommt.

Und da fällt er aus allen Wolken, weil er von dem Projekt schon hat raunen hören, aber nicht so konkret und vor allem nicht mit einem Termin, der nur noch knapp sechs Wochen Zeit läßt. So wenig Zeit, um eine nie gehörte, unerhörte amerikanische Musik zu schaffen! Und schon wird das Queue mit dem Bleistift, der Billardtisch mit der alten Klaviatur vertauscht: Amerika braucht eine neue Musik!

Dabei war das Konzert doch von langer Hand vorbereitet und der Kreis der Beteiligten zumindest vorgewarnt. Am Anfang stand die Idee des Bandleaders Paul Whiteman, einen Abend zu veranstalten, an dem Amerika quasi eine musikalische Unabhängigkeitserklärung verkünden sollte mit einer Musik, die einerseits den Rhythmus der Weltstadt New York aufnehmen, andererseits die Weite des Landes widerhallen lassen müßte. Whiteman, in den frühen Zwanzigern als »King of Jazz« gefeiert, obwohl er eher eine rhythmisch aufgepeppte Salonmusik spielte, hatte mit seinen Arrangements einen Riesenerfolg, und sein Orchester verfügte über hervorragende Solisten. Er war nicht nur ein guter Organisator, sondern auch das, was man heute einen cleveren Marketingmanager nennen würde. Er wußte, wie man eine große Sache lanciert, ins Gespräch bringt und mit den nötigen Reizworten versieht. Er sprach herausfordernd von einem »Experiment« und davon, daß er das Publikum einem Test unterziehen wolle: Würde es einem Konzert mit ausschließlich amerikanischer Musik gewachsen sein? Eine lustvoll provokante Frage an eine High-Society, die vor allem durch Sophistication ausgezeichnet war, nämlich dadurch, daß ihr nichts wirklich imponieren konnte. Dieser Gesellschaft trat Whiteman nun mit dem Ort der Handlung (zu) nahe, indem er die Aeclian Hall vorschlug, die bis dahin nur der klassischen Musik und den sensationellsten Virtuosenkonzerten vorbehalten gewesen war. Und zumindest zwei der Schirmherren betonten den »klassischen« Anspruch des Experiments: Rachmaninow und Heifetz.

Welche Farbe für die »Rhapsody«?

Wie auch immer: Nun sollte George Gershwin binnen sechs Wochen ein »Jazz-Konzert« schreiben. Aber nicht die kurze Zeit war das eigentliche Problem, sondern die Paradoxie Jazz und Konzert. Was ist ein Jazzkonzert? Kannte Gershwin die »Piano-Rag Music«, die Strawinsky 1919 für Artur Rubinstein geschrieben, die jener aber nie gespielt hatte? Kannte er dessen »Konzert für Klavier- und Blasorchester« von 1923/24? Wußte er von den Provokationen seines Vor-Namensvetters George Antheil zur gleichen Zeit in Paris? Oder hätten ihn alle diese Gleichzeitigkeiten, diese Klang-Globalitäten nur abgelenkt? Es scheint, als habe die Kürze der Zeit ihn zu völliger Konzentration gezwungen, ja beschwingt.

»Ich hatte keinen festen Plan, keine Struktur, der meine Musik folgen mußte. Sehen Sie, die *Rhapsody* begann mit einer Absicht, nicht mit einem Plan. Ich arbeitete einige Themen aus, doch genau in diesen kritischen Tagen mußte ich nach Boston fahren, zur Premiere von *Sweet Little Devil*. Es war im Zug, mit seinem stählernen Rhythmus, mit seinem Geratter, das so oft stimulierend auf einen Komponisten wirkt (ich höre ständig im Zentrum des Lärms Musik), daß ich plötzlich die komplette Konstruktion der *Rhapsody* hörte – sie sogar auf Notenpapier vor mir sah –, vom Beginn bis zum Ende.«

Worauf sich Gershwin da einließ, war in der Tat ein Experiment. Während die europäischen Musiker um diese Zeit versuchten, Elemente des Jazz in ihre Kompositionen einzubeziehen, sollte Gershwin dem Jazz »klassische« Großstruktur geben. »Und als ich in Boston ankam«, geht Gershwins Bericht weiter, »wußte ich schon den definitiven Ablauf des Stücks ... Das Mittelthema fiel mir dann plötzlich ein, wie das bei meiner Musik oft der Fall ist. Das war in der Wohnung eines Freundes, gerade als ich aus Boston zurückgekommen war. Ich muß wohl ziemlich viel unterbewußt komponieren, wie man das nennen könnte, und dies ist ein Beispiel dafür. Eine meiner notorischen Schwächen ist das Klavierspiel auf

Partys. (Denn außer am Klavier war Gershwin in Gesellschaft und auf Gesellschaften eher verloren.) Und als ich nun bei diesem Freund spielte, ohne einen Gedanken an die Rhapsody, hörte ich mich urplötzlich ein Thema spielen, das wohl schon in meinem Inneren herumgegeistert war und nun heraus wollte. Sofort, als es meinen Fingern entfloß, spürte ich: Das war es.« Nach einem anderen Bericht hat Gershwin das Thema zum langsamen Mittelteil in einem seiner alten Notizbücher gefunden, in denen er musikalische Einfälle fürs erste festzuhalten pflegte. Wie auch immer: in drei Wochen hat George Gershwin die Rohfassung seiner Musik fertig.

Die aber noch immer keinen Titel hat. Denn der soll, wie die Komposition, zündend sein, gleichsam Programm. Just in jenen Wochen gibt es eine Ausstellung mit Bildern des amerikanischen Malers James Whistler in New York, die Georges Bruder Ira besucht; besonders fasziniert ihn ein Gemälde mit dem Titel »Nocturne in Blue and Green«, nicht zuletzt der Name selbst. Wie, wenn man das Konzert so ähnlich nenne, »Harmony in Grey and Green«? Schon scheint der Alternativvorschlag »American Rhapsody« den Gedanken an Whistler zu verdrängen, da kommt dann doch noch der Farbtupfer dazu: »Rhapsody in Blue«. Aber selbstverständlich ist das kein Farbtupfer mehr, sondern eine Stimmung, keine Tempera, sondern ein Temperament. Denn »Blue« ist eine Seelenlandschaft, eine Welt für sich.

»Rhapsody in Blue« – das ist ein raffinierter Titel, weil er mit vielerlei Assoziationen spielt, wobei das Schockblau der Expressionisten, Franz Marcs seinerzeit sensationeller »Turm der blauen Pferde«, gewiß nicht dazugehört. Aber die Vorstellung von Himmel, Meer und den amerikanischen Bluegrass-Weiten, vielleicht auch das Stahlblau der Maschinenwelt kann aufgerufen sein, jenes metallische Blau, von dem der Schriftsteller Scott Fitzgerald schrieb: »Er liebte Stahl, und immer war Stahl um ihn in seinen Träumen, flüssiger Stahl, Stahl in Barren, und Blöcke und Balken und formlose fügsame Massen, die auf ihn warteten wie Farbe und Leinwand auf seine Hand ...«

»Rhapsody in Blue« – das ist aber nicht das Programm eines triumphierenden Lebensgefühls, sondern eine eingedunkelte Beschwörung, denn auf amerikanisch heißt blue vor allem melancholisch, traurig, bedrückt, deprimiert, und blues ist das Hauptwort dazu: die Schwermut, die Melancholie, das depressive Sich-hängen-Lassen. Die Untergangsstimmung. To have the blues, das heißt: Trübsal blasen, das Leben zum Kotzen finden. Aus solcher (Ver-)Stimmung ist dann jene Musik entstanden, die das eigentliche Fundament des Jazz ist: der Blues.

Der Titel Gershwins sitzt der Musik auf wie eine ambivalente Proklamation, er liefert gleichsam die Gegenstimme zur Geschäftigkeit der Rhythmen, er straft die Apotheose einer neuen amerikanischen Musik von vornherein mit einem Schatten. Aber es ist, so läßt sich leicht heraushören, nicht eigentlich die Melancholie des Blues, die Gershwin einkomponiert, sondern die Melancholie seiner russisch-jüdischen Herkunft. Im langsamen Mittelteil steckt genau jene mitreißende Tristesse, die schon Rachmaninows 2. Klavierkonzert zum Ohrwurm des 20. Jahrhunderts gemacht hat. In Gershwins Musik pulsiert mehr russische Seele als amerikanischer Drive. Aber noch ist die Musik ja nicht fertig, und der Zeitdruck macht allen Beteiligten zu schaffen. Ferdie Grofé, der die Instrumentierung übernommen hat (weil Gershwin darin keine Erfahrung besitzt), erinnert sich: »Ich lebte praktisch in diesen Wochen mit den Gershwins, denn ich kam täglich vorbei und holte mir die neuesten Seiten von Georges Meisterwerk ab. In einem kleinen Hinterzimmer stand das Klavier, auf dem die Rhapsody Gestalt annahm.« Hier begegnen wir ihm wieder, dem Piano, das vor fast anderthalb Jahrzehnten durchs Fenster gehievt worden war und das nun dabei ist, Musikgeschichte zu schreiben.

Vor allem ein Detail ist noch ungeklärt: der allererste Einstieg, die Idee eines unverwechselbaren, unerhörten Auftakts, eines schrägen Himmelhochjauchzers, eines schlanken Wolkenkratzers aus Musik. Auch das, nichts als ein Glissando von siebzehn Tönen, findet Gershwin in einem seiner Notizbücher. (Aber ernsthaft: Wer notiert sich schon ein Glissando?) Zweifellos hat der Komponist dies als erste zündende Rakete für den Pianisten notiert, aber Grofé gibt das Eingangssolo einer Klarinette. Kann man das aber mit diesem Instrument blasen und noch dazu als Crescendo? Ross Gorman, der erste Klarinettist von Paul Whiteman, ist skeptisch, probiert es, will aufgeben, aber nach einigen Tagen kann er es. Die Proben finden im Palais-Royal Club statt. Im medienerprobten New York ist es selbstverständlich, daß schon nach wenigen Tagen die Kritiker Zutritt haben. Einer von ihnen schreibt: »Durch die halb aufgezogenen Jalousien strömte das blasse Licht eines ungemütlichen Februarvormittags in den Raum. Am ersten Probentag waren die Orchesterstimmen noch nicht fertig. Am nächsten Tag spielte Gershwin die Rhapsody zweimal mit dem Orchester durch, auf einem sehr schlechten Klavier. Trotzdem hatte ich nach dem Anhören nicht den geringsten Zweifel, das dieser junge Mann von fünfundzwanzig das beste Stück ernsthafter Musik geschrieben hatte, das jemals in Amerika entstanden war.«

Am 12. Februar 1924, nachmittags, war die Uraufführung. Auf dem Programm des Konzerts in der Aeolian Hall standen zuvor sinfonische Bearbeitungen von Irving Berlin-Songs, Victor Herberts »Suite of Serenades« und verschiedene Tanzbearbeitungen. Die Stimmung wird als flau beschrieben. Dann kam die »Rhapsody«. Als ersten erwischte es den Dirigenten Paul Whiteman: »Irgendwo in der Mitte der Partitur begann ich zu heulen. Als ich dann wieder zu mir kam, war ich elf Seiten weiter, und bis zum heutigen Tag kann ich nicht sagen, wie ich dazwischen dirigiert habe.« Und der Dirigent Sergej Kussewitzky, der unter den Zuhörern war, schwärmte: »Wer Gershwin jemals seine Rhapsody in blue spielen hörte, wird diesen Eindruck niemals vergessen. Die ebenso schwebende wie stürmende Brillanz und Virtuosität, die rhythmische Präzision seines Spiels waren unglaublich; seine perfekte Leichtigkeit und Ausgeglichenheit ohne Beispiel; sein dynamischer Einfluß auf das Orchester und das Publikum elektrisierend.«

Amerika hatte seinen ersten eigenen Klavierhelden, noch dazu einen umgänglichen, scheinbar unbeschwerten jungen Mann. Ein Freund sagte von ihm: »Am Klavier war George wie ein fröhlicher Zauberer, der Sonntag feiert.«

XI
Elegie und Hohngelächter (1)
oder: Drei Abgesänge aufs Klavier
Ende der Zwanziger

Auffällig war zum Beispiel, daß die Mädchen aus bürgerlichen Familien mit einem Mal andere Hochzeitsgeschenke bekamen. Anstatt des Klaviers, das sie ein Jahrhundert lang bekommen hatten, wenn sie heirateten, bekamen sie nun ein Auto.

Artur Schnabel

Das Klavier ist auf dem schnellsten Weg, in diesem Zeitalter des Grammophons und des Radios ein seltener Gegenstand im gewöhnlichen Haushalt zu werden.

»The Antiquarian«, 1924

Die Flucht aus der guten Stube
(ein Klaviermärchen)

Max Weber hatte recht, aber er irrte. Als er das Klavier »seinem ganzen Wesen nach ... ein bürgerliches Hausinstrument« nannte, galt das just nicht mehr. Während er in seiner Studie »Die rationalen und soziologischen Grundlagen der Musik« dem Pianoforte die gediegene Häuslichkeit als Stammplatz zuwies, war das Klavier gerade obdachlos geworden, weil es mit dem Bürgertum, weil es sogar mit dem Kleinbürgertum ein Ende hatte. In der neuen Angestelltenkultur ging der Trend »vom Klavier zur Schreibmaschine«, wie es eine neuere soziologische Untersuchung pointiert formuliert.

In den späten zwanziger Jahren geht Siegfried Kracauer der neuen Unbehaustheit des bürgerlichen Hausinstruments nach. Mit dem Spürsinn eines Autors, der den Puls der Zeit nicht nur an den Menschen, nicht nur an den gesellschaftlichen Strömungen, sondern auch an den Dingen wahrzunehmen versteht, wirft er einen kritischen Blick auf »das Klavier« und verdichtet einen langwierigen Abschiedsprozeß zu einer nostalgischen Parabel. Noch einmal rahmt Kracauer das Instrument mit seiner angestammten Entourage; das Interieur ist noch das gleiche, aber die Situation darin hat sich verändert:

»Das Klavier ist ein privates Geschöpf; es lebt ganz für sich in der Ecke eines Zimmers, das nicht zu ihm paßt. Ölbilder kleben an den Wänden, aus dem Boden strömt Familiengeruch empor. Die Leute, die sich hier angesammelt haben, nehmen auf die Anwesenheit des Klaviers keine Rücksicht, unterhalten sich vielmehr laut über persönliche Dinge. Beschäftigen sie sich einmal in den Pausen mit ihm, so legen sie ein oberflächliches Betragen an den Tag, das dazu angetan ist, es einzuschüchtern, und die ihm von Natur aus innewohnende Angst vor der Außenwelt nicht unbeträchtlich verstärkt. Tonleitern und andere lächerliche Gemeinplätze sind alles, was es in einer solchen Umgebung hervorzubringen vermag. Unter der Unmöglichkeit, sich richtig äußern zu können, leidet es selber am meisten.«

Die zeitliche Distanz zu den Glanzzeiten des Klaviers eröffnet Kracauer mit einem winzigen, behutsamen Trick; mit einem Motto, das er sich bei Paul Verlaine ausleiht:

>»Le piano que baise une main frèle
>Luit dans le soir rose et gris vaguement.«

Dieses Zitat liegt wie eine Aureole über der ganzen zeitkritischen Beschreibung, die zuerst am 23. Februar 1926 in der »Frankfurter Zeitung« erschienen ist. Verlaine erlaubt einen sachten Rückblick, ein kleines Zurückhören in eine Epoche, da das Klavier in seinem Zimmer noch seine eigene Aura haben und eins werden konnte mit der Stimmung eines Abendhimmels. Das Klavier, das eine weiche Hand küssen darf, ist noch ein sinnlicher Klangkörper, und die rosagraue Dämmerung paßt dazu wie ein himmlisches Boudoir. So ein Klavier stand nicht einfach nur da oder gar rum, es wurde auch nicht nur gespielt, sondern spielte den Menschen mit. Und geriet wie von selber ins Gedicht.

Aber Kracauer geht noch über Verlaine hinaus. Er geht aufs Märchen zurück, auf Hans Christian Andersen und dessen intrigante Belebung der Dinge. »Mit den übrigen Einrichtungsgegenständen pflegt das Klavier keinen Verkehr. Sie sind zu verschieden von ihm, jeder ist gleichsam nur auf einen Ton gestimmt ... Der zu seiner Gesellschaft bestimmte Stuhl hatte als einzige Antwort sich um sich selbst gedreht ... Durch sein Schweigen gereizt, haben sich denn auch die Möbelstücke, so uneins sie sonst untereinander sind, gegen das Klavier zusammengeschlossen. Sie erklären seine Absonderung als den Ausfluß eines Kastenstolzes, dem die soziale Grundlage ermangele, und drücken es überhaupt in jeder Weise herab. In der Nacht quietschen sie hämisch, um es aus seinen Träumen aufzuscheuchen, und am Tag lassen sie sich unaufhörlich verschieben, da sie seine Abneigung gegen Geräusche kennen.«

Aber nicht nur die Fremdheit unter den Dingen, die Feindseligkeit des Inventars erinnern an Märchenmotive Andersens. Dazu kommen die traurigen Gefühle von Zurücksetzung, von Zukurzgekommensein; der Wunsch nach Höherem, nach der eigentlichen, größeren Bestimmung. »Um sich aus seinen traurigen Gedanken zu retten, spielt es am liebsten mit der Vorstellung, ein Flügel zu sein. Ganz in den Bereich der Phantasie zu verweisen ist sie übrigens nicht … In der Tat unterscheiden sich diese von den Klavieren nur durch die äußeren Proportionen, die Gefühle hier und dort sind die gleichen. Ihrer Schönheit und Ausdehnung allein haben sie es zu danken, daß sie für etwas Höheres angesehen werden … Man behütet sie vor den feuchten Westwinden, wacht mit Sorgfalt über die Entwicklung des Innern und bringt sie zeitig an die Öffentlichkeit, damit sie sich an ein sicheres Auftreten gewöhnen. So geneigt das Klavier auch ist, jedem das Seine zu gönnen, es erblickt eine gewisse Ungerechtigkeit darin, daß die Flügel, rein um ihrer blendenden Gestalt willen, die doch lediglich auf den Zufällen der Geburt beruht, einer solchen Bevorzugung sich erfreuen …«

Und abermals bezeichnet Kracauers Märchen etwas sehr Genaues: Der Flügel, immer schon der Privilegierte unter den Tasteninstrumenten, setzt sich zunehmend vom Klavier, vom Piano, vom Upright, ab. Der Flügel bleibt der Hort, das Asyl, der Zukunftsort der Konzerte. Der Flügel rettet das 19 Jahrhundert ins 20. und lehrt es erst verstehen. Der Flügel, ganz anders als das Klavier, bleibt nicht nur unbeschädigt in seiner Karriere, sondern weitet sie noch aus: als reine Pianistenkultur.

Was aber widerfährt unserem Klavier? Dem aus der guten Stube? Die ihm entfremdet, der es entfremdet ist? Hat es nicht in den Zeitschriften, die man auf ihm deponiert hat, lesen können, welche rühmliche Rolle es einst gespielt hat, zum Beispiel als Stifter »bräutlichen Glücks«? Aber das ist jetzt kein Trost mehr. Und dann geschieht es, in Kracauers Märchen wie in der europäischen Realität der zwanziger Jahre:

»Eines Abends rollte es aus dem Zimmer ... Da sich, wie das Klavier wohl weiß, in manchen Vergnügungsstätten heruntergekommene Kameraden aufzuhalten pflegen, die hier eine nicht unbeträchtliche Tätigkeit ausüben sollen, schreitet es nach einem begreiflichen Zögern zum Besuch eines Nachtlokals. Von der Bardame des zugeklappten Deckels wegen mit freundlichem Nicken begrüßt, stellt es sich gewohnheitsmäßig in einer der Ecken auf ... Statt der erwarteten Kameraden trifft es freilich nur etliche ihm unbekannte Kameraden, amerikanische Gäste offenbar, die durch auffallende Bewegungen sein Befremden erregen.«

Aber als sich dann eine junge Dame an dem aushäusigen Klavier zu schaffen macht, wird seine ganze Misere offenbar: »Schlimmes begibt sich: es versagt. Tonleitern und Gemeinplätze nur, dieselben, mit deren Wiedergabe er sich daheim Jahre hindurch hatte begnügen müssen, dringen aus seinem allzulange der Äußerung entwöhnten Innern hervor. Am Ende verwirrt es sich in Gestammel, weil es spürt, wie falsch gerade hier alles klingt. Enttäuscht, auf schlaffe Saiten gestoßen zu sein, zieht sich die junge Dame zurück.«

Und nach so viel Mißklang fliegt das Klavier auf die Straße. Das Abenteuer endet, wo es begann, im Zimmer, dessen Einrichtung nicht mehr zu ihm paßt. Und wo es noch immer, in Tausenden von ähnlichen Zimmern des Kontinents und beider Amerika, herumsteht, saitenschlaff, mißgestimmt, zum Fremdkörper geworden. Daß man ihn nicht entsorgt, hat weniger damit zu tun, daß man ihn nicht mehr wahrnimmt. Vor allem fürchtet man seine Erdenschwere.

»Dieser Götze aus Teckel und Bulldogg«

Die Frau sitzt in der Dämmerung am Flügel. Sie unterbricht ihr Spiel, als der Mann ins Zimmer tritt und sie mit kalter, stummer Stimme begrüßt. Dann läßt sie die Finger noch ein bißchen über die Klaviatur – »durch das grenzenlose Land der Musik« – schweifen. Und während sie noch vor dem Instrument sitzt und spielt, geschieht etwas Ungeheuerliches: Der Mann zieht eine Pistole und schießt. Dieser Flügel also bleibt nicht unangefochten; er ist ja auch nur ein Hausinstrument.

»Nun schlug er auf das Klavier an und schoß in die Mitte der langen schwarzen Flanke. Die Kugel durchschnitt das trockene schwarze Holz und heulte über die Saiten. Eine zweite wühlte springende Töne auf. Die Tasten begannen zu hüpfen, wie Schuß auf Schuß folgte. Der jubelnd scharfe Knall der Pistole fuhr immer rasender in einen splitternden, kreischenden, reißenden, dröhnenden und singenden Aufruhr. Als das Magazin ausgeschossen war, ließ U. es auf den Teppich fallen und bemerkte das erst, als er noch zweimal vergeblich abzog. Er machte den Eindruck eines Verrückten, bleich, das Haar hing ihm in die Stirn, ein Einfall hatte ihn gepackt und weit von sich fortgerissen ...«

Die gespenstische Szene stammt nicht aus einem Krimi; nicht von Goodis, Chandler, Hammett oder Woolrich. Sie gehört zum Umfeld eines der berühmtesten Romane des Jahrhunderts. Sie findet sich in den umfangreichen Vorarbeiten und Nebenstudien zu Robert Musils »Der Mann ohne Eigenschaften«. Es ist eine dramatische Begegnung zwischen dem Helden Ulrich und seiner Schwester Agathe. Ein barbarischer Akt, ein unsinniger, aber vielleicht doch ein zeitkritischer? Paßt dieser Anschlag auf einen schönen schwarzen Flügel, den Musil Mitte der zwanziger Jahre skizziert, nicht genau in die Epoche, in der es mehr denn je den Anschein hat, als werde dem häuslichen Piano, ein für alle Male, der Abschied gegeben?

Oder entspringt die Gewalttat einer privaten Idiosynkrasie

des Autors? Seinem Haß auf die Überbleibsel des 19. Jahrhunderts? Dem Widerwillen gegen die Klangteppiche, mit denen sie die Räume des 20. ausstatteten? Die Sache ließe sich vielfach kritisch interpretieren, gäbe es nicht eine weitere, frühere Variante der Szene, in der es ausdrücklich heißt: »Er weiß nicht, weshalb er schießt. Gewiß nicht aus Unwillen gegen das Klavier, oder um irgendetwas damit symbolisch auszudrücken.« Also schon das Beckettsche Verdikt: »Weh dem, der Symbole sieht!« Aber auch, wenn der Barbar sich am nächsten Tag entschuldigt, bleibt das Ergebnis eindeutig, zeittypisch: »Wo das Klavier gestanden hatte, war eine leere Stelle im Zimmer.«

Darf man dem Pistolero, ja darf man dem Autor Musil Glauben schenken? Nicht aus Unwillen gegen das Klavier? Nicht, um irgend etwas damit symbolisch auszudrücken? Denn schließlich hat er ja die ganze Episode getilgt, nicht in seinen eigentlichen Roman aufgenommen und wohl auch nicht für die unvollendet gebliebenen Partien vorgesehen. Im Buch selbst fallen keine Schüsse mehr gegen Agathes, der Schwester, schönen Flügel, und »der sonderbaren Wundschreie des getroffenen Instruments« wird der Leser nicht teilhaftig. Und doch: Steckt nicht so etwas wie ein Tolstoi-Affekt dahinter, ein Aufruhr à la »Kreutzersonate«, ein Eifersuchtsanfall der höheren Art? Wird dem Piano nicht doch der Garaus gemacht als einer exemplarischen Altlast, einem verstörenden Relikt, einer Monstranz romantischer Intimität?

Denn indem Robert Musil auf die Schüsse verzichtet, auf das Attentat mit der Pistole, gibt er die Erledigung des Instruments nicht auf; nur daß er sie nicht mehr mit Patronen, sondern mit Worten vollzieht. Diesmal steht es − ein Klavier, kein Flügel − nicht bei der Schwester Agathe, sondern beim Ehepaar Walter und Clarisse, und es muß sich den sarkastischsten Spott gefallen lassen:

»Jedesmal, wenn er ankam, spielten sie Klavier. Sie fanden es selbstverständlich, ihn in einem solchen Augenblick nicht zu bemerken, ehe das Stück zu Ende war … Die Gesichter waren gefleckt, die Körper verbogen, die Köpfe hackten ruckweise auf und nieder, gespreizte Klauen schlugen in die sich aufbäumende Tonmasse. Unermeßliches geschah; eine deutlich umgrenzte, mit heißem Empfinden gefüllte Blase schwoll bis zum Platzen an, und von den erregten Fingerspitzen, den nervösen Runzeln der Stirn, den Zuckungen des Leibs strahlte immer neues Gefühl in den ungeheuren Privataufruhr.«

Musil beschreibt da nicht irgendein Klavierspiel, sondern das vierhändige Musizieren, diese einzigartige Doppelpartnerschaft, die das Klavier bietet. Der Autor lehnt sich mit seiner Ironie auf gegen die handgreifliche Klangeinigkeit eines Ehepaares, die Bollwerkisierung der Intimität, die zugleich aber auch so etwas wie eine gegenseitige Geiselnahme ist. Und so zückt der Romancier hundert Seiten später wiederum die ironische Wort-Pistole und versucht, den Tasten-Strindberg seinerseits in den Griff zu bekommen:

»Als Ulrichs Brief eintraf, spielten Walter und Clarisse wieder so heftig Klavier, daß die dünnbeinigen Kunstfabrikmöbel tanzten und die Dante Gabriel Rosetti-Stiche an den Wänden zitterten … Im nächsten Augenblick waren Clarisse und Walter wie zwei nebeneinander hinschießende Lokomotiven losgelassen. Das Stück, das sie spielten, flog wie blitzende Schienenstränge auf ihre Augen zu, verschwand in der donnernden Maschine und lag als klingende, gehörte, in wunderbarer Weise gegenwärtig bleibende Landschaft hinter ihnen. Während dieser rasenden Fahrt wurde das Gefühl dieser beiden Menschen zu einem einzigen zusammengepreßt; Gehör, Blut, Muskeln wurden willenlos von dem gleichen Erlebnis hingerissen, schimmernde, sich neigende, sich biegende Tonwände zwangen ihre Körper in das gleiche Geleis, bogen sich gemeinsam, weiteten und verengten die Brust im gleichen Atemzug. Auf den Bruchteil einer Sekunde genau flogen Heiterkeit, Trauer, Zorn und Angst, Lieben und Hassen, Begehren und Überdruß durch Walter und Clarisse hindurch …« Und während sie eben noch Lokomotiven waren, die im gleichen Gleis – oder in zwei parallelen – nebeneinander herstürmten, heben sie nun, kraft der Metaphernseligkeit des Autors, ab in die Lüfte: »Der Zorn, die

Liebe, das Glück, die Heiterkeit und Trauer, die Clarisse und Walter *im Flug* durchlebten, waren keine vollen Gefühle, sondern nicht viel mehr als das zum Rasen erregte körperliche Gehäuse davon …; der Befehl der Musik vereinigte sie in höchster Leidenschaft und ließ ihnen zugleich etwas Abwesendes wie im Zwangsschlaf der Hypnose.«

Aber wo die Pistole fehlt, kann das Klavier selbst zur Gewalttat neigen oder doch mißbraucht werden, denn die große gemeinsame Ekstase, dieses Perpetuum mobile der vollbeschäftigten Hände und Gefühle (»»Man müßte weiter und weiter spielen, bis zum Ende‹, dachte Clarisse«) endet brutal: »Da sprang Clarisse mitten im Spiel auf und schlug das Klavier so zu, daß Walter kaum die Finger retten konnte.«

Es ist übrigens ein Instrument, das der Autor oder sein Held gleich zu Anfang mit den Worten erledigt hatte: »Ulrich hatte dieses stets offene Klavier mit den gefletschten Zähnen nie leiden mögen, diesen kurzbeinigen, aus Teckel und Bulldogg gekreuzten Götzen, der sich das Leben seiner Freunde unterworfen hatte.«

Lindbergh übertönt das Klavier

Was hat Charles Lindbergh mit der Musik zu tun? Was sein spektakulärer Ozeanflug am 20. und 21. Mai 1927 mit dem Klavier? Was bedeutet das tollkühne Wagnis des auf nur einen Propeller vertrauenden Abenteurers für die Zukunft des Instruments? Macht der sensationelle Alleingang des Luftfahrtpioniers die Alleingänge der großen Pianisten zur biederen Promenade? Wird die gute alte Maschine Klavier jetzt von ganz anderen Maschinerien übertrumpft?

So bizarr diese Fragen klingen – ein Berliner Musikschriftsteller hat sie sich, so oder so ähnlich, in den Wochen nach dem Lindbergh-Flug mit der »Spirit of St. Louis« gestellt. Im Herbst 1927 erschien ein kleines, aber Aufsehen heischendes Buch mit dem Titel »Die Entgötterung der Musik«. Verfasser war

Adolf Weissmann, jener Rezensent, den wir schon als Verächter der Kinomusik kennengelernt haben und der gern große zeitkritische Themen anpackte. Der in seinen Memoiren stets boshafte Ernst Krenek bescheinigt ihm zwar, »der führende fortschrittliche Kritiker« Berlins zu sein, urteilt aber dann: »Von Musik schien er nicht sehr viel zu verstehen, aber das kompensierte er, indem er zwar vage, aber geheimnisvoll bedeutsam klingende, kühne Bemerkungen über die gewaltigen und unermeßlichen Veränderungen während der Weltkrise und Ähnliches von sich gab.«

Aber hören wir Weissmann selbst: »Die Ankunft des Fliegers wird angezeigt: die Zeitungen wissen nichts anderes, als von ihm, als von jeder Phase seiner wagemutigen Reise zu erzählen. Der Künstler, so aktuell zu sein er sich bemüht, muß den Flieger beneiden. Er wird nie die Massen in gleicher Weise in Aufruhr bringen können.«

Aber nicht die Überrumpelung des Virtuosen durch neue Helden der Sensationskultur ist der Ausgangspunkt für Weissmanns Kassandraruf. Er glaubt das Klavier unmittelbar bedroht: »Mit dem Sieg des Flugzeugs, das bereits das immer noch aktuelle Auto überholt hat, sieht sich der Musiker einer neuen folgenschweren Tatsache gegenüber. Es ist die Übermaschine im Vergleich mit allen andern, die schon Musik machten und weiter Musik machen werden. Am Klavier rang noch der Mensch als Musiker mit der Maschine. Er konnte sie beseelend beherrschen. Nun ist die Maschine fertig und im Zuge, ihn zu überwinden. Das entseelte, zum Schlagzeug werdende Klavier spricht von entgötterter Musik.«

Daß Weissmann das Flugzeug dem Klavier so polemisch gegenüberstellt, ist nicht so absurd, wie es auf den ersten Blick scheinen will. Hatte nicht Heinrich Heine schon – fast hundert Jahre zuvor! – seinen üblichen Spott gegen das Instrument in den Sarkasmus gewendet: »Das Überhandnehmen des Klavierspielens und gar die Triumphzüge der Klaviervirtuosen sind charakteristisch für unsere Zeit und zeugen ganz einfach vom Sieg des Maschinenwesens über den Geist.« Eine Äußerung, die dem Berliner Kritiker offenbar nicht geläufig war, sonst hätte er sie seiner nun folgenden Argumentation gewiß vorangestellt:

»Das Klavier war eigentlich eine Maschine. Es bekannte dies damit, daß es sich ja auch dem Mindermusikalischen nicht versagte. Auch seine Tonbeschaffenheit sprach dafür. Aber um so höher der Ehrgeiz, diese Maschine zu beseelen. Sie setzte der Griffmöglichkeit der Finger, der Spannweite der Hände Hemmungen entgegen. Ein Mittelmaß an Technik war trotzdem für einen Durchschnitt auch der Unberufenen zu erwerben ... Es ist wahr, daß das Klavier zum Spielzeug in der Hand unzähliger Frauen wurde, die das Plappern mit dem Mund in die Tastensprache übertrugen. Es ist aber nicht minder wahr, daß eine ganze Menschheit darauf ausging, an diesem Instrument irgendwie schöpferisch zu werden. Doch die Verwertung der Klaviermaschine, die darauf wartete, vom Menschen aus ihrer Maschinenhaftigkeit erlöst zu werden, war noch einer Steigerung fähig: alle Phantasie der Begabten übte sich, erging sich, erhitzte sich an den Tasten ... Kein Geringerer als Chopin hat aus der Klaviatur ersten Nährstoff für seine zauberhafte Kunst gesogen ... Die Erlösung der Klaviermaschine durch den Menschen war zum ersten Male, doch ohne peinlichen Erdenrest geglückt.« Der peinliche Erdenrest kehrt dann erst mit solchen Formulierungen wieder.

Das von Chopin erlöste Klavier ist für Weissmann Parabel für den Sieg des Geistes über die Maschine und Zeichen dafür, »wie alle Musikkultur vom Tastenbereich auszugehen, in ihm zu münden schien«. Doch der Sieg sei nun vertan: Gerade indem sich das Klavier in den zwanziger Jahren zur Maschine zurückentwickelt habe, zum Schlag-Zeug, zum perkussiven Instrument, zum Haudrauf und zur Martellato-Fabrik, sei es in die fatalste Konkurrenz geraten: eben mit den modernen und ultramodernen Maschinen Auto und Flugzeug. Überrollt von den Autos, überdröhnt von den Flugzeugen, karikiert von Grammophonen und Radios, kann es nicht einmal als die Maschine, die es im Anfang war, mehr mithalten.

Daß das Klavier aber, indem es sich den gleichzeitigen Brecht-schen Ausruf »Glotzt nicht so romantisch!« als ein »Hört nicht so romantisch!« zu eigen machte, eine neue Legitimation er-fahren könnte, daß der Maschine Klavier eine Generalüber-holung durch die Komponisten guttun würde, ja auch nur, daß eine Maschine nicht so sehr erlöst als benutzt sein will – diese Gedanken kommen Adolf Weissman nicht. Ebenso wenig, wie er sich auf die Vorstellung einläßt, daß Lindbergh in seiner Spi-rit of St. Louis so einsam und gottverlassen war wie nur je ein Pianist vor dem Flügel, daß der Ozeanflug des einen die Aben-teuer des anderen in einem neuen Medium drastisch symbo-lisierte, ja daß der mögliche Absturz des Fliegers dem immer möglichen »Ausstieg« des Spielers auf dem Podium schicksals-verwandt sei.

Denn jeder Pianist an seinem Flügel ist während der zwei Stunden eines Konzerts ein Lindbergh für sich.

XII

Als die Pianisten schwarz wurden
oder: Die unerträgliche Leichtigkeit des Swing

> I could no more compose like Brahms than he
> could beat out the jive in a 52nd Street night
> spot. So let's forget about comparison and leave
> each man to his trade, huh?
>
> Duke Ellington

New York, das Paradies der Pianisten

Und wieder erleben wir die Piano-Paradoxie. Das in Europa von der Kulturkritik totgesagte Klavier feiert in Amerika, wie schon dreißig Jahre vorher zu Zeiten des Ragtime, fröhlichste Urständ. Das Piano selbst schüttelt alle intellektuelle Resignation ab, es schnipst die grauen Theorien und die düsteren Prophezeiungen weg wie nichts, es schnellt empor gegen die klassische Tradition und will auch nichts mehr mit der Routine der Tin Pan Alley zu tun haben. Um 1930 wird das Klavier wieder einmal neu erfunden – als Jazzpiano, als Swingpiano. Die Dreißiger werden zur »Regierungszeit der Tastenkönige«, New York wird »das Paradies der Pianisten« (Werner Burkhardt). Der Virtuose wird schwarz, das Klavier beschwingt, und das Klavierspiel darf Spaß machen. Wir feiern die Geburt eines neuen Instruments.

Es war keine leichte Geburt, und auch die Elternschaft ist nicht ohne weiteres auszumachen. In den Jahrzehnten des Ragtime hatte das Klavier zwar die führende Rolle gespielt (auch auf den Rollen des Pianola), aber Rag war ja sheet music, Musik nach Noten – während die Wurzeln des Jazz im Wechselgesang und in der Improvisation lagen. Der Rag war solistisch, der frühe Jazz (durch seine Herkunft vom Gospel und den ring shouts) eine Gruppenmusik mit der Struktur von call and response. Das Gesangliche seiner Herkunft erklärt, warum vor allem in den ersten Jahrzehnten, zumal im Blues, die Bläser das Singen und Sagen hatten: Sie führten die alten Songs weiter, mit neuer Lautstärke und Tonschärfe, mit schrillen Verschleifungen und schräger Kadenzen, mit der sogenannten Hot-Intonation.

Und noch etwas sprach gegen das Klavier: Diese ersten Bands kamen ja, wie die Heiligen des berühmten Songs, »marching in«, sie zogen durch New Orleans und schmetterten die Straßen voll und holten die Leute an die Türen und Fenster. Nichts wäre grotesker gewesen als der Gedanke oder gar der Versuch, ein Piano auf einem Wägelchen mitzuschleppen. Das Klavier schloß sich allein schon durch seine Schwerfälligkeit von den hochgestimmten Prozessionen aus. Diese marching bands zogen aber nicht nur tatsächlich, sondern auch jazzhistorisch am Klavier vorbei, an all jenen Pianos, die in den Bars und Saloons und Cabarets von New Orleans und anderen Städten den Ragtime hämmerten, selbst an Jelly Roll Morton, dem ersten Jazzpianisten, dem Alessandro Baricco in seinem »Novecento« ein schönes, verdientes Denkmal gesetzt hat. Erst als die Musiker der marches selbst seßhaft geworden und von New Orleans nach Chicago und ins New Yorker Harlem gezogen waren, wurde das Klavier in den inner circle des Jazz aufgenommen – aber nicht als solistisches Instrument, sondern als Schlagwerk, als Mitglied der Rhythmusgruppe.

Es war gewissermaßen die Arbeit der linken Hand, die dem Pianisten den Zugang zum Jazz verschaffte und das Klavier in ein dafür taugliches Instrument verwandelte. Die einfachen Springbässe (das sogenannte Humptydump) der Rag-Begleitung lockerte sich auf zum stride piano, das die tiefen Baßtöne durch kräftige Oktaven oder walking tenths ersetzte und dem Auf und Ab (eben dem »Schritt« des stride) größere Spannung verlieh.

Neben dem stride piano aber gab es noch einen anderen Stil (oder besser: eine andere Art Musik), bei dem ebenfalls die Baßqualitäten des Instruments gefragt waren. Es war der bis heute unverwüstliche Boogie-Woogie, der dem Blues verwandt ist, die gleiche Struktur hat und auch als Bluesbegleitung verwendet wurde. Dem Auf und Ab des stride setzt er eine rollende Baßfigur entgegen, eine gleichmäßige, aber virtuose Motorik – das Boogie-Ostinato. Joachim Ernst Berendt nennt es den »Ur-Rhythmus« schwarzer Musik – und man erkennt ihn noch im Rhythm & Blues und im Soul wieder. Für das Comeback-Potential dieses Stils spricht auch die Geschichte von Meade Lux Lewis, dem bekanntesten der Boogie-Pianisten in den Zwanzigern, dessen »Honky Tonk Train Blues« ein Klassiker geworden ist. Als der Boogie Ende des Jahrzehnts an Popularität verliert, verliert sich auch die Spur von Lewis, bis der Jazzkritiker John Hammond nach ihm zu suchen beginnt und ihn in einer Garage im Außenbezirk von Chicago aufstöbert. Danach kommt es zu einer legendären Reunion mit zwei anderen Boogie-Experten. Im New Yorker »Café Society« macht er mit Albert Ammons und Pete Johnson Schallplattenaufnahmen, jeder einzeln, dann aber auch alle drei zusammen – die erste der vielen Renaissancen des Boogie.

Das Klavier als Trompete

Während die Linke sich also zur Rhythmusgruppe schlägt, versucht die Rechte, sich an den Klang der Bläser heranzutasten. Es bildet sich das Horn-Piano heraus, das die Improvisationen von Saxophon und Klarinette, von Trompete und Posaune imitieren will, den Effekt des Hot, des schrägen Klangs, der bizarren melodischen Linien. Gerade dieser Stil, der in den zwanziger Jahren populär wird, zeigt abermals, daß das Klavier zunächst kein genuines Jazzinstrument ist. »Je stärker der Pianist die Hornphrasierung übernimmt«, schreibt Berendt, »um so spürbarer gibt er die eigentlichen Möglichkeiten seines Instruments auf – was bis zu einem Grade, der für jeden, der weiß, was pianistische Virtuosität in der europäischen Musik bedeutet, ›pianistischer Selbstmord‹ sein kann.«

Harlem wird in den zwanziger Jahren zum Zentrum der sich neu entwickelnden, aber immer noch herumtastenden Jazzpianistik. Aber »Zentrum« ist viel zu bombastisch: In Wirklichkeit spielt sich die Musik auf kleinen Podien und Bühnen ab, in Clubs und Kaschemmen, in Lobbies und Lokalen, und oft auch in den Wohnungen. Nicht Konzerte werden gegeben, sondern »rent parties« und »cuttin' contests«. Rent parties hießen so, weil man sich dabei von den Zuhörern Geld für die oft überfällige Wohnungsmiete erbat, und die cuttin' contests setzten die Tradition der Schnellspielwettbewerbe aus der Ragtime-Frühzeit fort: Die Klavierasse spielten um die Wette, bis einer alle anderen vom Hocker geholt hatte.

Der berühmteste aus diesem Milieu und dieser Epoche ist Fats Waller (1904-1943). Schon als Fünfzehnjähriger hatte er Kinoorgel gespielt und Bluessängerinnen begleitet. Früh komponierte er auch: sein »Honeysuckle Rose« und »Ain't Misbehavin'« sind kleine Stücke Unsterblichkeit. Waller war einer der ersten Jazzvirtuosen, aber seine Qualitäten als Entertainer deckten oft seine pianistischen zu. Von seiner Begegnung mit Waller berichtet Count Basie (von dem noch die Rede sein wird): »Ich war gerade in das alte Lincoln Theatre in Harlem gekommen. Ich hörte einen jungen Burschen an der Orgel swingen. Von da an war ich sein ständiger Kunde. Ich saß immerzu hinter ihm, fasziniert von der Leichtigkeit, mit der seine Hände die Tasten anschlugen und seine Füße die Pedale traktierten.« Ob Stride, ob Horn – Fats Waller war schon das, was man einen orchestralen Pianisten nennen sollte: »Sein Instrument klang so reich und voll wie ein Orchester,« (Joachim-Ernst Berendt).

Den größten Schritt zur Emanzipation aber macht das Jazzpiano mit Earl Hines (1905-1983). An seinen Schallplattenaufnahmen bis ins hohe Alter hat man fast so etwas wie eine Klanggeschichte des Jazzklaviers. Er war schließlich in fast allen Stilen zu Hause und hatte doch immerzu die unverwechselbare Hines-Heiterkeit. Begonnen aber hat er mit dem hornartigen Stil, genauer gesagt: mit dem trumpet-style-piano. Sein Vorbild war Louis Armstrong, und er versuchte, dessen Trompetensoli aufs Klavier zu übertragen. So wie hundert Jahre vorher Franz Liszt und Robert Schumann den Klavierklang zur Geige hinschmiegen wollten, so nähert sich Hines dem Trompetensound an. Aber es geht nicht nur um die Klangfärbung, sondern um die Konturen der Improvisation, die kräftigen, plakativen, markanten Linien der Trompete. Obwohl Hines mit diesem Stil dem Bläserklang der Band nahekommen will, entwickelt er sich schon bald zu einem der besten Solisten, weil seine Improvisationslust sich nicht in Mimikry erschöpft, sondern die Mög-

lichkeiten des eigenen Instruments mit einer neuen Leichtigkeit, swingend, zur Geltung bringt.

Ellington – Experiment und Entertainment

Denn das eigentliche Zauberwort der Dreißiger – und eins, das
bis heute seine Magie nicht verloren hat – heißt Swing. Der
Swing bringt endlich die Emanzipation des Jazz-Klaviers. Er
ist der gleichsam ins Hüpfen geratene Stride, der Schritt, der
abhebt wie auf einem Trampolin, der federnde Rhythmus, der
die Baßtöne abschnellen läßt, ein Spott auf Erdenschwere und
Tapsigkeit, ein deutlicher Abschied von der Holprigkeit des
Rag und dem Grummeln des Boogie – und für den Pianisten
ein Tanz über den Tasten. Der Swing ist zwar zunächst der
Sound der neu entstehenden Big Bands oder kleineren For-
mationen, aber er bietet zugleich den ersten Spielraum für das
Jazzklavier. Zwar gehört es innerhalb der Bands nach wie vor
zur Rhythmusgruppe, aber die einzelnen Instrumente haben
innerhalb der Arrangements ihre je eigenen Auftritte, die Chorusse, sie spielen Solokadenzen. Und auch das Klavier ist jetzt
zu solchen Miniauftritten berufen.

Der Name, der alles umfaßt – Swing, Big Band, Piano und
eine couragierte Balance von Experiment und Entertain-
ment –, ist Duke Ellington (1899–1974). Man könnte ihn die
Jahrhundertgestalt des Jazz nennen – und »Genius of Jazz« heißt
auch eine der zahlreichen Biographien –, wenn er nicht selbst
den Begriff Jazz zeitlebens abgelehnt hätte. Er vermied das
Wort auch für seine Bands: Sie hießen Washingtonians, Ken-
tucky Club Orchestra, Cotton Club Orchestra, später dann
nur noch Duke Ellington and his Orchestra. Mit seinem Titel
»It don't mean a thing if you don't got that swing« brachte er
1932 den neuen Sound auf den Begriff und auf den (Zeit)-
Punkt.

Seine Jugend hatte er in der Hauptstadt Washington verlebt,
wo sein Vater zum schwarzen Personal des Weißen Hauses

175

gehörte; gründete dort sein erstes Ensemble, ging nach New York, wo er seit 1927 im berühmtesten Nachtclub, dem Cotton Club, spielte und vor allem durch Radiosendungen zu einem in ganz Amerika gehörten Musiker wurde. In den Dreißigern reiste er dann dem Radio hinterher, tourte durch die Vereinigten Staaten und war auch logistisch ein Avantgardist, indem er für seine (vierzehn bis sechzehn) Musiker einen Eisenbahnwaggon mietete, der ihnen als Unterkunft, zur Übernachtung, als Speisesaal und Probenraum diente. Das zweckdienliche Arrangement war aber auch Konsequenz der Rassendiskriminierung. Denn wie berühmt auch immer diese Musiker sein mochten – in den amerikanischen Südstaaten, just da also, wo der Jazz herkam, waren Farbige immer noch Menschen zweiter Ordnung. Sie bekamen keine Zimmer in den guten Hotels, und in den meisten Restaurants wurden sie nicht bedient.

Ellington war der Pianist seines Orchesters, doch er sagte: »Mein Instrument ist nicht das Klavier, mein Instrument ist das Orchester.« Also verhielt er sich nicht wie der Chef, der nur darauf wartete, es seiner Truppe zu zeigen, mit brillanten Passagen zu glänzen. Er machte vom Piano einen aphoristischen Gebrauch. Er beschränkte sich auf pianistischen Lakonismus, auf kurze, trockene, harte, genau gesetzte Einwürfe, music on the rocks. Es waren knappe akkordische Sprengsätze, die nicht nur den Big-Band-Klang befeuerten, sondern großen Einfluß auf spätere Pianisten haben sollten.

In der Spielweise dieses Kürzel-Klaviers oder der Klavierkürzel stand ihm ein anderer Big Band Leader nicht nach: Count Basie (1904–1984), von dessen Faszination für Fats Waller schon die Rede war. 1934 gründete Basie in Kansas City eine Band, die er vom Klavier aus leitete: Mit wenigen Akkorden der rechten Hand bewirkte er einen starken drive, die Klangbrocken trieben das Orchester an und sorgten für das Paradox einer relaxten Spannung. Berendt schreibt über ihn: »Count Basie wurde zu einem der sparsamsten Pianisten der Jazzgeschichte, und die Art, wie er zwischen den oft weit auseinandergezogenen Noten Spannung zu schaffen versteht, ist unvergleichlich.« Selbst seine Pausen seien »eben keine Pausen, sondern Ausdrucksmittel, die genau so wichtig sind wie jede gespielte Note«. Es scheint, als blitze in solchem punktuellen, pointierten Klavierstil auch ein Funke hinüber zur gleichzeitigen europäischen Musik eines Anton Webern.

Aber Ellington und Basie sind in den dreißiger Jahren die Ausnahme. Mehr und mehr ging das Jazzklavier den Weg aller Klaviere: Es wurde virtuos, brillant und ungeheuer rasant. Das Klavier wurde so übermütig, daß es sich fast nicht mehr einkriegte. Es wurde so perfekt, daß es für Tanzsäle und Hotellobbies zu schade war und sich in Konzertsälen aufs Podest stellte. Das Swing-Klavier hatte seine Chopin- und Liszt-Ära erreicht.

Ein Rubinstein des Jazz

Der größte dieser Virtuosen, die man nicht mehr *Jazz*pianisten, sondern Jazz*pianisten* nennen sollte, ist Art Tatum (1909-1956). Man hat ihn mit Rubinstein und Cherkassky verglichen, und Swjatoslaw Richter soll von ihm gesagt haben: »So möchte ich Klavier spielen können.« Wie kein anderer wußte Tatum das Klavier als Orchester zu handhaben.

Art Tatum hatte eine Blindenschule in Ohio besucht (er war auf einem Auge ganz blind, auf dem andern beschränkt sehfähig), nahm zuerst Geigenunterricht und fing erst mit 13 Jahren an, Klavier zu spielen. Schon nach kurzer Zeit trat er öffentlich und im Radio auf. Als Begleiter der Sängerin Adelaide Hall ging er 1932 nach New York, wo er im Onyx Club bald durch seine fulminante Technik und die Leichtigkeit seines Spiels auffiel. Von Big Bands hielt er sich fern, ein geborener Solist, machte 1938 eine Europatournee und gründete 1943 sein eigenes Trio. Bei Art Tatum werden sogar die Lexika hymnisch: »... der größte Jazzpianist, ein Virtuose von unerreichtem Format.«

Der Vergleich Tatums mit klassischen Pianisten rührt daher,

daß sein Spiel viele Passagen der romantischen und hochro-
mantischen Virtuosität übernommen hat, deutlich hörbar durch
die Schule von Chopin-Etüden und Lisztscher Vollgriffigkeit
gegangen ist, daß ihm nichts Klavieristisches zwischen Ter-
zenketten, Oktavläufen und raffiniertesten Glissandi fremd ist.
Und dennoch spielt auch Art Tatum stride piano, ja, er hat sich
ausdrücklich auf Fats Waller berufen: »Grand old man. Von
dem komm ich her.«

Jazzpuristen haben die Nase gerümpft darüber, daß Tatum
gelegentlich auch Salonmusik als Vorlage benutzt hat, zum
Beispiel Massenets »Elegie« und Dvořáks »Humoreske«. Aber
gerade ein so kaffeehausreifes, streichfertiges Stück wie die
»Humoreske« zeigt in der Paraphrase nicht (wie Berendt behauptet) die musikalische Nähe zu solcher Musik, sondern die
Lust am pianistischen Widerspruch: Wenn Tatum nach der Exposition des Schnulzenthemas plötzlich mit seiner Improvisation, wenn er zu swingen beginnt, dann fliegt das plüschige
Inventar der Komposition förmlich in die Luft, der Rhythmus
läßt die Puppen und den Nippes tanzen, der musikalische Raum
wird hell und transparent. Das ist nicht nur eine perfekte Demonstration dessen, was Swing heißt und an Beschwingtheit
im Hörer bewirkt – man erlebt einen Epochenwechsel. Man
spürt, was der Jazz an Befreiung für die Musik – und für das
Klavier bedeutet. Denn wenn Tatum auch alte Mittel einsetzen
mag; das Ergebnis ist neu: eine Mischung aus Spielfreude und
Ironie, aus Witz und Virtuosität, aus Hochgefühl und Übermut.

Wenn Art Tatum von Anfang an solistisch aufgetreten ist, so
hat sich bei Teddy Wilson (1912–1986) die Solokarriere erst allmählich aufgebaut. Er begann in einer Big Band Louis Arm-
strongs, spielte von 1935 an mit Benny Goodman, erst im Trio,
dann im legendären Quartett, und war damit der erste farbige
Pianist, der mit einer weißen Formation auftrat. Später hatte
er dann seine eigenen Trios. In den Anfängen stark von Earl
Hines beeinflußt, klingen seine späteren Solosachen so, als habe
er sich auf einen Wettstreit mit Tatum um Laufwerk, Lässigkeit

und virtuose Effekte eingelassen. Die Rasanz seines jeu perlé hat gelegentlich etwas sich selbst Überstürzendes und erinnert an berühmte Autojagden im Kino. Die Liebenswürdigkeit seines Swing hat ihm den Titel »Gentleman of the Keyboard« eingetragen, aber auch den spöttischen Nachruhm, »daß man 40 Jahre danach Teddy Wilson in jedem zweiten Cocktail-Pianisten zu hören meint« (Berendt).

Am weitesten aber hat Oscar Peterson den Swing durchs 20. Jahrhundert getragen, in Bands, als hervorragender Begleiter (etwa von Louis Armstrong und Ella Fitzgerald), als Pianist mit kleinen Rhythmusgruppen und schließlich sogar als einsamer Improvisator am Flügel, der schwierigsten Form des Jazzpianos. Peterson ist Kanadier, 1925 in Montreal geboren, also eine Generation jünger als Hines, Tatum und Wilson. Mit 24 Jahren gelang ihm in der Carnegie Hall der Durchbruch zur großen Karriere, und er gilt, nach Art Tatum, als »der brillanteste Pianist der Jazz-Geschichte«. Seine vielen Europatourneen bis in die jüngste Zeit hinein machten ihn auch in der Alten Welt zum Inbegriff des unverwüstlichen Jazzvirtuosen.

Doch die Brillanz, die Peterson und Wilson und Tatum kennzeichnet, zeigte auch Abnutzungseffekte. Die Schule der Geläufigkeit verlangte nach Gegeneffekten. Oscar Peterson bekommt, was Popularität angeht, bald einen Konkurrenten aus der eigenen Generation, Erroll Garner (1921-1977). Der bleibt dem Swing treu, aber er kreiert einen eigenen, verfremdenden Stil. Mit seinen schroffen, clusterartig hingehauenen Introduktionen, die in ihrer harmonisch richtungslosen Massivität gleichsam das Rohmaterial Klavierklang vorführen, hält er Thema und Swing erst einmal sarkastisch hintan und spannt die Nerven der Zuschauer, ehe die Improvisationsarbeit wie Sonnenschein über der Tastatur aufgeht. Aber als müsse er den Steinbruch der Akkordbrocken aus der Einleitung abarbeiten, prankt die Linke mächtige Begleitschroffen in gleichmäßigem, gleichmütigem, aber auch sacht schleppendem Rhythmus dazu, völlig unangefochten von den Improvisationen der rechten Hand. Der »Garner Beat« macht diesen Musiker unverwechselbar; in der Spielfreude und der guten Laune, die er am Klavier verbreitete, erinnert er an Fats Waller. »Ich will heute noch das, was ich immer gewollt habe. Ich will euer Bewußtsein weder erweitern noch verändern. Ich will euch unterhalten.«

Es darf gelacht werden

Vielleicht ist das ein Merkmal, das den Jazz früh von anderer Musik unterschieden hat: Er ist eine Musik der gelingenden, dann gelungenen und später selbstverständlichen Emanzipation, eine Musik der Befreiung, zu der auch das befreiende, das befreite Lachen gehört. Der Jazz läßt erkennen, daß ernste Musik vielleicht auch deshalb so heißt, weil die Ausführenden immer so ernste Gesichter machen. Große Pianisten, die am Flügel lachen, gibt es in den Konzertsälen der Welt nicht. Es mag das Auftrittslächeln geben und die strahlende Miene aus dankbarer Erleichterung über ein gelungenes Recital und lebhaften Applaus; aber wer hätte schon erlebt, daß ein Virtuose schmunzelt oder gar laut lacht, wenn er zum Beispiel die erste der »Diabelli-Variationen« spielt, diesen ganz unmotiviert ruppigen Marsch, oder das Hastdunichtgehört des »Minutenwalzers« von Chopin, oder das Holterdiepolter der »Pause« aus dem Schumannschen »Carnaval« oder die »Sérénade interrompue« aus den »Préludes« von Debussy?

Anders in dieser stets sich erneuernden Musik. Am Jazzklavier kann, ja soll gelacht werden. Der Jazzpianist – wie die anderen Solisten auch – will seinen Spaß haben, will ihn nicht nur seinen Mitspielern, sondern auch dem Publikum mitteilen. Und dies gilt besonders für den Swing: Seine Gelöstheit, sein Bounce- und Jump-Impetus, seine Kadenzenlust und Quicklebendigkeit entspringen einem zum Funsportgerät gewordenen Klavier.

Nicht immer. Zur selben Generation wie Garner und Peterson gehört auch Bud Powell (1924-1966), aber vom Typus und mit seiner Biographie widerlegt er alles, was eben über die Heiterkeit im Jazz gesagt wurde. Nach glanzvollen Zeiten von der Mitte der Vierziger lebte er viele Jahre, von Drogen und Alkohol angeschlagen, in Heilanstalten, Kliniken, war auch im Gefängnis, rettete sich Ende der Fünfziger nach Paris und starb mit zweiundvierzig Jahren, nach einer Lungenentzündung, unter elenden Umständen. Seine Musik läßt seinen Lebenswandel durchklingen: Sie ist härter, zerrissener, bockiger als das meiste, das bis dahin am Jazzpiano zu hören war. Und er setzt nicht den orchestralen, leichthändigen, brillanten Stil fort, sondern erneuert das Horn-Piano. Sein Vorbild (und Partner) wird der Saxophonist Charlie Parker, der um 1945 mit dem Bebop eine Gegenbewegung zum sich immer mehr kommerzialisierenden Swing kreiert hatte.

Joachim Ernst Berendt hat das Spiel dieses Musiker so charakterisiert: »Bud Powell hat die scharf ziselierten Linien geschaffen, die, sobald sie erklingen, wie glühendes Metall, das erstarrt ist, im Raum zu stehen scheinen. Aber Bud war auch ein Romantiker seiner Musik ... Immer spürt man diese Spannung zwischen der Härte seiner hornartigen Linien und der romantischen Sensibilität.« Einen Earl Hines mit Düsenantrieb hat man ihn auch genannt.

Bud Powell hat mit seinem Saxophonpiano Schule gemacht wie kein anderer Jazzpianist vor ihm, so daß es sich fast wie ein Stück aus dem Geschlechtsregister des 1. Buchs Mose liest, wenn Joachim Ernst Berendt seine Nachfolger auflistet: »Von Bud Powell kommen Al Haigh, George Wallington, Lou Levy, Lennie Tristano, Hampton Hawes, Claude Williamson, Joe Albany, die Japanerin Toshiko Akiyoshi, Eddie Costa, Wynton Kelly, Russ Freeman, Mose Allison, Red Garland, Horace Silver, Barry Harris, Duke Jordan, Kenny Drew, Walter Bishop, Elmo Hope, Tommy Flanagan, Bobby Timmons, Junior Mance, Ray Bryant, Horace Parlan, Roland Hanna, Les McCann, Harold Mabern, Cedar Walton, Dave McKenna, der Österreicher Fritz Pauer und Legionen weiterer Pianisten ...«

Der Mann mit dem Mantel

Definitiv nicht Schule gemacht hat dagegen Thelonious Monk (1917-1982), dessen (bereits zitierter) Satz »Es ist immer Winter vor dem Klavier« nicht nur erklärt, warum er stets in einem warmen Mantel gespielt hat. In einer Welt der Typen und Individualisten, der schrägen Vögel und lockeren Lebensläufe, war er noch einmal ein Außenseiter, ein Spinner, ein Verrückter, Mad Monk (wie man ihn nannte), einer, den man vors Klavier zerren mußte und der es dann auf eine Weise traktierte, daß nicht nur die Zuhörer, sondern manchmal selbst seine Partner in Minton's Playhouse in New York dachten, er könne gar nicht wirklich Klavier spielen. Das waren keine blue notes, keine So-what-Akkorde mehr, das waren Chorusse aus lauter falschen Tönen, das klang nach Klavierschrott. Kein Wunder, daß der Mann auch noch gegen die rebellierte, die ihrerseits gegen die Gepflegtheit von Benny Goodmans Swing-Sessions rebellierten, wie Charlie Parker, Dizzie Gillespie und Kenny Clarke, die Wegbereiter des Bebop (der übrigens, wie Dada, ein Nonsensebegriff ist).

Daß Monk wegen verschiedener Drogenaffären in den Vierzigern lange Zeit Auftrittsverbot in New York hatte, erklärt nur zum Teil seine späte Rezeption (die erst in den Fünfzigern einsetzte): Die Schroffheit seines Stils (der aber weder Stride noch Swing verleugnete), das Ausbrechen aus den traditionellen und für die Mitspieler erkennbaren Formen und Formeln des Jazz, die Abkehr vom funktionalen System der Harmonik – das alles erschien selbst jazzerprobten Zeitgenossen als »Zombie-Music«, und das Auftreten des Mannes selbst mit seinem schäbigen schwarzen langen Mantel machte ihn nicht geheurer.

Thelonious Monk spiele nicht eigentlich Jazz-, sondern Composer's Piano, hat Berendt geurteilt, und in der Tat überwiegen bei ihm nicht Standards, sondern eigene Kompositionen, die mitunter auch seinen Namen tragen, Stücke wie »Monk's Dream« oder »Blue Monk«. »Seine kantigen, bizarren

Improvisationen sind gewiß spontan erfunden, und doch bilden sie keine vom Thema losgelöste assoziierte Linien, sondern sind mit seinen Kompositionen so eng verbunden und führen diese so logisch weiter, daß sie selbst wie ›komponiert‹ erscheinen.« (Berendt) Andererseits kann er einen so jahrhunderttauglichen Standard wie »These Foolish Things« ziemlich imitierend nachspielen. ihn aber, wie auf einem Vierteltonklavier, derart klirrig, splittrig, staksig intonieren, daß die Melodie gleichsam die Bekanntschaft mit sich selbst verleugnet und die Foolishness der Erinnerungsdinge sich in ein Schreckgespenst verwandelt.

Monk hat nicht nur gespielt, er hat auch gewirkt. Er hat, wie kaum ein anderer. Magie ausgestrahlt, die Magie der Unheimlichkeit. Julio Cortázar hat einen Auftritt Monks in Genf in einer fast panischen Momentaufnahme festgehalten, dabei aber spürsinnig einen Augenblick gewählt, in dem er just nicht spielt (weil der Saxophonist Charles Rouse seinen Chorus hat), sondern am Rande des Flügels dahintapst:

»... und der Bär erhebt sich wiegend, satt von Honig oder auf der Suche nach einem moosigen Plätzchen für seine große Schläfrigkeit, den Schemel verlassend, stützt er sich auf den Rand des Flügels; mit einem Fuß und der Mütze den Takt schlagend, während die Finger über das Instrument gleiten, zuerst am Rand der Tasten entlang, wo ein Aschenbecher und ein Bier stehen könnten, doch wo es nichts weiter gibt als Steinway & Sons, und dann beginnen sie unmerklich auf der Kante des Klavierkastens eine Fingersafari, während der Bär rhythmisch sich wiegt, denn Rouse und der Kontrabassist und der Schlagzeuger sind im Mysterium ihrer Trinität verstrickt, und Thelonious ist auf einer schwindelerregenden Reise, ohne sich zu bewegen, Zentimeter um Zentimeter in Richtung auf den Resonanzkasten des Flügels, wo er nicht ankommen wird, man weiß, daß er nicht ankommen wird, denn um dort anzukommen, würde er mehr Zeit brauchen als Phileas Fogg ...«

Die Reise rund ums Klavier, die Cortázar Thelonious Monk zuschreibt, ist die Expedition des Jazzklaviers schlechthin: immer kreisend um sich selbst, kein Abenteuer scheuend, auf die Geistesgegenwart der Töne vertrauend; aber stets erst am Anfang und nicht allzu versessen auf ein Ziel.

XIII
Anton Weberns Klavierkristall
oder: Die Kanonisierung der Stille

Nur für den Verstehenden ist diese Musik überhaupt hörbar. Aus geheimnisvoller Ferne kommen die Töne, ordnen sich im Erscheinen unmerklich, gleichsam *kristallisierend* zueinander
und versinken.

Dieter Schnebel

Seine Musik ist von einer *kristallklaren* Vollendung, die sich nur einem langen und lieben-
den Blick erschließt.

Ernst Krenek

Die scheinbar räumlichen Richtungen evozie-
ren etwas *Kristallhaftes*, das von der Strenge der
Konstruktion in Weberns Spätstil noch verstärkt
wird.

György Ligeti

Der Schlafwandler

Es ist derVorabend der europäischen Katastrophe, das Jahr 1936. Noch hat Hitler Österreich nicht »angeschlossen«, noch ist der Einfall in die Tschechoslowakei undenkbar. Aber alte enge Freunde müssen sich schon Briefe schreiben, zum Beispiel von Wien nach Los Angeles, in die Emigration. Eduard Steuermann, der große entdeckungsfreudige Pianist, der Weggefährte der skandalumtobten Moderne, der in den zwanziger Jahren bei den Konzerten des »Vereins für musikalische Privataufführungen« fast alle neuen Klavierwerke uraufgeführt hatte, lebt schon, wie auch Arnold Schönberg, in den Vereinigten Staaten und hat sich dort eher notdürftig als ruhmreich einrichten müssen. Aber Wien, nach außen hin und in der Illusion des Alltags, ist ja noch frei, und einer, der an Österreich hängt und dort hängenbleiben wird, kann sich fast fühlen, als sei alles noch beim alten.

Anton Webern ist von Natur ein Einsiedler, das Politische berührt ihn sowenig wie das Gesellschaftliche, und so empfindet er es eher als finanzielle Kalamität denn als politisches Vorzeichen, daß man ihm die ein Jahrzehnt lang ausgeübte Tätigkeit als Dirigent des »Singvereins der sozialdemokratischen Kunststelle« plötzlich nimmt. Aber der Austrofaschismus mischt sich schon in Sachen der Kultur. Die Freunde in der Emigration sehen das Ausharren Weberns mit gemischten Gefühlen: Einerseits sorgen sie sich um die Unversehrtheit des avantgardistischen Komponisten, andererseits wird ihnen sein Verhalten, sein Verbleiben zunehmend unbehaglich. Wie groß muß nicht seine Arglosigkeit sein, wenn er seinen Freund Steuermann bittet, er solle doch »jährlich wenigstens auf ein paar Monate zurückkommen«?

Solche fast sträfliche Sorglosigkeit steht ganz im Gegensatz zu Befürchtungen, die ein anderer Freund, Alban Berg, schon drei Jahre vorher ausgesprochen hatte: »Seit ich hier bin«, hatte der 1933 aus Wien geschrieben, »kann ich die Angst nicht loswerden, daß auch hier die Nazi siegen werden, bzw. unsere Regierung nicht stark genug sein kann, es zu verhindern.« Berg, der Klarsichtige, aber ist am 24. Dezember 1935 gestorben, nach einer Furunkulose mit anschließender Blutvergiftung; ein unbegreiflicher, ja ein skandalöser Tod. Die Einsamkeit um Webern verdichtet sich, und sie wird noch stärker, als am 12. Juni 1936 auch Karl Kraus stirbt, der Apokalyptiker Wiens, der die Nazis ansah als »Untergangster des Abendlandes«, ihre Herrschaft als »Die dritte Walpurgisnacht«; ein prophetischer, ein panischer Warner vor dem Terror, der in Deutschland schon an der Tagesordnung ist und Österreich bevorsteht. Webern hat zwei ihm nahestehende Menschen verloren, aber auch seinen politischen Kompaß.

Von alldem ist auch der Brief berührt, den er am 24. August 1936 an Eduard Steuermann schreibt. Aber er kann auch von einer neuen Komposition berichten: »Ich arbeite, seit ich mich in die ›Ferien‹ zurückgezogen habe, ununterbrochen. Und zwar an den Variationen für Klavier, von denen ich Dir schon erzählt habe. Es werden aber auch welche in *mehreren Sätzen.* Zwei von diesen sind schon fertig, den dritten u. wie ich glaube, letzten hoffe ich noch vor Schluß der Ferien – also bald – zu beenden u. damit die ganze Arbeit, die Dir, liebster Freund, gewidmet sein soll. Ich will die drei Sätze einfach ›Variationen‹ benennen.«

Wo aber ist das Thema?

Ein gutes Vierteljahr später, am 6. Dezember, schickt er Steuermann eine Kopie der Komposition, und er beeilt sich im Begleitbrief, die Erwartungen zu dämpfen, die man mit dem Variationstitel verbinden muß:

»Ich stelle auch das ›Thema‹ gar nicht ausdrücklich hinaus (etwa in früherem Sinne an die Spitze). Fast ist es mein Wunsch, es möge als solches unerkannt bleiben. (Aber wer mich fragt, dem werde ich es nicht verheimlichen.) Doch möge es lieber gleichsam dahinter stehen.« Aber dem Freund gegenüber lüftet er das Geheimnis: »(Es sind – Dir verrate ich es natürlich gleich – die ersten 11 Takte des 3. Satzes).« Webern stellt sich die Möglichkeit einer Uraufführung durch Steuermann in Amerika vor, als läge die Neue Welt solcher Musik und dem emigrierten Pianisten so zu Füßen, wie sie Horowitz und Rubinstein und Rachmaninow zu Füßen liegt. »Ja, wenn Du die Sache noch drüben spielen könntest! Es würde mich sehr freuen. New York wäre vielleicht der beste Platz. Aber es hat wohl noch keine Eile. Doch wünschte ich mir vor allem u. insbesondere, Du könntest die ›Variationen‹ noch Schönberg vorspielen.«

Es ist das Jahr in dem Arnold Schönberg, der 1933 über Paris in die Vereinigten Staaten emigriert war und sich dort mit Privatunterricht und Vorträgen über Wasser gehalten hatte, endlich, dank einem Lehrstuhl an der University of California in Los Angeles, einen wenn auch kargen finanziellen Rückhalt bekommen hat. Es ist Schönberg, der für Webern wie für Berg der Übervater geworden ist, der Magister ludi, die große Autorität, vor der sich alles Komponieren, jedes einzelne Werk bewähren müßte. Und die neue Komposition ist zugleich Tribut an den strengen Genius und Emanzipation von ihm, weil das Prinzip der Reihe, die Zwölftonstruktur benutzt und gleichzeitig zergliedert wird. Nicht mehr die Einheit von je zwölf Tönen bestimmt die »Variationen«, sondern die Arbeit mit kleineren Motivmolekülen, Reihenfragmenten, die in immer neuen Konstellationen zueinander in Verbindung treten.

Schon beim ersten Blick auf die »Variationen« fällt das ausgedünnte Notenbild auf – und die Herrschaft der Pausen. Es hat schon rein optisch den Anschein, als gehe es weniger um Spiel als um Nichtspiel, als seien die Klänge einem Bann des Schweigens abgerungen. Der Gedanke drängt sich auf, als habe Webern mit dieser Komposition eine musikalische Entsprechung zu zwei Jahrhundertsätzen liefern wollen: zu Karl Kraus' schneidendem Postulat: »Wer jetzt etwas zu sagen hat, der trete

vor und schweige!« und zu Ludwig Wittgensteins Obligo:
»Worüber man nicht reden kann, davon soll man schweigen.«
Die Webernsche Variante hieße dann: Wo die Klänge abgenutzt
sind vom Geklingel, dürfen sie nur die Stille konturieren. Die
Pausen werden bei Webern zu jenem »un temps«, das anderthalb Jahrzehnte später die Stücke Becketts so enigmatisch bestimmt. »Die Stille der Musik gerät in Bewegung. Es gibt die
Stille, die ruhig dahinfließt, uns trägt, und jene, die uns bedroht.
Dies empfand Webern. Jedoch gestalten kann man die Stille
nicht mehr. Man kann klingenden Tönen befehlen, schneller
oder langsamer zu werden – den Pausen gegenüber ist das unmöglich, da muß es die Stille selber tun. Daher öffnet sich solche Musik nur dem Lauschenden.«

Warnung an Pianisten

Der dies – 1952 – schreibt, ist ein junger deutscher Komponist, Dieter Schnebel. Als habe sich die in diesem kurzen Stück
Weberns konzentrierte Stille geradezu explodierend entla-
den, verfaßt der Zweiundzwanzigjährige eine ausladende und
eingehende Analyse, setzt den neun Seiten Notentext rund
einhundert Schreibmaschinenseiten Kenntnis und Bekenntnis
hinzu. Und vergißt die eigene Befangenheit nicht: »Da seine
Musik unerhört reich und vielfältig gestaltet ist, mußte er eine
Fülle von Irrationalem in diese Zeichen bannen, was den, der
sie entschlüsseln will, in große Verlegenheit bringt. Das Sen-
sorium eines Webern-Interpreten muß über eine geradezu un-
wahrscheinliche Empfindlichkeit verfügen ...« Und Schnebel
warnt den Klavierspieler vor den – trotz der wenigen Noten –
ungeahnten Schwierigkeiten: »Dem Pianisten wird an Klang-
kultur Unerhörtes zugemutet. Keinesfalls darf auch nur ein
Ton trocken, abgehackt klingen ... Jeder Ton faßt in der Musik Weberns eine Welt in sich, ja, in den einzelnen Tönen liegt
seine Welt. Der Eitelkeit des Klaviervirtuosen verschließt sich
diese Welt.«

In einer fast rauschhaften Sprache nähert sich Schnebel —
ehe er mit seiner detaillierten Strukturanalyse beginnt, die hier
nicht nachzuvollziehen ist — der in sich selbst verschlossenen
Komposition: »Die Musik schützt sich selbst, indem sie den,
der sie nicht begreifen will, abweist, den, der es will, nicht mehr
losläßt. Die Aufzeichnung [des Notentextes] mußte so geschehen, weil jede nähere Bezeichnung der Geschehnisse diese schon beschränkt hätte. Wie sie dastehen, schweigen jene
Zeichen zunächst; richtet man die Aufmerksamkeit auf sie, beginnen sie geheimnisvoll zu reden und zeigen schließlich eine
Fülle, wie kein Symbol sie je anzudeuten vermocht hätte. Diese
Musik ist überdies zu delikat, als daß sie auch nur eine andeu-
tende Bezeichnung ihres Wesens ertrüge; jede derartige An-
deutung entweihte sie schon und nähme ihr jene übersensible
Ergriffenheit, die sich mit scheinbarer Kühle umgibt, um sich
in ihrer mimosenhaften Empfindlichkeit auch vor leiser Berührung zu bewahren.«

Was aber geht musikalisch-strukturell vor in diesem Klavier-
kristall? Klaus Billing nimmt das Vokabular der Atomphysik
zu Hilfe und spricht von der »Spaltung eines gedachten Klan-
ges in kleine Punkteinheiten und ihrem molekularen Aufbau
zu affekt- und ausdrucksfreien Strukturen«. Ausgangspunkt ist
im ersten Satz (»sehr mäßig«) eine Reihe aus sechs Tönen, die
unterteilt wird und hinführt »zu einer langen Kette in sich zu-
rücklaufender kleiner Modelle, in welchen die beiden Hälften
der Tonreihen vor- und rückläufig zugleich gespielt werden«
(Ernst Krenek). Der Krebskanon verleiht dem lyrischen Charakter die entscheidende Struktur. Der kurze 2. Satz kommt pa-
thetisch daher (»sehr schnell«), mit weiten Intervallspringen,
und kontrapunktiert sein aus fünf Tönen gebautes »Thema«
mit dessen Umkehrung. Der eigentliche Variationssatz (»ruhig
fließend«), der längste des Werks, beruht auf einem Modell aus
nur mehr vier Tönen (die innerhalb des elftaktigen Themas
noch einmal so etwas wie eine thematische Urzelle bilden) und
führt in fünf Variationen, die die Lyrik des 1. Satzes mit dem
Aufruhr des 2. verbinden, zu immer größerer Klangreduktion,

eben zu dem Vorgang der Kristallisierung. »So ist der erste Satz aus einem sechstönigen Gebilde komponiert, der zweite aus einem fünftönigen, während es die Aufgabe des letzten Satzes ist, ein viertöniges Motiv bzw. Thema auf ein zweitöniges und zuletzt überhaupt auf den Ton allein zurückzuführen.« (Schnebel) Der Rest ist Schweigen.

»Das ist mein Meisterwerk«

Gut vierzig Jahre später – 1979 – fällt ein neues Licht auf das kristalline Stück Klaviermusik, ein Licht, das seinen grellen Glanz, seine spröde Ausstrahlung, seine lasergleiche Härte mit einer fast romantischen Aureole, ja einem Regenbogen des »espressivo« umgibt. Die Engstführung kontrapunktischer Arbeit, diese Kanonisierung der Stille, erscheint auf einmal als ein Stück konzentriertester Ausdruckswelt. Das Kalkül gibt sich als Ekstase zu erkennen, als Peter Stadlen, der Pianist der Uraufführung von 1937, den Notentext mit den Anweisungen veröffentlicht, die Anton Webern ihm während der mehrwöchigen Proben mündlich gegeben hat, und als er in Interviews den Charakter dieser Séancen beschreibt.

Denn nicht Eduard Steuermann sollte die Uraufführung spielen. Fast ein Jahr war vergangen seit der Manuskriptsendung an ihn, als Anton Webern ihm im Spätherbst 1937 für ein erstes Lob (»Du sagst mir so Schönes darüber!«) dankt, dann aber mitteilt: »Ich hatte nun unbedingt gemeint, *Du* müßtest der erste sein, der sie spielt u. vor allem hier. Aber die Ungewißheit darüber, ob Du in absehbarer Zeit wieder da wärest, u. die Gewißheit, daß es in nächster Zeit nicht sein würde, hat mich veranlaßt, dem Drängen des Peter Stadlen nachzugeben; so hat er sie gestern in seinem Abend (neben den ›Diabelli-Var.‹) gespielt. Ich hatte sehr mit ihm gearbeitet u. es ist recht gut geworden.«

Und von Stadlen weiß man nun, wie diese Arbeit ausgesehen hat. Der Pianist hat eine »sehr lebhafte Erinnerung« daran,

»wie er sich aufgeführt hat, wie er getobt hat und gesungen und dirigiert und fast opernhaft diese paar Noten empfunden hat, die sozusagen nur als Anfangs- und Endpunkte gewaltiger melodischer Eruptionen zu verstehen waren – das ist der Webern gewesen ... Während er einerseits alles in Spiegelungen und Krebskanons ausgelegt hatte, hat er andrerseits alles dieses nur gemacht, weil er ausdrucksbestrebt war. Mindestens so wie ein Romantiker oder ein Klassiker.«

Stadlen hat diese »Inszenierung« Weberns nicht nur als Ergänzung des Notentextes, sondern fast als einen Widerspruch dazu in Erinnerung. Das war »nicht nur etwas Zusätzliches oder die Art, in der man nun dieses oder jenes zu spielen hatte, sondern etwas, was dieser Konstruktion gelegentlich sogar, wie man zeigen kann, zuwiderlief, sie wieder zerstörte ... Es war da schon eine Dichotomie zwischen der Konstruktion (und da sag' ich noch gar nichts von dem Zwölftonaspekt, sondern nur von den vorklassischen Gebilden, die er da gemacht hat) und dem Ausdruck.«

Anton Webern war sich bewußt, was er mit diesem Stück äußerster Konzentration geschaffen hatte: »Das ist mein Meisterwerk«, hat er zu Peter Stadlen gesagt. Um 1950, nach der Weltkatastrophe, sollte es zu einem der Schlüsseltexte der musikalischen Avantgarde werden, »für eine Generation von jungen Komponisten nach dem zweiten Weltkrieg Antrieb und Wirkstoff« bieten. Für sie war aufregend, daß Webern das Ordnungsprinzip der Schönbergschen Reihe auch auf andere Parameter – auf Rhythmus und Lautstärke – ausgedehnt hatte. Er erwies sich damit als Vorläufer Olivier Messiaens, der in seinem epochalen »Mode de valeurs et d' intensités« alle vier Musikelemente – Tonhöhe, Dauer, Farbe, Lautstärke – zu einer gemeinsamen Grundkonzeption vereinen sollte. Aber schon in dem kurzen Stück Weberns steckt der Kern dessen, was zu Beginn der fünfziger Jahre als serielle Musik Furore machen wird.

Webern hat diesen Glanz seines Kristalls nicht mehr erlebt. Den Krieg hatte er elend genug überstanden, als er am 15. Sep-

tember 1945, in seinem salzburgischen Zufluchtsort Mitter-
sill, trotz Ausgehverbot draußen vor der Tür eine Zigarre rau-
chend, von einem amerikanischen Soldaten erschossen wurde.

XIV
Das wohlpräparierte Klavier
oder: John Cage bastelt am Klang

Cage ist der verrückteste Kombinationsgeist,
der mir begegnet ist; er ist weniger ein Erfinder
– als den man ihn gewöhnlich bezeichnet – als
ein Finder; er hat zudem jene Gleichgültigkeit
allem Bekannten und Erfahrenen gegenüber,
die für einen Forscher notwendig ist; ihm fehlt
hingegen die unausweichliche klangliche Vor-
stellungskraft, das Visionäre, das heimsucht.

Karlheinz Stockhausen

You don't have to call it music, if that expres-
sion hurts you.

John Cage

»Der Avantgardist schlechthin«

Diese Geschichte erinnert ein wenig an den legendären Witz von Radio Eriwan: »Stimmt es, daß Iwan Iwanowitsch aus Moskau in der Lotterie einen Wolga gewonnen hat? Antwort von Radio Eriwan: Im Prinzip ja, nur handelt es sich nicht um Iwan Iwanowitsch aus Moskau, sondern um Pjotr Petrowitsch aus Leningrad, und auch nicht um einen Wolga, sondern um ein Fahrrad, und er hat es nicht in der Lotterie gewonnen, sondern es ist ihm gestohlen worden.«

Stimmt es, daß John Cage 1938 eine der markantesten Zäsuren in der Klaviergeschichte des 20. Jahrhunderts gesetzt hat, indem er in seinem »Bacchanale« zum erstenmal mit dem »prepared piano« gearbeitet hat? Im Prinzip ja. Nur handelt es sich nicht, wie viele Lexika und Cage-Exegesen noch immer angeben, um das Jahr 1938, sondern um das Frühjahr 1940, und zum erstenmal hat nicht John Cage ein Klavier präpariert, sondern Henry Cowell, und es handelt sich auch nicht um ein Klavier, sondern in jedem Fall um einen Flügel.

Nie hat jemand emphatischer auf die Verdienste seines Vorläufers hingewiesen als John Cage: »Henry Cowell war für mich das Sesam-öffne-dich zu einer neuen Musik in Amerika«, hat er bekannt. »Ich habe ihn oft auf dem Flügel spielen hören, wenn er den Klang veränderte, indem er die Saiten mit Fingern und Händen zupfte oder abdämpfte. Besonders gern hörte ich ihn ›Banshee‹ spielen. Henry Cowells Arbeit mit dem string piano ging meinem prepared piano voraus.«

String piano meint das an den Saiten gezupfte oder angerissene Klavier. Henry Cowell hatte zuerst bei seiner »Aeolian Harp« (1923) ins Innere des Instruments hineinkomponiert: eine Hand hatte die Tasten stumm niederzudrücken, während die andere auf den entsprechenden Saiten, dicht an den Stimmstiften, zupfte.

Aber die ausschließliche Bearbeitung der Saiten (also die

Inauguration des string pianos) setzte mit »Banshee« ein, einer Komposition, die ihren Namen (und gewissermaßen ihren Charakter) von einer irischen Hexe hat. Der Spieler gleitet mit den Fingernägeln oder der flachen Hand zwischen genau festgelegten Punkten von oben nach unten über die Saiten und produziert dabei sirenenähnliche Tonketten, oder er fährt der Länge nach über eine oder mehrere Saiten. Der Effekt: »Farbiges Rauschen, gläsernes Näseln, Geräusche wie vom Anschlag einer riesigen Eisenröhre, gleich einer Kreissäge, scharfes Heulen und Stöhnen.« Mit einem Wort: Hexenmusik.

Aber auch Cowell blieb nicht beim Händedruck. In dem Instrumentalstück »Synchrony« (1930) gibt es einen Flügel, dessen fünf tiefste Saiten mit einem weichen Gongschlegel anzuschlagen sind. Kein Zweifel also, daß Cowells Experimente schon die ersten Schritte auf dem Weg in die Innenwelt des Klaviers gewesen sind, den der junge John Cage weitergehen wird.

John Cage, am 5. September 1912 in Los Angeles geboren, war der Sohn eines Technikers und Erfinders, dessen Talent zum Tüfteln und Experimentieren er offenbar geerbt hatte. Das, was er selbst als Merkmale des Amerikaners beschrieben hat – »die Fähigkeit, leicht mit der Tradition zu brechen, ... die Fähigkeit fürs Unvorhergesehene, die Fähigkeit zum Experimentieren« –, dies charakterisiert ihn zuallererst selbst. Für Dieter Schnebel ist Cage der »Vater der modernen experimentellen Musik«, ja, »der Avantgardist schlechthin«.

Die Entdeckerlust führte ihn nicht gleich zur Musik. Zwar hat er schon früh Klavierunterricht, aber seine Interessen sind vielfältig. Er schreibt Gedichte, er malt und begeistert sich für Architektur. 1930 geht er nach Paris, studiert Architektur, nimmt Klavierunterricht bei Lazare Lévy, spielt Bach, Skrjabin, Hindemith, Strawinsky. Reist durch Europa, auch nach Berlin (wo übrigens zwei Jahre zuvor Henry Cowell fernöstliche Musik studiert hatte).

Zurück in Amerika, studiert er zunächst bei Richard Buhlig, dann, 1933, kommt die Zeit bei Henry Cowell in New York.

wo er zugleich bei Adolphe Weiss Unterricht in Harmonielehre und Kontrapunkt nimmt, um sich auf ein Studium bei
Arnold Schönberg, das Cowell ihm nahelegt und das Schönberg dem mittellosen Studenten gratis gewähren will, vorzube-
reiten. Schönbergs Bedingung für den Honorarverzicht: Cage
muß versprechen, »sein Leben der Musik zu widmen«. John
Cage war von Schönberg fasziniert, »weniger aus Geschmacks-
gründen als wegen seines Komponierens mit zwölf Tönen,
oder, wie ich es auffasse: wegen der Gleichheit der zwölf ohne
die Vorherrschaft irgendeines einzelnen«. Diese Kompositionsweise mußte dem Naturell eines Musikers entgegenkommen,
der, wie Cage von sich bekannte, »no feeling for harmony« besaß.

An der University of California in Los Angeles, wo Schönberg damals lehrte, bekommt er einen Job als musikalischer
Betreuer einer modernen Tanztruppe, lernt das Handwerk des
Buchbindens, gründet mit anderen Buchbindern zusammen ein
Schlagzeugquartett und schreibt eine Filmmusik für den avantgardistischen Filmemacher Fischinger, der mit seiner These, daß
»der Klang die Seele eines unbelebten Gegenstandes« sei, das
musikalische Denken Cages entscheidend beeinflußt.

Ende der Dreißiger geht er nach Seattle, wo er die Stelle eines Komponisten und Begleiters der Ballettklasse von Bonnie
Bird an der Cornish School in Seattle antritt. Und für ebendiese Truppe und einen Auftritt der schwarzen Tänzerin Syvilla
Fort schreibt John Cage sein »Bacchanale«. Nicht eigentlich,
um ein Klavier zu präparieren, sondern aus Platzmangel ent-
schließt er sich zur Bestückung des Flügels. »Die Notwendigkeit, den Klang des Instruments zu verändern, entsprang dem
Wunsch, eine Begleitung ohne Einsatz von Schlaginstrumen-
ten zu schaffen«, schreibt der Komponist. Für eine anschlie-
ßende Tournee sollte sowohl an Personal wie an Material ge-
spart werden.

Nützliches vom Heimwerkermarkt

Für John Cage wird der Notbehelf ein Jahrzehnt lang zur idée fixe, zu einer immer weiter ausgebauten Kompositionsweise. 1943 komponiert er, nunmehr beeinflußt von fernöstlichen Gedanken, seine »Amores«, deren 1. und 4. Satz für präpariertes Klavier geschrieben sind. Den Titel erklärt Cage mit seinem Wunsch, »eine Kombination des Erotischen und des Stillhaltens auszudrücken, was zwei der fortwährenden Emotionen der indischen Tradition entspricht«. Als das Stück, zusammen mit anderen avantgardistischen Werken, im Museum of Modern Art uraufgeführt wird, hat Cage seinen Ruf als »the most active percussion musician in the U.S.« weg.

Indische Tradition bildet auch den emotionalen, expressiven Antrieb seines größten Werks für präpariertes Klavier, die »Sonatas and Interludes«. Diesmal hat Cage ein noch größeres emotionales Spektrum im Visier. Der Ausdruck seiner Musik zielt »auf die ›permanenten Emotionen‹ der indischen Tradition: das Heroische, das Erotische, das Wundersame, das Fröhliche, Sorge, Furcht, Zorn, das Ekelhafte und ihrer aller gemeinsame Ausrichtung auf die Stille«.

Für keins seiner Stücke hat John Cage eine so große, präzise und vielfältige Präparationsanweisung geliefert. Die Zurichtung, die die Saiten von 45 Tönen umfaßt, dauert etwa drei Stunden. Dazu empfiehlt John Cage zuerst einmal Ordnung, nicht ohne Ironie: Man müsse sich zunächst einmal 45 Briefumschläge für die diversen Präparationsobjekte beschaffen, zwei Lineale von sechs und acht Inches, einen Stimmschlüssel oder Schraubenzieher, und schließlich einen größeren Steinway-Flügel. Beim Präparieren solle darauf geachtet werden, daß die Muttern nicht die benachbarten Saiten berührten, außerdem sollten Brummgeräusche bei den Schrauben vermieden werden.

Indem John Cage den Flügel nach seinen Klangvorstellungen verändert, verstört, umregistriert, lernt er selbst das Instrument neu kennen. In seinen ersten Anweisungen für die Plazierung der Materialien war er meist lässig und vage und bedachte die Verschiedenheit der Instrumente nicht. Später kommt ihm die Einsicht: »Als ich zuerst Objekte zwischen die Saiten steckte, geschah das in dem Wunsch, Klänge zu besitzen (sie wiederholbar zu machen). Aber als dann meine Musik aus dem Haus und von Klavier zu Klavier und von Pianist zu Pianist ging, stellte sich heraus, daß nicht nur ein Pianist sich vom andern wesentlich unterscheidet, sondern daß auch nicht zwei Klaviere gleich sind.« Und bei anderer Gelegenheit: »Ich bin froh über all meine Erfahrungen mit dem präparierten Klavier, auch, weil sie mir gezeigt haben, wie verschieden zwei Klaviere voneinander sind.«

Blickt man auf die Präparationstabelle für die »Sonatas«, so ist man zunächst einmal nicht so sehr von der Vielzahl der Materialien, sondern von deren technischem Vokabular verwirrt. Was ist ein »washer head furniture screw«, was ein »round head iron stove bolt«, was ein »wire gauge flat head wood screw«? Monika Fürst-Heidtmann hat in ihrer detektivischen Arbeit über »Das präparierte Klavier des John Cage« diese und andere Probleme gelöst und gleichsam eine Elementarteilchenlehre für die Präparation geliefert. Sie hat dabei gleichzeitig die Schwierigkeit gemeistert, die Cage'sche Nomenklatur vom amerikanischen auf den deutschen Baumarkt zu übertragen.

Das liest sich dann etwa so: »Bei den Bolzen macht Cage gelegentlich Unterschiede zwischen ›stove bolt‹ (Ofenbolzen) und ›furniture bolt‹ (Möbelbolzen). Mit dem letzteren ist eine dünne Ausgabe gemeint, während der erstere dicker und etwa 4 cm sein soll. ›Stove bolts‹ kommen daher nur in der mittleren und unteren Lage vor, ›furniture bolts‹ eher oben … Daneben sind auch gelegentlich ›typewriter bolts‹ (Schreibmaschinenbolzen), ›headless‹ oder ›black bolts‹, ›U-bolts‹ oder ›machine screws‹ – auch eine Art von Bolzen – vorgeschrieben.«

Metallteile, Schrauben ebenso wie Bolzen, werden mit dem Gewinde (das beim Bolzen viel enger ist und weniger Profil hat) zwischen die Saiten gesteckt: im großen dreichörigen Mittelteil des Flügels entweder zwischen die 1. und 2. oder die 2. und 3. Saite (je nach Vorgabe des Komponisten) und im zweichörigen Teil zwischen die beiden Saiten. Die Länge der Stücke kann zwischen 1 und 4 Zentimeter betragen, sollte jedoch so bemessen sein, das sie nicht auf den Klavierboden aufstoßen. Wo Cage Muttern vorschreibt, sollen sie nicht aufgeschraubt werden, sondern soviel Spiel haben, daß sie bei der Schwingung der Saite auf dem Metallteil gewissermaßen tanzen können. Wenn von einer Münze die Rede ist, wird sie ausschließlich im dreisaitigen Bereich eingesetzt und jeweils unter die mittlere und über die beiden benachbarten geklemmt.

An weiteren Materialien kommen noch »rubber« (Gummistreifen) und »rubber wedge« (Gummikeile) vor; diese letzteren werden auch von Klavierstimmern zum Abklemmen der Nebensaiten benutzt. Ferner gibt es noch Holzstücke, die entweder als einfaches »wood« bezeichnet sind oder als »bamboo« (Bambus) und »slit bamboo«. Gelegentlich kommt es auch zu Kombinationen zweier Materialien, die dann versetzt an einer Saite oder auf verschiedenen Saiten eines Chores anzubringen sind. Nur selten bestimmt Cage zwei Präparationen an einem Punkt: »Handelt es sich dabei um eine Schraube bzw. einen Bolzen und ein elastisches Material wie Gummi oder Filz, so wird das Metall eingewickelt und zwischen die Saiten gesteckt.«

In Fotografien vom prepared piano erkennt man außer den erwähnten Teilen auch Plastiklöffel. Das Ganze wirkt wie eine märchenhafte Installation aus dem Heimwerkermarkt, ein kleiner Wald aus Utensilien, ja wie die Hochzeit des Werkzeugkastens mit einem Musikinstrument.

Flügelpräparation in Heimarbeit

Machen wir den Versuch, das »Bacchanale« zu Hause nachzupräparieren. Dieses Stück bietet sich für ein Privatexperiment deshalb eher als alle anderen Kompositionen an, weil es nur zwölf Töne umfaßt, die allerdings alle verändert werden müssen. Solche Zwölftönigkeit ist einerseits eine Hommage an Schönberg, andererseits aber auch ein Stück Emanzipation, weil Cage eben nicht mehr nur mit Tönen, sondern auch mit Klängen und Geräuschen arbeitet und die Reihe dabei keine konstruktive Rolle mehr spielt.

Beim Präparationsversuch begegnen wir einem enigmatischen Material: Es ist das »weather-stripping«, das für alle frühen Kompositionen Cages eine wichtige Rolle spielt. Weather-stripping wird vom Lexikon mit Dichtungsleiste übersetzt. Dichtungsleisten sind heute meist aus Schaumgummi oder aus Plastik, aber beides kann 1940 noch nicht gemeint sein, weil es das Kunstprodukt noch nicht gab. Da Cage das Material als »fibrous«, also faserig, beschreibt, muß er an einen Filzstreifen gedacht haben. Der ist leicht zu beschaffen, und wir können uns um so unbesorgter ans Werk machen, als diese Art der Präparation instrumentenfreundlich ist.

Wir beginnen mit einem Metallteil für den höchsten Ton des Stückes, das f¹, und drehen zwischen die zweite und dritte Saite von den dreien, die diesen Ton erzeugen, etwa sechs Zentimeter vom Dämpfer entfernt, einen kleinen Bolzen. Wir gehen dann eine Quart tiefer und bringen den ersten Filzstreifen beim c¹ an, indem wir ihn zwischen die erste und zweite Saite schieben. Das b (in der großen Sekunde) erfordert Fingerspitzengefühl: zwischen die zweite und dritte Saite wird eine Schraube mit locker aufgesetzter Mutter gesteckt und etwas davon entfernt ein Filzstreifen zwischen erste und zweite Saite. Alle übrigen Töne bis hinunter zum A werden dann, jeweils zwischen erster und zweiter Saite, mit Filzleisten präpariert, wobei der genaue Anbringungsort vom Spieler selbst herauszutüfteln ist.

Der Höreindruck der nun präparierten einzelnen Töne ist schwer zu beschreiben. Machen wir abermals eine Anleihe bei Monika Fürst-Heidtmann: »Die Filzpräparation führt, je nach Lautstärke, zu zwei verschiedenen Klangergebnissen: bei f – fff Anschlag bleiben Klaviertimbre und notierte Tonhöhe weitgehend erhalten, die Töne erscheinen im Vergleich zu unpräparierten nur gedämpfter und klanglich etwas verfremdet. Im p – ppp entstehen dagegen verschiedenartige ›Trommeltöne‹, deren Tonhöhe nur annähernd bestimmbar ist. Ihr Klangfarbencharakter variiert mit der Registerlage ... Die Bolzenpräparation ergibt einen hohlen Klang, der Vorstellungen an (sic!) einen Gong nahelegt ... Durch die Doppelpräparation mit Muttern entsteht ein rasselnder Geräuschton, der etwa eine Quinte höher als notiert anzusiedeln ist und ein wenig an eine Schellentrommel erinnert. Alle Farben vermitteln einen perkussiven Eindruck.«

Dabei ist es interessant zu hören, daß der erste schnelle Teil des Stücke mit seinen Forte- bis Fortissimo-Vorschriften, der sich nur auf filzpräparierten Saiten abspielt, trotz der Lautstärke einen stark gedämpften Eindruck, den eines Klavierstücks auf Samtpfoten macht. Ganz anders der zweite Teil, der ein äußerstes Pianissimo (ppp) und langsamste Bewegung vorschreibt: Hier scheint der Klavierklang wegverwandelt zu sein zugunsten einer Trommel- und Gonguntermalung, in der das Scheppern der einsamen Mutter (auf dem doppelt präparierten b) grell durchschrillt. Ein dritter Teil nimmt wieder das rasche Tempo und die ostinate Pendelbewegung der Begleitfigur auf. Fürst-Heidtmann sieht das »Bacchanale« nicht so sehr als Durchbruch zu einer neuen Musik, sondern eher in der Nachhut früherer perkussiver Werke. Sie fühlt sich an Bartók, an Strawinsky und Edgar Varese erinnert, wie überhaupt »an den motorischen Klavierstil der zwanziger und dreißiger Jahre«.

Aber wichtiger als die Präparation des Klaviers (die an dem Komponisten hängen bleibt wie ein zum Mühlstein gewordener Lorbeerkranz) erscheint im Nachhinein der Eingriff, den John Cage bald darauf in die Musikszene tun sollte, die (meist heitere) Verstörung der Aura des Komponierens, des immer noch klassischen Werkverständnisses, der Gesetztheit des Tonschöpfers, der Liturgie des Schaffensprozesses selbst. Er sollte, gut zehn Jahre nach dem »Bacchanale« ins abendländische Regel- und Reihenwerk wie ein Blitz einschlagen, indem es ihm gelang, »sich als Komponist von seinen eigenen Absichten, seinem eigenen Willen zu emanzipieren« und damit, nach dem Urteil Heinz-Klaus Metzgers, zu beweisen, »daß das methodische Walten des Zufalls ein unermeßlich höheres Innovationsniveau, verbunden mit einer um ein Vielfaches größeren Komplexität der ästhetischen Phänomene, zu zeitigen vermag als die ingeniöseste ›ordnende‹ Komposition.«

Aber auch dann bleibt Cage dem Klavier verbunden, in seiner »Music of Changes‹, in seinen Stücken für totales Klavier von 1954, und dem »Concert for Piano and Orchestra« aus den Jahren 1957/58. Und er hat auch die erste Komposition geschaffen, die dem Klavierklang eine vollkommene Fermate gewährt. Am 29. August 1952 führte David Tudor sein ›silent piece« 4' 33" auf, ein Stück ohne Töne. Wobei der Beginn eines Satzes durch Schließen und das Ende durch Öffnen des Deckels markiert wurde. Um die Jahrhundertmitte hatte Cage, für knapp fünf Minuten, das Instrument mit Schweigen präpariert.

Aber so sensationell das prepared piano von John Cage auch auf die musikalische Welt wirkte, so sehr es eine junge europäische Komponistengeneration in Europa nach dem Zweiten Weltkrieg zugleich inspirierte und schockierte, so wenig neu war eigentlich die Idee einer Verwandlung des Flügels in ein Mehrzweck-Instrument. Merkwürdig, daß sich in keiner Publikation von und über Cage der Hinweis darauf findet, daß man schon einhundertfünfzig Jahre vor Cage, im frühen 19. Jahrhundert, Instrumente präpariert und ihnen die diversesten Klangeffekte abgerungen hatte. Nur daß man damals nicht zwischen die Saiten griff und Utensilien hineinsteckte, sondern das Klavier mit Pedalen bestückte, die dann Triangel- und Zimbelklänge produzierten, Glöckchen, Becken und alle Arten von Trommeln anschlugen. Auch der Resonanzboden wurde durch Schlagzug schon als große Trommel genutzt. Die ganze Zurichtung diente damals, in der großen Mode des alla turca, der Nachahmung der Janitscharenmusik. Das Klavier war quasi in ein türkisches Feldlager mit allem Tamtam verwandelt worden.

Nachtrag von Radio Eriwan: Das präparierte Klavier war immer schon erfunden.

XV
Das Klavier in der Vorhölle
oder: Musik und »Das Ende der Zeit«

Ich habe zu Hause ein blaues Klavier
Und kenne doch keine Note.

Es steht im Dunkel der Kellertür,
Seitdem die Welt verrohte.

Es spielen Sternenhände vier
– die Mondfrau sang im Boote –
Nun tanzen die Ratten im Geklirr.

Zerbrochen ist die Klaviatür ...
Ich beweine die blaue Tote.

Ach liebe Engel öffnet mir
– Ich aß vom bitteren Brote –
Mir lebend schon die Himmelstür –
Auch wider dem Verbote.

Else Lasker-Schüler,
»Mein blaues Klavier«

Messiaen im STALAG VIII A

»Das *Quartett auf das Ende der Zeit*, das ich während meiner Gefangenschaft geschrieben habe, wurde am 15. Januar 1941 im Kriegsgefangenenlager Stalag VIII A in Görlitz von Jean Le Boulaire (Violine), Henri Akoka (Klarinette), Etienne Pasquier (Cello) und mir am Klavier uraufgeführt ... Nie hat man mir mit soviel Aufmerksamkeit und Verständnis zugehört.« Diese beiden Sätze sind fast die einzige Auskunft, die der Komponist, Olivier Messiaen, über die bizarrste Uraufführungssituation des 20. Jahrhunderts gegeben hat. Er hat sich später geweigert, in Interviews auf die nähere Situation einzugehen, und auch privat hat er sich kaum dazu geäußert. Als er nach zehn Jahren mit Mitgefangenen zusammenkommt, tut er die ganze Geschichte der Lagerzeit als »ärgerlichen Vorfall« ab. Aber soviel hat er der Nachwelt doch noch überliefert, daß es an dem Abend viertausend Zuhörer gegeben und der Cellist nur drei Saiten auf seinem Instrument gehabt habe. Wir gehen der Geschichte nach, weil vermutlich nie ein Klavier in einer ähnlichen Notlage eine so nachwirkende Apotheose erfahren hat. Wo aber die Recherche beginnen?

Auch der Biograph Alain Perier formuliert über dünnem dokumentarischem Grund. »Wahrscheinlich wurde seit Komponistengedenken noch nie ein Werk unter solch unwahrscheinlichen Umständen geschaffen«, schreibt er, und er rühmt die »unbeugsame Hartnäckigkeit, mit der der Künstler zwischen seinen Diensten in der Sanitätsbaracke die Kraft und die Zeit findet, sich in seine Komposition zu vertiefen«. Und Perier entrückt das Ereignis dann vollends ins Märchenhafte: »Die Welt ist dem Wahnsinn des Dritten Reiches ausgeliefert, aber gute Feen wachen über Messiaen. Er wird bereits 1942 repatriiert und sofort zum Harmonieprofessor am Pariser Conservatoire ernannt.«

Das Klavier im Gefangenenlager, unter den Bedingungen

des Elends inmitten von Krieg und Terror – diese Ausnahme-situation gehörte zu den ersten Visionen für dieses Buch. Mit-samt den Fragen: Wie spielt sich so etwas konkret ab? Ist das Vorhandensein des Instruments schon ein Entwarnungszei-chen, ein Zivilisationssignal? Waren die Verhältnisse, wenn es denn ein Klavier gab und die Möglichkeit, darauf zu kom-ponieren und zu musizieren, doch eher glimpflich, eher nicht so, wie es das Kürzel STALAG befürchten läßt? Wie hat es im STALAG VIII A, im Kriegsgefangenenstammlager in Görlitz-Moys an der Seidelberger Straße, ausgesehen? Wie waren die Lebens-, die Überlebensbedingungen, wenn da ein Stück ent-stehen konnte, das in die Kompositionsgeschichte des 20. Jahr-hunderts eingegangen ist? Wie konnte es da Freiraum zum Komponieren, wie einen Spielraum für die Aufführung eines anspruchsvollen, schwierigen und thematisch provokativen Quartetts geben?

Wie war das Ereignis vorstellbar, wenn man nicht, wie der Biograph, gute Feen bemühen wollte? Und wie darstellbar, nachdem der Komponist sich doch so lakonisch ausgeschwie-gen hatte? Wen würde man für weitere Recherchen befragen müssen? Ehemalige Mitgefangene? Lebte vielleicht noch ei-ner von den Mitspielern an jenem denkwürdigen Januartag des Jahres 1941? Sollte man sich an das Ratsarchiv der Stadt Gör-litz wenden oder ans Internationale Rote Kreuz, das ja eine Art Aufsicht über die Lager zu führen versuchte? Gab es viel-leicht eine polnische Quelle, denn Görlitz-Moys liegt heute in jenem Teil der Stadt, der zu Polen gehört.

Und dann erschien doch noch eine gute Fee, die in Görlitz lebende Schriftstellerin Hannelore Lauerwald, die alle diese Re-cherchen in jahrelanger Kleinarbeit unternommen und sie in zwei Zeitschriftenpublikationen dargelegt hat: in einem Be-richt über die Lagerverhältnisse und in einem Interview mit dem Cellisten der Uraufführung, Etienne Pasquier, das dieser noch kurz vor seinem Tod im Jahre 1997 geben konnte.

1939, im Alter von 31 Jahren, wird Olivier Messiaen zum Wehrdienst einberufen. Er ist da schon kein Unbekannter mehr:

Der vielfach preisgekrönte Musiker, der virtuose Organist (an der Sainte Trinité in Paris), der Schüler von Paul Dukas und Begründer der Gruppe »Jeune France« (mit Yves Baudrier, André Jolivet und Daniel Lesur) hat schon mit einer Reihe von Kompositionen auf sich aufmerksam gemacht, so mit den »8 Préludes« (1929), der »Fantaisie burlesque en F« und einer Hommage für seinen Lehrer, der »Pièce pour le Tombeau de Paul Dukas« (1935). Die Einberufung reißt ihn auch aus seiner Lehrtätigkeit an der École Normale du Musique.

Als Anfang Mai 1940 mit dem deutschen Einmarsch in Frankreich der Krieg beginnt, wird Messiaen, der einfacher Soldat ist, als Sanitäter eingesetzt. Am 23. Juni, zwei Tage vor Inkrafttreten des Waffenstillstands, wird die Kompanie, der Messiaen angehört, bei Verdun eingeschlossen. Die Gefangenen werden in einem aufreibenden Marsch nach Nancy gebracht und auf einem Kasernenhof festgehalten. Messiaen klaut sich ein Fahrrad und versucht die Flucht, wird aber schon bald darauf in einem nahen Wald von einer deutschen Patrouille aufgegriffen und in ein anderes Lager mit dreitausend Gefangenen eingeliefert.

Zu den Habseligkeiten, die Messiaen in seinem Brotbeutel bei sich hat, gehören auch ein paar Taschenpartituren: Bachs »Brandenburgische Konzerte«, Strawinskys »Les Noces« und Alban Bergs »Lyrische Suite«. Schon in diesem Auffanglager (nicht erst in Görlitz, wie die bisherige Lesart besagt) trifft er auf zwei der Musiker, die später, bei dem Quartett, mit von der Partie sein werden: Etienne Pasquier und Henri Akoka. Und für Akoka, der seine Klarinette offenbar bei sich hat, komponiert Messiaen ein Stück, das die Keimzelle eines späteren Trios, des Intermezzos im Zeiten-Stück bildet.

Apokalypse im Arbeitslager

Im Sommer 1940 werden die französischen Gefangenen, quer durch Deutschland, nach Görlitz transportiert. Auf dem fünf Hektar großen Gelände, einem ehemaligen Exerzierplatz, stehen an die fünfzig Baracken, in denen zeitweilig mehr als zwanzigtausend Gefangene dichtgedrängt untergebracht sind. Die meisten von ihnen werden zum Arbeitseinsatz in der näheren Umgebung eingeteilt, in Landwirtschaft, Bergbau, Handwerksbetrieben und Fabriken. Etwa siebenhundert tun im Lager selbst Dienst: als Sanitäter, in Küche, Kantine, Wäscherei und anderen Hilfstätigkeiten. Auch Olivier Messiaen wird einer der beiden Sanitätsbaracken zugeteilt, wo das Personal, einschließlich der Ärzte, aus belgischen und französischen Kriegsgefangenen besteht. Nur der Leiter ist ein deutscher Militärarzt.

Der Cellist Pasquier berichtet: »Wir waren in Baracken untergebracht. Ich kam in die Baracke der Köche, da ich zur Küche abkommandiert worden war. Diese war riesig groß, denn schließlich mußten mehrere tausend Kriegsgefangene verpflegt werden. Dafür hatten wir 40 Köche ... Das Mittagessen wurde gegen 11 Uhr vormittags ausgegeben. Die Gefangenen stellten sich in langen Reihen an. Aus großen Behältern teilten wir dann das Essen aus. Es war immer verkocht. Man hatte einfach alles in kochendes Wasser geworfen, Kartoffeln, Kraut und Rüben ... Am Morgen mußte man sich etwas Brot übrig behalten, um es mit dem Mittagsbrei zu essen. Die Köche hatten immer genug zu essen und auch Geld, denn sie ließen sich Extrakartoffeln einzeln bezahlen. Wenn die Wachleute nicht herschauten, bekam Messiaen von mir immer eine Extraportion.«

Daß Messiaen Künstler, Komponist, ein in Frankreich bekannter Musiker ist, scheint sich rasch herumzusprechen. Ein deutscher Hauptmann verschafft ihm Bleistifte und Notenpapier: Zwischen seinen Schichten kann er jetzt auch komponieren. Aber wo? Die Barackenhälften sind mit jeweils etwa zweihundert Gefangenen belegt: Da bleibt als Rückzugsmöglichkeit nur die Matratze auf dem dreistöckigen Bett. Aber nach dem Bericht Pasquiers hatte der Komponist auch die Erlaubnis, sich in einen Winkel der Kirchenbaracke zurückzuziehen und also ungestört zu arbeiten.

Aber schon bevor Messiaen ins Lager kam, gab es dort kulturelle Aktivitäten. Die ersten Gefangenen waren im Herbst 1939 polnische Soldaten gewesen, die sich zu kleinen Gruppen zusammentaten, um den übrigen irgendeine Form von Unterhaltung zu bieten. Diese Art des »Kulturlebens« wurde dann im Sommer und Herbst 1940 durch den Zuwachs der vielen tausend französischer und belgischer Soldaten verstärkt und erleichtert: Die Lagerleitung stellte die Baracke Nr. 27 als Theaterraum zur Verfügung: In den Bettentrakt kamen Holzbänke, die Waschräume wurden Bühne, und ein kleinerer Raum diente als Theaterwerkstatt und Requisitenkammer.

Das unerhörte Unternehmen »Quattuor pour la Fin du Temps« ist also in eine gewisse Plausibilität eingebettet, kein einsames Einsprengsel von Hochkultur in eine Umgebung von Barbarei. Es war zudem, auch in seinem Anspruch, vorbereitet durch Vorträge, die Messiaen vor seinen Mitgefangenen hielt. Einer der Zuhörer, der Abbé Jean Brossard, damals ein junger Priester, erinnert sich: »Mein erstes Zusammentreffen mit Olivier Messiaen fand anläßlich eines Vortrages statt, den er in der Theaterbaracke hielt. Das Thema lautete: ›Farben und Zahlen in der Apokalypse‹. Schon dieses Thema zeigt die Einmaligkeit seiner Persönlichkeit und seiner mystischen Tendenzen.«

Wann aber kam das Klavier ins Spiel? Seit wann gab es das im Lager? Etienne Pasquier berichtet, man habe es eigens für Messiaen herangeschafft, einen Klapperkasten allerdings, »bei dem schon die Tasten hingenblieben«. Ob Messiaen es sich gewissermaßen herbeikomponiert hat, die Klavierstimme eingesetzt, um sich sein Instrument zu beschaffen? Oder umgekehrt: die ursprüngliche Trio-Besetzung (des Intermezzos) zum Klavierquartett erweitert, weil auf einmal das Klavier da war? (Zum Komponieren allein hätte er es nicht gebraucht.) Wie auch immer: Auf einmal steht da auf der kleinen, notdürftig gezimmerten Bühne der Baracke 27 auch ein Klavier.

Das Cello durfte sich Pasquier selbst besorgen. Er erhielt die Erlaubnis, mit einem Wachsoldaten das Lager zu verlassen und bei einem Instrumentenbauer in Görlitz ein Instrument auszusuchen und zu kaufen. Er bezahlte mit Geld, das die Lagerinsassen untereinander gesammelt hatten. Pasquier widerspricht übrigens energisch einer der Legenden, die sich um die Uraufführung ranken: daß er nur auf drei Saiten habe spielen müssen: »Ja, das hat Messiaen nach der Uraufführung immer wieder behauptet. Tatsächlich habe ich aber auf vier Saiten gespielt. Ein so schweres Stück, wie es Messiaen komponiert hat, kann man nicht auf drei Saiten bewältigen.«

Die Uraufführung fand, nach wochenlangen Proben, am 15. Januar 1941, einem Mittwoch, abends um 18 Uhr statt. Pasquier erinnert sich an die Umstände: »Es war eiskalt draußen, Erde und Dächer mit Schnee bedeckt. Bekleidet waren wir auf die abenteuerlichste Weise. Messiaen und auch wir anderen Musiker hatten alte, überall geflickte Uniformen an, an den Füßen trugen wir Holzschuhe. Die waren wärmend und gut für das Gehen im Schnee, aber es tat auch weh an den Füßen.«

Die lange Probenzeit und der dadurch entstandene Nimbus um die Lager-Komposition hatte unter den Gefangenen für großes Interesse gesorgt. Es scheint, daß viele dabeisein wollten, auch die, denen moderne Musik nichts sagte, ja, die keine Ahnung hatten, was sie überhaupt erwarten würde. In der Messiaen-Literatur wird von viertausend Zuhörern gesprochen. Der Biograph Alain Perrier schreibt: »Wie groß muß die Ergriffenheit der Tausenden von Gefangenen gewesen sein ...« Offenbar hatte sich für Messiaen, auf den die große Zuhörerzahl zurückgeht, der Wunsch Realität verschafft, für das ganze Lager zu spielen.

Aber auch dies hat Pasquier korrigiert: »Die Erwartung der Gefangenen war groß. Alle wollten kommen, uns zu hören, auch die Lagerleitung. Sie saß dann in der ersten Reihe. Alle Plätze waren besetzt, etwa 400, und man lauschte andächtig, in großer Verinnerlichung, einschließlich derer, welche Kammermusik vielleicht zum erstenmal hörten. Es war wundersam ...«

Von der Ergriffenheit durch die Aufführung, aber vom Befremden durch die Musik zeugt auch der Bericht des Abbé Brossard: »Ich war dabei, wie die meisten der im Lager anwesenden Geistlichen von Dr. Scholz, unserem deutschen, für uns verantwortlichen Lagergeistlichen dazu ermutigt ... In der ersten Reihe saßen die ›Lagerverantwortlichen‹, Offiziere der deutschen Wehrmacht. Die Beleuchtung war mäßig, ebenfalls die Temperatur, denn es war tiefster Winter und ungenügend Heizmaterial vorhanden. Es war auch schwer wegen des vielen Schnees, von einer Baracke in die andere zu kommen. Ich habe andächtig zugehört, ohne jedoch, ich gebe es zu, sehr begeistert gewesen zu sein von einer Musik, die mich damals absolut überforderte.«

Auf der Rückseite des mit rotem und schwarzem Stift gezeichneten Programmzettels hat sich Olivier Messiaen jeweils bei seinen Mitwirkenden bedankt. Die Widmung für den Cellisten lautete: »Für Etienne Pasquier – den herrlichen Grundstein des gleichnamigen Trios. Ich hoffe, daß er die Rhythmen, die Tonarten, die Regenbogen und die von seinem Freund in den Raum der Klänge geschlagenen Brücken nie vergessen wird; denn er brachte soviel Sorgfalt, soviel Genauigkeit, soviel Gefühl und sogar soviel Glaube und technische Perfektion in der Aufführung meines ›Quartetts auf das Ende der Zeit‹ auf, daß der Zuhörer hätte glauben können, daß er eine solche Musik sein Leben lang schon gespielt hat! Besten Dank und mit all meiner Zuneigung. Olivier Messiaen.«

Eine solche Musik: Die Aufführung im Gefangenenlager bleibt ein um so größeres Mirakel, als es sich nicht nur um ein Stück avancierter Kunst handelt (also im bornierten Nazi-Sinn damals um ›entartete Kunst«), sondern auch um ein Werk subversiver Assoziationen, ja, eines dauernden und immanenten Protestes. Das »Quartett auf das Ende der Zeit« bezieht seinen Titel aus der Apokalypse des Johannes, wo es im sechsten Vers des zehnten Kapitels heißt: »Es wird keine Zeit mehr sein.« Messiaen hat die Stelle aus der Offenbarung, die seiner Komposition zugrunde liegt, kondensiert zu einem Text, der, leicht abweichend vom Wortlaut der Bibel, so geht: »Und ich sah einen starken Engel vom Himmel herabkommen, mit einer Wolke bekleidet, mit einem Regenbogen auf seinem Haupt, und sein Antlitz wie die Sonne und seine Füße wie Feuersäulen. Und er setzte seinen rechten Fuß auf das Meer und den linken auf die Erde, und indem er auf dem Meer und auf der Erde stand, hob er die Hand vom Himmel und schwor bei dem, der da lebt von Ewigkeit zu Ewigkeit und sagte: Es wird keine Zeit mehr sein; sondern in den Tagen, wenn der siebente Engel seine Stimme erheben und seine Posaune blasen wird, dann ist vollendet das Geheimnis Gottes.«

Olivier Messiaen hat die apokalyptische Dimension des Mordens, das Unausdenkbare des Genozids in jenen Tagen seiner Gefangenschaft noch nicht wissen, vielleicht schon erahnen können – aber er hat in seiner Musik, mit der Intuition des Künstlers, das Entsetzen der Menschen in solchem Inferno, in solcher Maschinerie des Hasses, schon zum Ausdruck gebracht. Vielleicht hat er mehr Trost versprochen, mehr Schönheit hineinkomponiert, mehr Engelsstimme, als solchem Entsetzen gemäß war. Aber am Ende der Zeit, an einem klapprigen Klavier, übersteigt die Anmut leicht den Mut.

Ein Flügel als Lebensretter

Theresienstadt, das Konzentrationslager in einer alten Festung. Unter den Zehntausenden von Gefangenen ist auch die tschechische Pianistin Editha Steinerova-Krausova. Sie ist eine von vielen Künstlern und Musikern, die in den Jahren nach 1941 hierher verschleppt worden sind. Nun droht ihr das Schicksal, das hier alle fürchten, das bis zur Befreiung am 8. Mai 1945 fast neunzigtausend Häftlinge erlitten haben werden: die Deportation, der Tod in den Gaskammern von Auschwitz.

Editha Steinerova-Krausova ist ausgebildete Konzertpianistin. In den Monaten des Lageraufenthalts mußte sie, wie alle andern, zehn Stunden am Tag arbeiten; sie war in den Glimmerwerkstätten beschäftigt. die für die deutsche Rüstungsindustrie produzierten. Aber am Abend hatte sie Gelegenheit, eine Stunde lang auf einem Flügel zu üben, der keine Beine hatte und auf Kisten stand. »Das alte Möbel war kein schöner Anblick, der Lack war gesplittert, und das Holz war beschädigt. Doch nachdem der Klavierstimmer (Rudolf?, Jiří?) Pick es wieder hergerichtet hatte, zeigte sich sein wahrer Wert.« So berichtet es Milan Kuna in seinem Buch »Musik an der Grenze des Lebens«.

Die Steinerova hatte kein Aufhebens von ihrer Professionalität gemacht, unter dem Druck der Gefahr tat sie es. Sie bat die Beauftragten des jüdischen Ältestenrates, sie in das Programm der »Freizeitgestaltung« aufzunehmen: Sie wolle für die Häftlinge einen Klavierabend geben. Das Instrument wurde, mitsamt den Kisten, in die sogenannte Magdeburger Kaserne geschafft, und dort spielte sie ein Programm mit Werken von Bach, Chopin und Mozart. Es war, wie sich herausstellen sollte, die Rettung, nicht nur vor der unmittelbaren Bedrohung. Sie gehörte nun zur Gruppe jener Häftlinge, die »abgestellt« waren zur Unterhaltung der übrigen. Das war zwar kein dauerhafter Freibrief; aber Editha Steinerova-Krausova hat das Lager überlebt.

Selbst in Auschwitz hat es, wie der früh verstorbene polnische Schriftsteller Tadeusz Borowski erzählt, Klaviere gegeben, auf dem allerdings Häftlinge für die SS spielen mußten. Aber Theresienstadt war unter allen KZ eine Besonderheit. War Auschwitz die Hölle, so war Theresienstadt die Vorhölle. Die Festungsstadt wurde gegen Ende des Jahres 1941 zunächst als eine Art Ghetto für Juden aus dem Protektorat Böhmen und Mähren eingerichtet, zunächst für nur wenige Menschen, die unter strenger Aufsicht lebten. Musizieren und der Besitz von Instrumenten waren verboten. Als sich im Sommer 1942 das Lager immer mehr füllte und den spürbar verhängnisvollen Charakter einer Zwischenstation vor dem Abtransport in den Tod bekam, förderte die SS zur Ablenkung die »Freizeitgestaltung« und deren Organisation durch jüdische Häftlinge, darunter der Rabbiner Erich Weiner. Die Auftritte, die so ermöglicht wurden, dienten einerseits der Unterhaltung und der

Aufhebung der Ängste, andererseits aber waren sie alle Variationen auf »das Ende der Zeit«, von dem jeder im Lager wußte.

1943 begann dann so etwas wie die Umwandlung Theresienstadts in ein Potemkinsches Dorf. Fast ein Dreivierteljahr lang fanden keine »Transporte« statt, und die Nazi-Propaganda sprach nicht mehr von einem Ghetto, sondern von einem »Reichsaltersheim« für Juden. Vor allem in dieser Phase wurden viele tschechische und slowakische Prominente eingewiesen, darunter zahlreiche bekannte Musiker. Erlaubt waren nun nicht nur die Bildung eines Orchesters und mehrerer Kammermusik-Ensembles, sondern auch Opernaufführungen (unter Rafael Schächter): So gab es Smetanas »Verkaufte Braut« und »Der Kuß«, ja sogar Mozarts »Figaros Hochzeit«. Für Kinder wurde Hans Krásas Kinderoper »Brundibar« einstudiert und mehrfach gespielt.

Alle diese Konzerte, diese Kabarettabende, die Vorträge in Theresienstadt sind Balanceakte zwischen Genuß und Grauen, zwischen Erhebung und Panik. Es ist eine Scheherezade-Situation für die Musik: Solange sie spielt, haben die Zuhörer den Vorschein des Schutzes, haben die Spieler die Illusion des Zeitgewinns. Musik als Verheißung und Lüge, als Selbstbehauptung und Camouflage. Musik als Trost für die, die nicht bei Troste sein können. Musik als Teil jener Todesfuge, die Paul Celan der Barbarei abgetrotzt hat. Alle Künstler, die sich da um die Klassiker bemühen oder eigene Kompositionen spielen, gehorchen – und sie wissen das – jener mörderischen Stimme, die da ruft:

»... spielt süßer den Tod der Tod ist ein Meister aus
Deutschland
er ruft streicht dunkler die Geigen dann steigt ihr als Rauch
in die Luft
dann habt ihr ein Grab in den Wolken da liegt man nicht
eng«.

Nur wenige hatten das Glück der Editha Steinerova. Die 32 Jahre alte Pianistin Julietta Arányiova hatte sich, wie sie, besonders rege am Konzertprogramm für die Häftlinge beteiligt.

Ihrer Initiative war zum Beispiel ein Mozart-Abend zu danken, der am 17. April 1944 mit einigen Kammermusikern veranstaltet wurde: Es gab das Klaviertrio in Es-Dur, das Klavierquartett in g-Moll, und als Solistin spielte sie die Sonate in F-Dur. Die Arányiova stammte aus Bratislava und war dort schon eine gefeierte Künstlerin, der der Komponist Viktor Ullmann (der ebenfalls in Theresienstadt gefangen war) sein zweites Klavierkonzert gewidmet hatte. Fast ein Jahr zuvor, im September 1943, hatte sie einen Soloabend gegeben, der die Breite ihres Repertoires spiegelte: eine der französischen Suiten von Bach, wiederum eine Mozartsonate, drei Stücke aus den Zwölf Préludes von Debussy und Chopins f-Moll-Fantasie. Der Abend war so umjubelt, daß sie ihn mehrfach wiederholen mußte.

Auch der Mozart-Abend fand nicht nur einmal statt. Über eine Wiederholung am 7. Juli 1944 hat ein Mithäftling, Willi Mahler, Tagebuch geführt: »… nehmen wir am Konzert im Rathaussaal teil. Auf dem Programm sind Werke von Wolfgang Amadeus Mozart. Das Trio für Violine, Bratsche und Klavier erfüllt die Zuhörer mit wohltuender Ruhe und Helligkeit. Das einschmeichelnde Grundmotiv windet sich in verschiedenen Tonarten durch das ganze Werk. Karel Fröhlich, Romuald Süssmann und Julietta Arányicva verliehen der Komposition eine individuell künstlerische Prägung. In der Sonate für Klavier in F-Dur hatte die Arányiova die Möglichkeit, ihr vollkommenes Können vorzuführen … Das Publikum spendete den Mitwirkenden großen und verdienten Beifall.« Die Notizen Mahlers – so laienhaft sie sich lesen mögen – verraten mit der Wendung von »wohltuender Ruhe und Helligkeit« etwas von der Spannung, die über diesem Konzert lag. Es war der letzte Auftritt der jungen Pianistin. Wenige Tage später wird sie einem Transport nach Auschwitz zugeteilt.

Aus dem Sommer 1944 hat Willi Mahler auch noch andere Theresienstädter Konzerte überliefert, so einen Chopin-Abend mit Alice Herzova-Sommerova, die über das größte Repertoire der im Lager inhaftierten Künstler verfügt zu haben scheint:

auch die »Appassionata«, »Les Adieux«, Schumanns »Carnaval« und die Fantasiestücke, die g-Moll-Rhapsodie von Brahms, sowie eine der in Theresienstadt komponierten Klaviersonaten Ullmanns beherrschte sie. Über das – wegen der fehlenden Übemöglichkeiten – besonders bravouröse Chopin-Konzert mit den Opera 10 und 25 begeistert sich Mahler: »Sie spielte 24 Etüden von Chopin brillant wie eine große Künstlerin ... Die Klaviertasten erwachen unter ihren Händen zu wirklichem Leben, sie rasen, wachsen, beruhigen, lassen vergessen und versetzen in fast rauschhafte Wonne. Die Töne der Musik sind wunderschön, leise, sanft, harmonisch und wiederum tosend. Chopins Werk wurde von der Künstlerin auswendig gespielt. Man bereitete ihr rauschende, verdiente Ovationen, die kein Ende nehmen wollten.«

Die meisten Konzerte – mehr als dreißig – hat offenbar die Pianistin Renée Gaertner-Geiringer gegeben, die aus Wien stammte. Auch ihr Repertoire war umfangreich, reichte von Bach bis zu César Franck, umfaßte Beethoven und Brahms, aber auch Chopin, Schumann und Schubert. Auch drei Pianisten konzertierten in Theresienstadt: Carlo Taube, Bernhard Kaff und Gideon Klein. Klein war auch Komponist und wirkte bei den Opernaufführungen als Korrepetitor mit.

Jeder, der da auftritt, spielt nicht nur für die Zuhörer, jeder und jede spielt auch ums eigene Leben. Jede und jeder hat nicht nur die übliche Virtuosenangst, sondern die existentielle Panik, zu versagen und aus dem Künstlerprogramm gestrichen und desto eher deportiert zu werden. Und jeder Auftritt ist ein doppeltes Risiko: weil der Tag mit Arbeit ausgefüllt ist, die die Hände lähmt, die Finger schwerfällig macht, weil die Ernährung katastrophal ist.

Der Sommer 1944 bedeutete noch einmal eine Steigerung der makabren Situation in der Vorhölle Theresienstadt. Einerseits wurden die Transporte bis zum 17. Oktober 1944 verstärkt fortgesetzt – niemand konnte sich mehr in Sicherheit glauben –, andererseits wurde die alte Festung zu einer Art Vorzeigelager ausstaffiert: Die SS inszenierte Gemütlichkeit, Fassaden wurden gepinselt, Gemüsegärten angelegt, junge Mädchen mußten plötzlich Volkslieder singen, einige Unterkünfte wurde neu ausgestattet – denn es stand eine Inspektion durch eine Kommission des Internationalen Roten Kreuzes an. Die kam am 23. Juni und ließ sich von den Machenschaften der Lagerleitung blenden. Woraufhin Gestapo und SS ihren Mutwillen noch weitertrieben und von dem inhaftierten jüdischen Regisseur Kurt Gerron einen Film drehen ließen mit dem perversen Titel »Der Führer schenkt den Juden eine Stadt«. Die Dreharbeiten waren nichts als eine zynische Galgenfrist. Kaum waren die »idyllischen« Szenen abgedreht, wurden fast alle Mitwirkenden nach Auschwitz deportiert.

XVI
Große Worte – neue Klänge
oder: Provokationen in der Provinz

Die Gestalt aller künstlerischen Utopie heute
ist: Dinge machen, von denen wir nicht wissen,
was sie sind.

Theodor W. Adorno

So kann man sagen, daß in der Mitte dieses
20. Jahrhunderts der große »romantische« Bogen, der auch so viele extreme Auswüchse gezeigt hatte, eigentlich abgeschlossen schien ...
Man schaute wieder in die Sterne, begann
intensiv zu messen und zu zählen.

Karlheinz Stockhausen

Experimentierfeld tabula rasa

Im Anfang war die Zivilcourage. Darmstadt, März 1945. In den letzten Tagen des Krieges geht ein Mann auf den Polizeitrupp zu, der hinter einer rasch aufgebauten Panzersperre an einer Ausfallstraße mit letzter Kraft das tausendjährige Nazireich verteidigen soll, und sagt den Leuten, sie sollten das doch lassen, die Waffen wegwerfen und einfach nach Hause gehen. Und es ist, als habe der Anführer des selbstmörderischen Kommandos nur auf dieses Wort gewartet: Er befiehlt Wachablösung, läßt seine Männer abziehen. Hier, an einem Chausseehaus in Darmstadt, siegte, vor den Amerikanern, die Vernunft.

Von Darmstadt war ohnehin nichts geblieben. »Die vernichtete Stadt liegt da wie ein totes Schmuckkästchen. Die Trambahn fährt von einem zum andern Stadtende wie über einen feierlich geharkten Friedhof.« So sah Erich Kästner die Stadt noch ein Jahr später. Gerade auf dieser tabula rasa aber war der Ort für Neues. Hier gab es – unbeschadet der Trümmerwüste – einen Genius loci aus Provinz und Experimentierfreude, aus gewitzter Regionalität und weltläufigem Widerspruch. Darmstadt war geistige Region, seit Georg Christoph Lichtenberg aus dem benachbarten Oberramstadt den Ruhm seines Scharfsinns hierhin zurückgestrahlt hatte; seit Georg Büchner, das Revolutionsgenie, seine aufstörenden Dramen in den wenigen Jahren, die ihm zum Leben blieben, zur Welt gebracht hatte; seit Ernst Elias Niebergall die Residenzverhältnisse dem Spott derer preisgegeben hatte, die in ihnen hausten. Darmstadt war zerstört, aber es war zivil, und durch die Ruinen pfiff der Wind der Weltoffenheit. Sogar die Besatzer kamen poetisch: Wystan Hugh Auden, der englische Lyriker, quartierte sich als Mitglied eines britischen Psychologenteams in einer Villa ein, deren Bewohner Selbstmord begangen hatten. Und der Mann, der den Verteidigungstrupp heimgeschickt hatte, wurde nun Bürgermeister: Ludwig Metzger.

Da der Wiederaufbau der Stadt auf sich warten läßt, baut man auf Pläne. Da Steine knapp sind, hält man sich an die Kultur, die neu zu finden, zu erfinden ist. Metzger macht in dieser Tabula-rasa-Situation einen jüngeren Mann zum Kulturreferenten, der das Naziregime als freiberuflicher Musikkritiker distanziert überstanden hatte: Dr. Wolfgang Steinecke. Zu den ersten Projekten, auf die sich Steinecke konzentriert, gehört die Idee eines »Internationalen Ferienkurses für Neue Musik«. Die wird schon 1946, auf dem unzerstörten Jagdschloß Burg Kranichstein, nur wenige Kilometer vom nicht mehr vorhandenen Stadtzentrum, zum erstenmal realisiert. Und das erste Programmheft sieht noch einmal dem Abgrund ins Auge, in den zwölf – oder waren es wirklich tausend? – Jahre lang deutsche Kunst versunken war:

»Hinter uns liegt eine Zeit, in der fast alle wesentlichen Kräfte der neuen Musik aus dem deutschen Musikleben ausgeschaltet waren.« (Noch bedient sich auch ein gutwilliger Text der Nazi-Vokabeln.) »Zwölf Jahre lang waren Namen wie die Hindemiths und Strawinskys, Schönbergs und Kreneks, Milhauds und Honeggers, Schostakowitschs und Prokoffiews, Bartóks, Weils und vieler anderer verpönt, zwölf Jahre lang hat eine verbrecherische Kulturpolitik das deutsche Musikleben seiner führenden Persönlichkeiten und seines Zusammenhanges mit der Welt beraubt.« Jetzt ergehen von Darmstadt aus Einladungen an Musiker in aller Welt, vor allem an Emigranten wie Schönberg und Krenek, wie Eduard Steuermann und Peter Stadlen.

War das erste Treffen noch eine Zusammenkunft und Werkschau deutscher Komponisten, so trafen in den folgenden Jahren mehr und mehr ausländische Gäste ein, und die Teilnehmer holten die verdrängte Avantgarde nach. 1948 referierte René Leibowitz über die Zwölftonmusik Arnold Schönbergs, und Stadlen spielte dessen spätes Klavierkonzert. 1949 kamen mit Josef Rufer und Willi Reich weitere Musiker aus dem Kreis der Zweiten Wiener Schule.

Und hier, in Darmstadt, begegnen wir auch Olivier Messiaen wieder, der – wie fast ein Jahrzehnt zuvor im Straflager von Görlitz – nun auch in der Idylle zu arbeiten beginnt und die Ferienkurse mit einer Komposition beschenkt: mit seinem furoremachenden Stück »Mode de valeurs et d'intensités«. Es wird die zweite von vier »Études de rythme« sein, und es wird, in der Jahrhundertmitte, ein zentraler Impuls für das nächste Jahrzehnt des Komponierens, das von der Serialität bestimmt ist. In diesem »Modus der Zeitmaße und der Tonstärken« sind neben den beiden im Titel bezeichneten Parametern auch Tonhöhen und Anschlagsarten von vornherein definiert. Der Autor legt auf einem Vorsatzblatt sein Material aus: Es enthält 36 Tonhöhen, 24 Tondauern, zwölf Anschlagsarten und sieben Lautstärkegrade (vom ppp bis zum fff). Bei den »Attaques« (den Anschlagsarten, also der Klangfarbe) unterscheidet er die folgenden:

(avec l'attaque normale, sans signe, cela fait 12.)

und schon daraus geht hervor, welche Spielkultur ein Pianist besitzen muß, um die Unterschiede nicht zu verwischen und die Programmatik deutlich zu machen. Die 36 Tonhöhen sind in drei sich überlagernde und überkreuzende Zwölftongruppen aufgeteilt und auf drei Systemen notiert.

Das Revolutionäre an der Komposition« ist, daß Messiaen erstmals die vier Elemente der Musik, die vier Dimensionen des Komponierens als handhabbar herausstellt: Vor allem die Klangfarbe wird als gleichberechtigte Größe emanzipiert. Bei aller Erweiterung des musikalischen Materials aber setzt sich Messiaen strikte Grenzen. Jede Tonhöhe erhält »eine fest mit ihr verkoppelte Zeitdauer, ebenso von vornherein bestimmt sind ihre Lautstärke und ihre Anschlagsart, so daß das H' immer nur im oberen System, als punktiertes Viertel, im Piano und mit Tenutozeichen versehen, auftritt.« (Ulrich Dibelius) Ein Rigorosum der Schönbergschen Reihe hebt der Komponist allerdings auf: Jeder Ton der Reihe kann zu jeder Zeit wiederkehren.

Ein Widerspruchsgeist namens Stockhausen

Im Herbst 1950 verschickt Steinecke einen Brief an Kompositionslehrer, Musikhochschulen und Musikredakteure von Zeitungen und Rundfunkanstalten, in dem es heißt: »Hiermit werden Komponisten, deren Geburtsdatum zwischen 1916 und 1931 liegt, aufgefordert, bis zum 15. Januar 1951 geeignete Kompositionen (mit Ausnahme von Bühnenwerken) an das Kranichsteiner Musikinstitut (Darmstadt, Lagerhausstr. 9) einzusenden.« Es war der Versuch, nach den ersten fünf Jahren der Retrospektive und der Wiederanknüpfung nun auch eine neue Generation von Komponisten anzusprechen und aktiv in das Darmstädter Experiment einzubeziehen. Im Sommer 1951 sitzen dann unter den etwa einhundert Teilnehmern einige ganz Junge, die sich mit Namen vorstellen, die sie sich erst machen werden: Karlheinz Stockhausen, Pierre Boulez, Hans Werner Henze, Luigi Nono, Gottfried Michael König. Der junge Holländer Karel Goeyvaerts hat eine Komposition eingereicht, über die es zu einer heftigen Kontroverse kommen sollte.

Goeyvaerts findet wenig Resonanz mit seiner Idee von einer »statischen Musik«, wie er es nennt. »Mein Parameter verbindendes Prinzip der ›synthetischen Zahl‹ glich noch eher ›Hirngespinsten‹. Nur ein junger Mann sah etwas darin und fragte mich dann auch weiter aus: Karlheinz Stockhausen. Ich erinnere mich noch, wie er beim Mittagessen die ›geistlichen‹ Gründe‹ meiner neuen Technik anderen erklären wollte. Ich hatte ihm alles in einem Mischmasch von Deutsch und Englisch erzählt, aber trotz meiner Stammelei hatte er es rasch begriffen.«

Stockhausen springt auch am zweiten Klavier ein, als das Stück aufgeführt wird – es ist ein Werk, das die Ton-Reduktion Weberns noch weitertreibt. Und als die wenigen Töne verklungen sind, kommt aus dem Publikum die Frage: »Warum haben Sie das für zwei Klaviere komponiert?« Der da fragt, ist kein Banause, sondern so etwas wie der Philosoph und Präzeptor der Neuen Musik: Theodor W. Adorno. Aber der Einwurf produziert Gelächter. Und da steht der noch nicht dreiundzwanzigjährige Stockhausen auf, gibt aus dem Stegreif eine längere Analyse des Stückes, offenbar unangefochten von der Autorität des berühmten, gestrengen Analytikers. Adorno fühlt sich bei der Komposition an Joseph Matthias Hauer erinnert: das ist nach seinen Maßstäben kein Lob. Aber als er, der Experte für Zwölftonmusik, der Schüler Bergs und der Berater Thomas Manns bei den Musikpassagen seines »Dr. Faustus«, dann formale Kriterien wie Motiv, Vordersatz, Hauptsatz ins Spiel bringt, hat der junge Stockhausen den ersten von vielen provokativen Auftritten, für die er (auch) berühmt werden wird: »Herr Professor, Sie suchen ein Huhn auf einem abstrakten Bild.« Noch ist er gar nicht mit einem eigenen Werk vertreten, schon aber hat er seine zukünftige Rolle übernommen: als Wortführer der jüngsten, radikalsten, neuen Musik. Adorno behält die Szene in Erinnerung; später wehrt er sich in einem Rundfunkvortrag mit der Bemerkung: »Daß aber die Kritik die jüngsten Gebilde losgelassener Rationalität nicht verstünde, kann ihr deshalb nicht vorgeworfen werden, weil sie dem eigenen Programm nach nicht verstanden, nur bewiesen werden wollen.«

Aber die Kontroverse mit Adorno ist nur die Folie eines größeren Konflikt. Hinter der Idyllik des Darmstädter Musiksommers 1951 geistert ein Schemen von Verschwörung und Fronde, deren Opfer Arnold Schönberg sein sollte. Dabei war just ihm die Thematik der Ferienkurse gewidmet, und am 2. Juli fand, unter der Leitung Hermann Scherchens, die umjubelte Uraufführung einer Szene aus der Oper »Moses und Aron« statt, des Tanzes um das goldene Kalb. Und eigentlich hatte Schönberg selbst kommen wollen: Seit drei Jahren hatte sich Steinecke in einer geradezu hingebungsvollen Korrespondenz darum bemüht, Schönberg aus seiner kalifornischen Ein-

siedelei herauszuholen und in diesem neuen Darmstadt will-
kommen zu heißen; Ende April hatte er dann, »zweifellos
nicht gesund genug für ein derartiges Unternehmen«, doch
abgesagt. Was wie Ausrede klingen mochte, wurde fatal be-
glaubigt: am 13. Juli, elf Tage nach dem Darmstädter Triumph,
starb Arnold Schönberg.

Was aber, wenn er doch gekommen wäre? Denn schon sprach
sich das böse Wort von Karel Goeyvaerts über Schönberg als
den »dodekaphonen Verdi« (Verdi sériel) herum. Und ein anderes Skandalon machte die Runde: Mit »Darmsatdt 1951« da-
tiert und betitelt mit »Schönberg ist tot!« gibt es eins der bö-
sesten Dokumente der Musikgeschichte des 20. Jahrhunderts,
ein Pamphlet des 26jährigen Pierre Boulez gegen den Schöp-
fer der Zwölftonreihe. Man denke doch: Gerade erst hatte eine
verspätete deutsche Komponistengeneration mit den Zwölf-
tönern zögernde, auch widerständige Bekanntschaft geschlossen, gerade hatte die Neuentdeckung begonnen, da sollte nun
in Darmstadt schon wieder eine neue Kampagne beginnen,
diesmal von Seiten einer rabiaten Avantgarde?! Wer den Daten nicht traut und die Zumutung für unmöglich hält, wird
heute aus Darmstadt beschwichtigt: Nie habe Boulez diesen
– skandalösen – Vortrag dort gehalten; er sei »aber unter den
jungen Komponisten, die sich vor allem mit Schönbergs radi-
kalstem Schüler Webern beschäftigten, ohne Zweifel Tagesge-
sprächstoff« gewesen. (Wilhelm Schlüter)

Boulez guillotiniert Schönberg

Diskutiert wurden dann also Sätze wie: »Aus Schönbergs Feder fließen nervtötende stereotype Tonsatz-Klischees in Fülle,
auch sie bezeichnend für romantische Großsprecherei und
Zopfigkeit. Wir meinen diese ständige Antizipation mit ex-
pressivem Akzent auf der Hauptnote; wir meinen die falschen
Vorhalte; die Arpeggioformeln, die Tremoli und Tonrepetio-
nen, die so schrecklich hohl klingen und die Bezeichnung

230

›zweitrangig‹ weiß Gott verdienen. Wie also könnten wir, ohne uns selber der Schwäche zu bezichtigen, bei einem Schaffen anknüpfen, das derartige Widersprüche und Unstimmigkeiten aufweist …«

Dabei hatte der ganz junge Boulez geradezu demonstrativ an Schönberg angeknüpft, als er bei Kriegsende seine »Notations« für Klavier schrieb, zwölf Zwölftonstücke von je zwölf Takten, und es war der Schönberg des Opus 11, der freien Atonalität, den er sich als knapp Zwanzigjähriger zum Vorbild für seine zweite Klaviersonate nahm, die in dem halben Jahrhundert seither zum Kanon des pianistischen Konzertrepertoires gehört. Wie der frühere Schönberg benutzt der junge Boulez das Klavier auch immer noch als Ausdrucksinstrument, und eine der erstaunlichsten Charakterisierungen stammt von ihm: »Je dirai que c'est l'instrument même du délir« – das Klavier als eigentliches Instrument des Deliriums, des Rausches, der Ekstase.

Was aber Boulez, als Schüler Messiaens, Schönberg eigentlich vorwarf, war, daß er auf halbem Wege stehengeblieben sei. Er gesteht ihm durchaus »eine der wichtigsten Umwälzungen, welche die musikalische Sprache je durchzumachen hatte« zu, doch habe er diese Umwälzung selber nicht recht begriffen, sei unfähig gewesen, »die Klangwelt auch nur zu ahnen, welche die Reihe von sich aus verlangt …; das Reihengesetz ist – da es nur die Rolle eines Regulierungsgeräts spielt – sozusagen unerkannt an Schönberg vorbeigegangen.«

Elektronik kontra Klavier

Aber noch eine dritte Provokation wühlte die Darmstädter Ferienkurse des Jahres 1951 auf – und sie betraf das Klavier unmittelbar. Während es bei den anderen Verstörungen doch auch immer noch – sei's als Demonstrationsobjekt, sei's als genuiner Klangkörper, sei's als Experimentierfeld – eine fast zentrale Rolle gespielt hatte, kam nun eine Schicksalsfrage auf, die zuallererst das Klavier betraf; die große faszinierte Frage nach einer Musik, die es noch gar nicht gab: der elektronischen Musik. Auch diese vorerst bloß virtuelle Klangwunschvorstellung war gewissermaßen – neben den auf Realisierung lauernden technischen Möglichkeiten – eine Folge der seriellen Idee: Während Rhythmus und Lautstärke noch ohne weiteres als Reihe auch auf dem Piano zu organisieren waren, haperte es mit der Klangfarbe. (Auch Messiaens zwölf Anschlagsarten waren letztlich nur Notbehelf.) Man konnte diesen Parameter nicht so weit gestalten, daß wirklich von einer Klangfarbenreihe hätte gesprochen werden können. Denn nun ging es darum, »in einer Musik die Klangfarben im wirklichen Sinne zu *komponieren*, das heißt aus Elementen zusammenzusetzen, und so das universelle Strukturprinzip einer Musik auch in den Klangproportionen wirksam werden zu lassen« (Stockhausen).

Und so gehört zum Verstörungspotential des Jahres 1951 auch ein Vortrag des Tonmeisters und Komponisten Robert Beyer über »Musik und Technik«, der nicht nur die Klangfarbe, sondern die Musik überhaupt neu zu erfinden unternahm.

»Die Musik ist heute am Ende einer tausendjährigen Entwicklung angelangt. Der haarscharfe Beweis hierfür ist ihre letzte Revolution. Sie hat eindeutig sichtbar gemacht, daß sich das bisherige Musiksystem nicht mehr steigern und um eine neue schöpferische Situation bereichern, sondern nur noch durchbrechen läßt. Mit der Atonalisierung des Materials sind die letzten Begrenzungen des bisher gültigen Formwesens durchstoßen worden. Das letzte große Formprinzip der Musik wurde ins Nichts aufgelöst und damit ein knapp hundert Jahre währender Auflösungsprozeß endgültig beendet.«

Und damit sollte nicht nur dem Klavier, sondern den Instrumenten überhaupt der Garaus gemacht werden, »weil der körpergebundene Klang mit seinen Begrenzungen zu eng geworden ist, um die neuen Klang- und Formvorstellungen, die als Positivum hinter der radikalen Destruktion stehen, in sich aufzunehmen und zur Gestaltung zu bringen«. Es sei, so Beyer, die Zeit gekommen, da die Musik »in die Freiheit des körper-entbundenen Klangs der Maschine drängt«.

Wie weit scheinen nun die Jahre entfernt, da man vom Klavier selbst als der wiederzuentdeckenden, zu entfesselnden Maschine gesprochen hat, vom Sieg der Maschine Flugzeug über die Maschine Klavier: Jetzt steht − wenn man Beyer plastisch interpretiert − ein Instrument wie das Piano allem Neuen nur im Wege. »Die neue Musik ist der Beweis, daß von dem körpergebundenen Klang kein Weg mehr in die Zukunft führt.« Und welcher Klang wäre körpergebundener, massiver, materialwuchtiger, in die Realität eingespannter als der des Klaviers? Soll es aber der Idee einer Musik weichen, die noch gar nicht da ist?

Es ist natürlich der geborene Provokateur Stockhausen, der sich die Utopie von den Möglichkeiten des elektronischen Klangs nicht zweimal sagen läßt. Er geht nach Paris, um bei Messiaen zu studieren, aber auch, um in dem elektronischen Studio Pierre Schaeffers zu experimentieren. Wenig später wird auch der WDR in Köln ein Experimentalstudio haben. Aber es ist derselbe Provokateur, der in dieser instrumenten-stürmenden Zeit dem Klavier − es neu aushorchend − die Treue hält. Stockhausen experimentiert mit der Elektronik, aber er spielt sie nicht gegen das Piano aus. In der als epochal ausgerufenen Umbruchssituation, bewahrt er die Balance und rettet das Klavier, nicht nur fürs eigene Komponieren, sondern auch exemplarisch, als Experimentalfeld und nach wie vor gültige Zugriffsfläche. Am 26. Januar 1954 schreibt er dem radikaleren Freund Goeyvaerts:

»Ich denke halt nicht, daß ein Sinuston qualitativ höher zu bewerten sei als ein Klavierton, daß die Realisation durch eine Maschine, die von Menschenhand bedient wird, qualitativ höher zu bewerten sei als durch einen Klavierspieler. Es gibt Vorstellungen, die sind nur elektronisch zu verwirklichen, weil sie entsprechende Forderungen stellen; und es gibt Vorstellungen, die mich ein Instrument wählen lassen, wie ich es jetzt erlebe. Es geht doch um Konsequenz und Klarheit des strukturellen Denkens. Ob ich mit Sinustönen arbeite, ist nicht eine Frage, ob Sinustöne ›reiner‹ als Klaviertöne seien (denn beide sind weder ›unrein‹ noch rein – sie sind so und so), sondern es ist eine Frage, ob ich ein bestimmtes Stück für Klaviertöne oder Sinustöne mir *vorstelle* ... Es scheint mir allerdings jetzt so zu sein, daß uns in Zukunft mehr Vorstellungen gegeben sein werden, die sich nur noch elektronisch verwirklichen lassen. Wir sollten also das tun, was uns je und je einfällt.«

Während die Debatte um die elektronische Musik erst Mitte der Fünfziger wirklich entbrennt – 1956 gibt es in Darmstadt eine lebhafte, von Ernst Krenek geleitete Diskussion über »Kompositorische Möglichkeiten der elektronischen Musik« –, schreibt der junge Stockhausen seine Klavierstücke I-VIII und XI und bewegt sich dabei wie ein Grenzgänger. Zwar bleibt er dem Klavier – zwischen elektronischen Kompositionen – treu, aber er übernimmt Erfahrungen aus der Arbeit im Tonstudio. »Das Klavier«, schreibt Herbert Henck, »war dabei jedoch das einzige Soloinstrument, dem sich Stockhausen in den fünfziger Jahren immer wieder zuwandte und dem er wie kaum ein anderer Spektren von neuartiger Schönheit abgewann.« Stockhausen experimentierte mit Flageolettwirkungen, neuartigen Pedalisierungsformen, durch die sich das Ausschwingen der Saiten modifizieren ließ. »Ein stummes Niederdrücken von Tasten gab beispielsweise bestimmte Saiten zur Resonanz frei und bewirkte eine Art Filterung des dem Anschlag folgenden Klangspektrums ... Das Ergebnis war eine reiche Palette von Oberton- und Echoklängen, die den Nachhall des Klaviers und sein einzigartiges Vermögen zu suggestiv perspektivischer Klangwirkung neuartig hervortreten ließ.« (Henck)

Das Darmstädter Publikum, inzwischen auf Schönberg, Berg und Webern, auf Krenek und Bartók eingestimmt, reagierte auf die neuen Stockhausen-Klänge verstört. Am 21. August 1954 spielte die belgische Pianistin Marcelle Mercenier die Klavierstücke I-V – wenige Tage vorher hatte sie, von den Schwierigkeiten verschreckt, Stockhausen in Köln aufgesucht und mit ihm zusammen geprobt. Der Abend in Darmstadt wurde ein wilder Skandal mit Pfiffen und Buhrufen. Die tapfere Interpretin wiederholte die Nummer V, ein gerade erst fertig gewordenes Stück. Erneuter Tumult.

Unter den Zuhörern des Abends ist der Komponist Bernd Alois Zimmermann, der in seinem pianistischen »Handbuch« mit dem Titel »Enchiridion« ebenfalls mit Klangfarben und Anschlagstechniken experimentiert hatte und nun seine Eindrücke folgendermaßen beschreibt: »Ich habe die Noten während der Uraufführung verfolgt und dabei festgestellt, daß die Mercenier tatsächlich den überwiegenden Teil der Noten richtig gespielt hat und sogar erstaunlicherweise einen größeren Teil der nach meinem Dafürhalten unspielbaren rhythmischen Figuren hingekriegt hat. Ich halte es für einen Mißgriff Stockhausens, die Stücke überhaupt für Klavier geschrieben zu haben. Die von ihm angestrebte rhythmische Differenzierung ist in ihrer mikroakustischen Verästelung auf dem Klavier gar nicht darzustellen, da die Schwingungsdauer der angeschlagenen Saite aufgrund der nun mal bestehenden Determiniertheit der Klaviermechanik nicht in der geforderten Weise begrenzt werden kann ...« Nimmt man den Einwand Zimmermanns ernst, so hieße das: Stockhausen hält sich selbst bei jenen kompositorischen Projekten und rhythmischen Exerzitien noch ans Klavier, bei denen es eigentlich gar nicht mehr zuständig ist.

Ein Jahr später – 1955 – kommt es in Darmstadt zu einem noch größeren Eklat. Diesmal spielt Marcelle Mercenier die Stücke V–VIII. Stockhausen blättert ihr um, er bekommt den Krawall also selbst auf dem Podium mit und berichtet: »Schon wenige Minuten nach Beginnen rumorte es im Saal; Zuhörer lachten, sprachen immer lauter, rückten mit den Stühlen. Plötzlich rief Boulez – gepfeffert mit einigen französischen Kraftausdrücken – einige Zuhörerinnen an, die vor ihm saßen und sich des Kicherns nicht erwehren konnten. Ein Moment war Ruhe, dann begann der Lärm um so lauter. Die Pianistin wurde nervös. Hinzu kam, daß man in den Pausen des Stückes regelmäßig ein Heimchen zirpen hörte, das irgendwo in der Holzdecke steckte und für jede seiner Begleitfiguren jedesmal einen besonderen Lacherfolg erntete. Schließlich begann man wild zu pfeifen und dazu zu applaudieren. Ich war wohl zu aufgeregt, um über die ganze Situation zu lachen, schnappte mir die Noten vom Klavier (noch heute sehe ich das erschrockene Gesicht der Pianistin vor mir) und ging – mit den Noten unterm Arm – rasch aus dem Saal ... Unterdes rannte ich nach draußen, wo es stockfinster war, dann in mein Zimmer im ersten Stock des gleichen Hauses; dort schloß ich mich ein. Nach kurzer Zeit hörte ich Schritte, es klopfte stürmisch und Nono rief, ich müsse unbedingt zurückkommen. Ich sagte ihm, es würde nicht weitergespielt, bis Ruhe im Saal wäre. Er rannte wieder fort und hat wohl irgendeine Ansprache an das Publikum gehalten. Dann kam er wieder, und wir gingen zusammen in den Saal. Dort war es jetzt ruhig. Also begann Marcelle von vorn. Nach einigen Minuten jedoch war der Lärm wieder wie zuvor. Sie brach ab, da sie einfach nicht mehr hörte, was sie spielte.«

Der Komponistengott würfelt

Darmstadt war nicht nur Serialismus und Elektronik. Darmstadt war in den frühen Fünfzigern alles, was musikalisch der Fall ist (um Wittgenstein zu paraphrasieren). Heinz-Klaus Metzger und Rainer Riehn haben »Darmstadt« von seiten seiner Gegner aus definiert: »Wer gegen neue ›Futuristengefahr‹, Atonalität, serielle Technik, Aleatorik, Experiment, Zufallsverfahren, Emanzipation des Geräuschs, Gleichberechtigung der Pause, Computerverwendung in Kompositionsprozessen, aber auch gegen kritische, analytische Aufführungen war, der brauchte nur zu sagen, er sei gegen Darmstadt, und schon verstand man ihn.« Greifen wir hier nur das Stichwort Aleatorik heraus, abgeleitet vom lateinischen alea (Würfel). Einsteins Jahrhundert-Wort »Gott würfelt nicht« war kaum gesagt, da begannen die Komponisten zu würfeln, als wollten sie sich, wenn schon nicht gegen Gott, so doch gegen Einstein vergehen.

Aleatorik war zugleich Gegenbewegung zur und neuer Spielraum innerhalb der seriellen Technik. Und wieder marschierte das Klavier in vorderster Front. Und wiederum läßt sich die neue Entwicklung an Werken von Boulez und Stockhausen ablesen. Bei Pierre Boulez ist es die Dritte Klaviersonate, ein Werk der offenen Form, das bis heute nicht abgeschlossen ist, dessen Komponenten nicht endgültig fixiert sind, sondern dem Interpreten ein individuelles Eingreifen in den Gang der Realisation ermöglichen. Mitte der Fünfziger hatte der Komponist von ursprünglich geplanten fünf »Formanten« (statt der alten »Satz«-Bezeichnungen) zwei vollendet, »Trope« und ›Constellation/Mirroir«. Das letztere ist eine Art klanglicher Entsprechung zu Mallarmés Gedicht »Coup des dés«, dessen letzte Zeilen lauten:

> Rien n' aura eu lieu que le lieu
> Excepté peut-être une constellation.

Das Stück ist auf neun Blätter gedruckt, die als Unterteilungen einer einzigen Seite gedacht sind, »auf der, nach einem Streuprinzip, die verschiedenen Teilstücke angeordnet sind. aus denen sich die Form bildet« (Robert Piencikowski). In seiner eigenen Beschreibung des Werks betont Boulez die Vorstellung und den Begriff des Labyrinths. So wie der Architekt ein Labyrinth anlege (und es Kafka in seiner Erzählung »Der Bau« beschrieben habe), »verhält es sich mit dem Werk: Es muß aufgrund sehr präziser Vorkehrungen eine gewisse Anzahl möglicher Fahrbahnen bieten, wobei der Zufall die Rolle der Weichenstellung spielt, die sich erst im letzten Augenblick auslöst.« Aber Weichenstellung sei nicht reiner Zufall: »In einer so verästelten Konstruktion wie dem heutigen Werk kann es überhaupt keine totale Unbestimmtheit geben, weil das jeglichem organisierten Denken, jedem Stil bis zur Absurdität zuwiderliefe.«

Ähnlich wie Boulez geht Karlheinz Stockhausen in seinem Klavierstück XI vor (1956 komponiert und 1957 von David Tudor in New York aufgeführt). Auf einem plakatartig großen

Bogen Papier sind 19 Notengruppen wie ausfransende Inseln angeordnet. Der Pianist erhält vom Komponisten dazu die folgende Anweisung:

»Der Spieler schaut absichtslos auf den Papierbogen und beginnt mit einer zuerst gesehenen Gruppe; diese spielt er mit beliebiger Geschwindigkeit …, Grundlautstärke und Anschlagsform. Ist die erste Gruppe zu Ende, liest er die darauf folgenden Spielbezeichnungen für Geschwindigkeit, Grundlautstärke und Anschlagsform, schaut absichtslos weiter zu irgendeiner der anderen Gruppen und spielt diese, den drei Bezeichnungen gemäß … Jede Gruppe ist mit jeder der anderen 18 Gruppen verknüpfbar, so daß also auch jede Gruppe mit jeder der sechs Geschwindigkeiten, Grundlautstärken und Anschlagsformen gespielt werden kann.«

Aber dem Ungestüm und der jakobinischen Selbstsicherheit eines Boulez und Stockhausen begegnet schon bald die Skepsis von Musikern, die eigentlich zur gleichen Generation gehören, aber verspätet am Initiationsritus der Ferienkurse teilnehmen. Helmut Lachenmann, Jahrgang 1935, 1957 zum erstenmal in Darmstadt dabei, »sieht sich in einer Mondlandschaft, umgeben von lauter schrecklich fröhlichen Astronauten« und fragte sich: »Wo haben die alle ihre Ausrüstung her?? Und was taugt die überhaupt?? Wissen die, wo sie sind? Wissen die, was sie hinter sich gelassen haben?« Und er hat den ketzerischen Eindruck, daß »bei manchen unter dem ›Astronautenkostüm‹ schon wieder der alte Frack hervorzulugen schien«.

Bei Pierre Boulez ist das längst wahr geworden. Gern und überaus elegant trägt er den Frack des vielbeschäftigten Dirigenten. Und die Polemik seiner frühen Jahre winkt er ab: »Wenn man jung ist, spielt man gerne den wilden Hund und kläfft draußen wüst herum. Wenn man reifer wird, sollte man nicht mehr draußen bellen, sondern drinnen handeln.«

XVII
Die Gouldberg-Variationen
oder: Den Bach rauf

> ... einer, der so Platz nimmt vor einem Flügel,
> sucht nach etwas, nach etwas Unerhörtem.
> Narkotisiert von Intimität, sucht er auf all die-
> sen Tasten nach einem Hinweis, der über alles,
> was zu spielen ist, hinausgeht. Womöglich liegt
> das Geheimnis der Musik in den Ritzen des El-
> fenbeins. Womöglich hat niemand überhaupt
> auch nur eine Ahnung, wonach zu suchen ist.
>
> Wolf Wondratschek

Ein Klappstuhl wird Kultobjekt

Der 23 Jahre junge Mann, der sich in der presbyterianischen Kirche an der 30. East Street Nr. 207 in New York einfindet, kommt nicht zum Beten. Das Gotteshaus dient längst nicht mehr der Erbauung, sondern wird von der Firma Columbia Records als Aufnahmestudio benutzt. Der junge Mann soll Klavier spielen, aber er sieht eher wie ein Fieberkranker aus.

»Es war ein milder Junitag, aber Gould erschien mit Mantel, Mütze, dickem Schal und Handschuhen. Seine Ausrüstung bestand aus der üblichen Notenmappe, einem Stapel Handtüchern, zwei großen Flaschen Quellwasser, fünf Pillendöschen ... Handtücher, so stellte sich heraus, wurden massenhaft benötigt, weil Gould zwanzig Minuten lang Hände und Arme bis zu den Ellbogen in heißes Wasser taucht, ehe er sich ans Klavier setzt ... Das besondere Quellwasser war nötig, weil Glenn das New Yorker Leitungswasser nicht aussteher kann. Tabletten gab es gegen alle möglichen Ursachen – Kopfschmerzen, Spannungszustände, schlappen Kreislauf. Der Mann an der Klimaanlage arbeitete genau so schwer wie der Ingenieur am Schaltpult im Aufnahmestudio. Glenn reagierte auf die leichtesten Temperaturveränderungen sehr empfindlich, und so mußte das Klimasystem des riesigen Studios ständig reguliert werden.«

Das auffälligste Mitbringsel aber ist ein Kuriosum von einem Stuhl, ein gewissermaßen zu kurz gekommenes, verstümmeltes Sitzmöbel, eine Zwergenapparatur eher, die aussieht, als wär's ein Stück vom Sperrmüll. Das Ding ist ein Eigenbau des Vaters Bert Gould; der hatte die Wünsche des Sohnes folgendermaßen erfüllt: »Ich versuchte, was ziemlich Leichtes an Klappstuhl aufzutreiben, und dann mußte ich ungefähr zehn Zentimeter von jedem Bein absägen; ich machte eine Messingklammer, die um jedes Bein herumging, schraubte sie daran fest, und dann schweißte ich die Hälfte einer Spannschraube an jede Klammer, so daß jedes Bein einzeln eingestellt werden konnte.«

Auch die normalen Flügelbänke, ja, jeder übliche Klavierhocker, lassen sich in der Höhe verstellen, und das Drehen an der seitlich angebrachten Schraube (des eigentlich schon justierten Sitzmöbels) in den Sekunden vor dem ersten Zugriff gehört zu den beliebtesten Lampenfieberritualen eines Pianisten. Aber eine solche Selbsterniedrigung hat es in der Geschichte des Klavierspiels noch nicht gegeben: Der verkrüppelte Stuhl läßt den Spieler selbst wie einen Zukurzgekommenen aussehen, die Klaviatur liegt nicht mehr bequem und übersichtlich unter seinen Händen, sondern wird zum zähneblekkenden Visavis. Der Flügel wird zum Krokodil, dessen Gebiß den Pianisten mit Haut und Haaren und Hirn und Herz zu bedrohen scheint.

New York wäre nicht New York, wenn die Beteiligten den Exzentriker verschwiegen, wenn die Plattenfirma Glenn Goulds Schrullen nicht von Anfang an der Publicity dienstbar gemacht hätten. Und so wurde denn schon nach wenigen Sitzungen die New Yorker Musikpresse zu einem Aufnahmetermin eingeladen, so daß eine Reihe weiterer spleeniger Details überliefert sind. So etwa, daß Gould die Sandwiches verschmähte, die an die Mitarbeiter verabreicht wurden, und sich statt dessen an Pfeilwurzkeksen gütlich getan habe, die er entweder mit seinem Mineralwasser oder mit Magermilch heruntergespült habe. Unter den Pedalen lag ein kleiner Orientteppich, da Gould ohne Schuhe spielte und ihm der nackte Holzboden zu kalt war. Auch habe er auf einem elektrischen Heizofen, dicht zu seiner Rechten, bestanden. Vor allem auf Zugluft habe er geradezu mimosenhaft reagiert, einmal sein Spiel schon nach wenigen Takten unterbrochen, die Arme hochgeworfen und gesagt: »Ich kann nicht. Es zieht. Ich fühle es. Eine starke Zugluft.« Und sofort habe ein ganzer Trupp nach der Herkunft der rätselhaften Brise gefahndet.

Aber nicht nur die Produktionsfirma, auch Glenn Gould selbst ging mit seinen Irritationseinfällen professionell um. Einerseits sagte er, er denke über seine Eigenheiten nicht nach, andererseits hatte er rationale Erklärungen für sie parat. Wenn er mehrere Handschuhe übereinandertrug, begründete er das damit, daß seine Hände Klimaanlagen und Luftfeuchtigkeit nicht vertragen könnten. Und wenn er sich flüssiges Paraffin auf die Hände schmierte, hatte er das Empfinden, als würden sie neugeboren. Selbst Kreislaufpillen nahm er, um Arme und Hände geschmeidig zu halten.

Wie er auch seinen übrigen Pillenkonsum keineswegs unter der Decke hielt. Denn alle seine pharmazeutischen Exzentrizitäten dienten dem Zentrum, der optimalen Konzentration, der besten Kondition. Bald schon galt er als ein Experte für Stimulanzien aller Art. Unter dem skurrilen Briefkopf GOULDS KLINIK FÜR PSYCHOSEUMATISCHE THERA-PIEN schrieb er später einmal einem jungen Pianisten: »Die gelben Schlaftabletten heißen Nembutal. Die weißen Beruhigungsmittel heißen Luminal. Ich glaube, beide müssen Sie sich vom Arzt verschreiben lassen. Luminal ist völlig harmlos und kann im allgemeinen dreimal am Tag genommen werden – eine nach dem Mittagessen und zwei vor dem Schlafengehen. Ich empfehle aber dringend, sich nicht an Betuval zu gewöhnen. Das sollte man sich unbedingt für die Nächte vor besonderen Ereignissen aufheben, um chronische Schlaflosigkeit zu beheben.« Die Presse hatte natürlich Goulds Expertentum mitbekommen und begleitete seine Karriere mit Anmerkungen wie dieser: »Die Anspannungen des Reisens und Konzertierens lassen das Leben eines Pianisten zu einer künstlichen Existenz werden … Um sich in Form zu halten, hat Mr. Gould eine ganze Tasche voller Tabletten, um vor einem Konzert das Transpirieren zu stoppen, um ab und zu den Kreislauf anzukurbeln, anregende Mittel, um ›in Schwung‹ zu bleiben, und schwache und starke Beruhigungsmittel.«

Intuition und Insistenz

Aber das Störrischste, Verquerste, Bizarrste, das der junge kanadische Pianist an diesem New Yorker Junimorgen mit sich führt, ist nicht das Pillensortiment, nicht die Handtuchkollektion, nicht das Mineralwasserreservoir, nicht einmal der Stuhl – es sind die Noten selbst. Glenn Gould bringt Bachs Goldberg-Variationen mit, und er hat sie sich vorher, bei den Verhandlungen mit der Columbia, förmlich erkämpfen müssen.

Sein Gesprächspartner von der Plattenfirma, mit dem er sich vorher getroffen hatte, war alles andere als begeistert gewesen: Warum ein so unbekanntes, schwieriges, vertracktes Stück? Außerdem gebe es doch schon die wunderbare Aufnahme der wunderbaren Wanda Landowska auf ihrem wunderbaren Cembalo; die habe doch mit ihrer Einspielung das Stück gewissermaßen mit Beschlag belegt. Es seien gewissermaßen ihre Variationen geworden.

Der Verhandlungspartner, wie auch Gould wußte, hatte natürlich recht. Die legendäre russische Cembalistin hatte das Werk schon 1933 aufgenommen, dann aber mit einer zweiten Einspielung 1945, ebenfalls in New York, Furore gemacht. Sie, die an der Wiederentdeckung des Cembalos so entscheidenden Anteil hat, war damals bereits 66 Jahre alt. Aber ihre Aufnahme ist keineswegs altersschwach, sondern von romantischem Ungestüm getragen. Auf einem Pleyel-Cembalo spielte sie das Werk »mit teilweise stürmischem Impetus und hochvirtuoser Attacke« (Wolfgang Schreiber), bei präziser Phrasierung und akribisch ausgeführten Verzierungen. Die Schallplatte war bei der Columbia-Konkurrenz RCA erschienen – sie war gewissermaßen das gültige Siegel über der Komposition.

»Meinen Sie nicht, die Zweistimmigen Inventionen wären eine bessere Wahl?« wurde Gould gefragt.

»Ich würde lieber die Goldberg-Variationen aufnehmen«, beharrte der.

»Ach, wirklich, ja?« sagte der Columbia-Mann. »Na, warum nicht, riskieren wir's eben.«

Und jetzt, fast fünfzig Jahre danach, darf die Frage gestellt werden: Woher kam dem jungen Exzentriker dieses Vorherwissen? Woher die Kraft seiner Insistenz? Woher die Sicherheit seines Beharrens? War es die Intuition, da wirklich einen Goldberg, eine Mine, einen tollen Claim getroffen zu haben? Kam sogar die Triebkraft des Wortspielerischen, kalauerhafter Überdrehtheit hinzu? Goldberg! Gouldberg-Variationen! Das waren nicht die der Landowska, das waren seine. Das mußten seine werden. Und darum saß er nun auf seinem Stuhlstummel in der presbyterianischen Kirche und nahm sie sich vor.

Und gewiß hatte er sich auch, schon wegen der Namensanalogie, auch kundig gemacht über den allerersten Interpreten, zweihundert Jahre vor der Landowska, diesen Johann Gottlieb Goldberg, der 1727 in Danzig geboren war, Sohn eines Geigenbauers, der schon mit zehn Jahren nach Dresden gekommen, und erst fünfzehn war, als er die Variationen zuerst unter die Finger bekam. Doch war er wohl weit genug, sie spielen zu können, denn hatte nicht Bach selbst ihn »für seinen stärksten Schüler im Klavier und in der Orgel« erklärt?

Durfte sich Gould nicht gewissermaßen für einen zweiten, einen wiedergeborenen Goldberg halten, für einen Späteren, der die Komposition neu entdeckte? Gegen die fabelhafte Landowska? Für das Klavier des 20. Jahrhunderts? Für die eine Tastatur? Für die also gedoppelte Schwierigkeit? Und für die Klaviermusik des 20. Jahrhunderts?

Und kam nicht noch eine andere Affinität hinzu; eine, die ihn, den Neurotiker und Stimmungsgeplagten, quasi konstitutionell mit der legendären Aura der alten Musik verband? Denn »Goldberg-Variationen« – das war ja nicht der Originaltitel; der hatte sich irgendwann zu Beginn des 19. Jahrhunderts ergeben und eingebürgert. Aber eigentlich war die Komposition mit einem anderen Namen verknüpft: Keyserlingk. Denn diesem Grafen Hermann Carl von Keyserlingk war das Werk gewidmet. Und dieser Graf war, wie die Musiklegende wahrhaben will, ein von Schlafstörungen geplagter Leidensbruder Glenn Goulds; ja, das Werk wurde von der Anekdotik mit dieser Malaise direkt in Verbindung gebracht. Johann Heinrich Forkel, der erste Bach-Biograph, erzählt es folgendermaßen:

»Der Graf kränkelte viel und hatte dann schlaflose Nächte. Goldberg, der bey ihm im Hause wohnte, mußte in solchen Zeiten in einem Nebenzimmer die Nacht zubringen, um ihm während der Schlaflosigkeit etwas vorzuspielen. Einst äußerte der Graf gegen Bach, daß er gern einige Clavierstücke für seinen Goldberg haben möchte, die so sanften und etwas muntern Charakters wären, daß er dadurch in seinen schlaflosen Nächten ein wenig aufgeheitert werden könnte. Bach glaubte, diesen Wunsch am besten durch Variationen erfüllen zu können, die er bisher, der stets gleichen Grundharmonie wegen, für eine undankbare Arbeit gehalten hatte ... Aber so wie um diese Zeit alle seine Werke schon Kunstmuster waren, so wurden auch diese Variationen unter seiner Hand dazu. Auch hat er nur ein einziges Muster dieser Art geliefert. Der Graf nannte sie hernach nur seine Variationen. Er konnte sich nicht satt daran hören, und lange Zeit hindurch hieß es nun, wenn schlaflose Nächte kamen: Lieber Goldberg, spiele mir doch eine von meinen Variationen. Bach ist vielleicht nie für eine seiner Arbeiten so belohnt worden, wie für diese. Der Graf machte ihm ein Geschenk mit einem goldenen Becher, welcher mit 100 Louisd'or angefüllt war. Allein ihr Kunstwert ist dennoch, wenn das Geschenk auch tausend Mal größer gewesen wäre, damit noch nicht bezahlt.«

Die Geschichte vom schlaflosen Grafen

Wenn das Werk also schon einen Personennamen tragen sollte, müßte es Keyserlingk-Variationen heißen. Dieser Graf war ein hochgebildeter Mann, Diplomat in russischen Diensten. Seit 1734 diente er als russischer Gesandter sowohl in Warschau als auch in Dresden, wo er schon bald zu einem Förderer Bachs wurde, der zwar als Thomaskantor in Leipzig saß, sich aber um jene Zeit um den Titel eines sächsischen Hofcompositeurs bewarb, den er 1736 auch erhielt. Auch quasi-familiäre Beziehungen bestanden zwischen Keyserlingk und den Bachs. Goldberg wurde von Wilhelm Friedemann Bach unterrichtet, der seit 1733 als Organist in Dresden tätig war und in Keyserlingks Haus verkehrte. Und umgekehrt studierte der Sohn Keyserlingks in Leipzig, wohnte gegenüber der Thomasschule und war oft in der Großfamilie Bach zu Gast. Als Graf Keyserlingk in späteren Jahren nach Berlin, an den preußischen Hof, versetzt wurde, setzte er mit Carl Philipp Emanuel die Bach-Verbundenheit fort.

Was aber ist an der Geschichte vom schlaflosen Grafen »dran«? Was ist von Forkels Episode zu halten, die er unmittelbar von Bachs Söhnen erfahren haben will? Es ist immer schön zu lesen, wenn die Musikwissenschaft sich mit menschlichen Problemen befaßt. Da erfahren wir einerseits: »Die Zeit nun, in der Keyserlingk den Auftrag an Bach erteilte, war für den Diplomaten eine schlimme Unsicherheit, bedingt durch einen Wechsel in der Regentschaft Rußlands« − gemeint ist die Palastrevolution, mit der am 6. Dezember 1741 Elisabeth I. Iwan VI. stürzte −, »Umstände, an die nicht nur sein berufliches Schicksal geknüpft war. Daß er zu dieser Zeit kränkelte und schlaflose Nächte hatte, war also verständlich. Daß ihn Bachs wundervolles Werk die (später glücklich gelösten) Probleme vergessen ließ, ist ein früher Fall von Musiktherapie.« Dagegen weiß ein anderer Kenner: »Wenn Forkels Geschichte von der Schlaflosigkeit des Grafen richtig ist, dann müßte das Opus eine kurze Lieferzeit gehabt haben, denn Perioden der Kränklichkeit und Schlaflosigkeit können bekanntlich von selbst aufhören und besseren gesundheitlichen Bedingungen Platz machen: unser Graf Keyserlingk ist denn auch nach einem recht aktiven Leben erst 22 Jahre nach Veröffentlichung der *Goldberg-Variationen* gestorben.«

Gould selbst scheint der Überlieferung auch eher skeptisch gegenübergestanden zu haben, zumal er die Anekdote so verstand, daß die Musik als »Schlafmittel« habe wirken sollen: »Wenn die Behandlung ein Erfolg war, so läßt uns das in einem gewissen Zweifel zurück, was die Authentizität der Wiedergabe dieser scharfen und prickelnden Partitur durch Meister Goldberg angeht. Und wenngleich wir keinerlei Illusionen hegen über Bachs handwerkliche Indifferenz gegenüber den seinem Vorrecht als Künstler auferlegten Beschränkungen, ist es schwierig, sich vorzustellen, daß selbst Keyserlingks vierzig [nach Forkel waren es hundert] Louisd'or sein Interesse an einer Form geweckt haben sollen, die ihm ansonsten zuwider war.« (Daß Bach das anspruchsvolle Werk nicht ad hoc, sondern über mehrere Jahre hinweg geschrieben hat, gilt inzwischen als gesicherte Erkenntnis.)

Auf der Titelseite der Komposition steht weder Goldberg noch Keyserlingk. Da heißt es nur:»Clavier Übung bestehend in einer Aria mit verschiedenen Veränderungen vors Clavicimbal mit 2 Manualen. Denen Liebhabern zur Gemüths-Ergetzung verfertiget von Johann Sebastian Bach.«

Bach ohne Perücke

Natürlich fing Gould nicht mit dem Anfang an: Er stürzte sich gleich in die erste Variation.»Der jähe Ausbruch von Variation« wie er das empfand, war ihm der gemäßere Einstieg, wohl auch inmitten all der versammelten Menschen und Technik, der Manager und Presseleute. Für die latente Rebellion, die seinem ganzen Auftritt innewohnte, für die Extravaganz seiner Ausrüstung, für die Radikalität seiner Ansprüche suchte er so etwas wie die Komplizenschaft mit einer Musik, von der er selbst gesagt hat:»Solche Aggressivität ist nicht eben die Attitüde, die wir mit einleitenden Variationen verbinden, die üblicherweise mit unflügger Abhängigkeit vom Thema anheben, indem sie die Pose ihres Vorläufers nachahmen.«

Gould macht sich die Rabiatheit dieses Anfangs zunutze und verstärkt ihn durch die eigene. Man kann die imitierenden Sechzehntel der ersten Takte auch beiläufiger, lyrischer, langsamer, versonnener spielen. Aber Gould schreckt die Töne förmlich auf, gibt ihnen einen dezidierten Drive, eine jagende Robustheit, die aus der Mehrstimmigkeit ein Kampfritual macht. Allein schon, wie der junge Pianist sich diese erste Veränderung unter den Nagel reißt – so hat bis zu dieser Stunde noch niemand Bach gespielt, gehört, verstanden, radikalisiert – weder Busoni noch die Landowska, schon gar nicht Gieseking oder Fischer: so besitzergreifend, dynamisch, weitertreibend, jedes Barockgefühl beiseite fegend, jeden Traditionsgedanken erledigend, kalt, klar und unaufhaltsam.

Jede einzelne dieser Variationen führt Glenn Gould als ein Stück bisheriger Unerhörtheit vor, als geistesgegenwärtige, ja zeitgenössische Musik. »Indem er Bach spielt«, schreibt Joachim Kaiser, »analysiert er ihn, so wie die Instrumentation, die Anton von Webern dem Ricercar aus Bachs »Musikalischem Opfer« zuteil werden ließ, in Wahrheit eine Analyse ist.« Und der Impetus, mit dem Gould uns gerade in den schnellen Stücken hinreißt, bannt sich in der 25. Variation zu einer fast panisch wirkenden, mit der Stille dialogisierenden Langsamkeit.

Wo aber blieb das Thema? Er spielte es erst ganz zum Schluß, nachdem er gehört hatte, daß alles gut war. »Ich stellte fest, daß ich zwanzig Versionen brauchte, um eine Art zu finden, die genügend neutral wäre, um die tiefe Betroffenheit nicht vorwegzunehmen, die später kommt. Und die ersten zwanzig Aufnahmen benutzte ich dazu, alles überflüssig Expressive aus meiner Interpretation zu tilgen, und etwas Schwierigeres gibt es nicht.«

Dieses Thema hat es in sich, doch eher in dem Sinn, wie eine Truhe einen Schatz birgt. Es ist »Aria« überschrieben und dennoch das äußerste Gegenteil von dem, was man mit Aria oder Arie verbindet: kein großer Bogen, kein dramatischer Schwung, keine Plastizität der Melodie. Wer dieses Stück zum erstenmal hört, erkennt zunächst vor dem Verzierungswerk kaum so etwas wie eine Melodie, und vor der Gelassenheit, mit der die Töne einander folgen, hat man fast den Eindruck, als komme in dieser Musik die Zeit zum Stillstand. Hier »geht nichts vor«. Irgendein vorantreibender Rhythmus scheint völlig zu fehlen, und so hat es hundertfünfzig Jahre gedauert, bis die Bachforschung darin eine Sarabande wiedererkannte, die Bach schon 1725 in das Klavierbuch der Anna Magdalena Bach geschrieben hatte.

Glenn Gould eröffnet in jenen Junitagen 1955 einen neuen Zugang zum Klavierkomponisten Johann Sebastian Bach. Womit er den Steinway bestürmte, befragte, ansprang, zur Diskussion zwang, das waren nicht nur »Veränderungen« von Bach, das war eine bis heute nachwirkende Veränderung Bachs, eine Neuentdeckung. Seit dieser Schallplatte fehlt unserem Bachbild die Perücke.

Postscriptum: Es kann nicht verschwiegen werden, daß es böse Kritik an dieser säkulären Bach-Erneuerung gegeben hat. »Da geht ziemlich viel Klaviergespiele vor sich«, sagte ein Nörgler, und derselbe mäkelte über die fünfzehnte Variation, sie klinge »verdächtig nach einem Chopin-Nocturne«. Das ganze sei »ein ziemlich gespenstisches Erlebnis«. Der Kritiker war Glenn Gould selbst; im Jahre 1981, als er widerstrebend die alte Aufnahme wiederhörte, um die Variationen noch einmal einzuspielen, diesmal weniger im Dialog mit Bach als schon mit dem eigenen Tod.

XVIII
Der Pianist im Zauberberg
oder: Horowitz und die Fermaten

The loneliest place in the world
Vladimir Horowitz über den
Platz auf dem Podium

Warten auf ein Wunder

Der Vorverkauf für den Klavierabend am 9. Mai 1965 beginnt am Montag, dem 26. April, aber die ersten Interessenten stellen sich schon am Vormittag des Sonntags an der Kasse der Carnegie Hall an. Es herrscht kaltes Nieselwetter, und die meist jungen Leute haben das seither geläufig gewordene Überlebensmaterial bei sich: Decken, Regenmäntel, Schlafsäcke, Campingstühle und Wollmützen. Um Mitternacht ist die Schar der Wartenden auf dreihundert gestiegen, am Montagmorgen, wenige Stunden vor Kassenöffnung, sind es tausendfünfhundert.

»Ist das wegen der Beatles?« fragt ein Passant. (Die machen zu dieser Zeit gerade eine Amerikatournee und verblüffen die Zeitgenossenschaft mit der Auskunft, sie seien berühmter als Jesus Christus.)

»Nein«, kommt die Antwort aus der Menge, »das ist wegen Horowitz.«

Noch ehe die Kasse aufmacht, erscheint die Frau des Pianisten und läßt warmen Kaffee an die Übernächtigten austeilen. Wäre sie später gekommen, hätte man sie wohl gelyncht: Denn von den tausendfünfhundert, die da ausgeharrt haben, werden nur die ersten dreihundert mit Tickets belohnt; die übrigen gehen leer aus. Irgendwann zwischen dem heißen Kaffee und dem Tumult der Enttäuschten gibt es noch ein Telegramm: »Dear Maestro und Madame, wir hundert, die wir eine ganze Nacht lang Schlange gestanden haben, möchten Ihnen ganz herzlich für den Kaffee danken und Ihnen sagen, daß wir voller freudiger Erwartung sind.«

Nie hat es im 20. Jahrhundert eine solche Hörerwartung gegeben, nie wieder ein solches Konzert wie das, das am 9. Mai 1965 dann tatsächlich über die Bühne der Carnegie Hall ging. Das war kein Recital, das war ein Revival, das war kein Klavierabend, sondern eine Epiphanie. Es war die Heimkehr der Virtualität in die Wirklichkeit. Es war der Händedruck der Legende mit dem Leben. Nicht, daß Horowitz spielen sollte, war die Sensation, sondern daß er nach zwölf Jahren Schweigen endlich wieder einmal auftrat. Pianisten – so hieß die Botschaft – können wiederauferstehen.

»Es war eben nichts mehr da«

Denn der 9. Mai 1965 hatte sein negatives Gegenstück am 11. März 1953. An diesem Tag lasen die Musikinteressierten von Minneapolis, daß ein für den Abend programmiertes Konzert leider ausfallen und vorläufig verschoben werden müsse. Dieser 11. März aber war nicht nur die immer wieder einmal vorkommende Absage und Umterminierung. Er bedeutete so etwas wie den Höllensturz der Virtuosität. Das Menetekel für einen Konzertbetrieb, der die Gnadenlosigkeit eines Fließbandes erreicht hatte. Er war das kalendarische Haltzeichen gegenüber einem besinnungslosen Weitermachen auf den Tasten, einem Weitermachen vor Leuten, die immer weniger Musik hören und immer mehr Sensation sehen wollen. Der ausgefallene Termin von Minneapolis wuchs sich aus zu einer Art Ewigkeit. Vladimir Horowitz verschwand – den Begriff doppelt verstanden – in der Versenkung.

Es war auch keine Absage: Es war ein völliger Zusammenbruch. Nach einer jahrzehntelangen Tourneetortur war da ein Virtuose mit seiner Kraft, seiner Kunst, seinen Nerven, vor allem aber mit seinem Publikum am Ende. Und nicht irgendein Virtuose, sondern der, dem immer alles ganz leicht zuzufallen schien, der alle pianistischen Tücken wie Kinderspiel aussehen ließ und auf den man sämtlichen Banausie-Bombast vereinigt hatte, der sich in der Geschichte des Klavierspiels findet: Gott des Klaviers, König der Pianisten, der größte Pianist aller Zeiten, der neue Liszt, ja sogar »der Pyrotechniker des Klaviers«. Damals jedenfalls, im Frühjahr 1953, zündete nichts mehr. Da war nur noch ein armer erschöpfter Mensch, der mit seiner Kraft am Ende war.

Von einem der letzten Konzerte vor der Katastrophe, am 23. Februar 1953, hat er geradezu panisch berichtet: »Mein Gott! Selbst das Podium war mit Zuhörern überfüllt! Ich ging noch einmal hinaus, um eine Zugabe zu spielen, und zwar Chopins As-Dur-Polonaise. Großes Crescendo. Ich war völlig erschöpft und meinte, das Herz müßte mir zerspringen. Mein Magen krampfte sich zusammen; schon dachte ich, nun hast du gleich alles im Mund. Die Spannung war unerträglich, und ich glaubte, ich müßte tot umfallen, bevor ich das Stück nur zu Ende gespielt hatte. Dann endlich der letzte Akkord; wie gewöhnlich ein Riesenapplaus und Fußgetrampel. Ich hörte, wie ein Mann zu seiner Nachbarin sagte: ›Mein Gott, hast du so was je gehört?‹ Die aber meinte: ›Das ist noch gar nichts; warte nur, was er als nächstes hinlegen wird.‹ ... Da spielte ich mir also das Herz aus dem Leibe, und sie sagte: ›Das ist nichts, warte nur ... Da kommt noch mehr, noch viel mehr.‹ Aber es war eben nichts mehr da.«

Zum Kotzen also, dieses Konzertieren. Zum Kotzen auch die Leute: »Die hörten nur darauf, wie schnell ich die Oktaven spielen konnte; aber die Musik hörten sie überhaupt nicht mehr ... Ich spielte zwei Stunden lang, und alles, was sie in Erinnerung behielten, waren die letzten drei Minuten des Klavierabends.« Aber es sind ja nicht nur die Leute, die ihm den Beruf verekeln; auch das eigene Virtuosentum findet er in diesem Stadium zum Kotzen: »Ich spielte immer schriller, fast brutal und irgendwie derart brillant, daß ich gewisse Musik schon gar nicht mehr spielen konnte ... Ich war unzufrieden mit dem, was ich tat, und spürte, daß ich meine eigene Identität als Musiker verlieren könnte. Ich mußte aufhören, genauso, wie man auch ein Auto anhalten muß, wenn der Motor nicht kochen soll. Ich dachte, ich würde nie mehr öffentlich spielen.«

Es war nicht der erste Zusammenbruch des außerordentlichen, hochsensiblen, kindsköpfig eitlen und durchaus nicht lebenspraktischen Pianisten. Schon in den dreißiger Jahren hatte er sich zweieinhalb Jahre lang vom Konzertleben zurückgezogen: Nach einem Jahrzehnt der triumphalsten Erfolge, in denen er sein Publikum elektrisiert und seine Dirigenten verstört hatte, waren für kundige Hörer die Anzeichen des Ausgebranntseins offenbar: »Wenn seine Leidenschaftlichkeit überhaupt noch glüht«, schrieb ein Londoner Kritiker um 1935, »so greift sie seine Nerven an und nicht sein Herz; seine Virtuosität ist nicht Zeichen eines überschwenglichen, sondern im Gegenteil eines gelähmten Gefühls ... im Innersten ist sein Spiel tot.«

Horowitz selbst sah es nicht anders: »Seit ich aus Rußland heraus bin, habe ich nicht eine Sekunde lang abschalten können. Ich hatte nur die drei Monate im Sommer, wenn ich nicht spielte. Und oft mußte ich selbst dann spielen. Routine, Routine, Routine – ich kam mir vor wie ein Fließbandpianist. Aber ich war keiner.«

1925 hatte der damals zweiundzwanzigjährige Vladimir Horowitz von den sowjetischen Behörden die Erlaubnis erhalten, das neue Imperium »zu Studienzwecken« zu verlassen; hatte am 20. Januar 1926 seinen sensationellen Durchbruch gehabt, als er in Hamburg, binnen weniger Stunden, für eine erkrankte Pianistin mit Tschaikowskys 1. Klavierkonzert einsprang und das Werk mit rücksichtsloser Brutalität neu erfand; hatte, genau ein Jahr später, mit demselben Werk in der Carnegie Hall nicht nur das New Yorker Publikum, sondern gleich ganz Amerika erobert, und war seither, unter dem rasch erfundenen Slogan »Tornado der Steppe«, durch die eventgierigen Städte der Vereinigten Staaten gestürmt. Und er hatte sich, als sei es mit der eigenen Berühmtheit noch nicht genug, unter die Fittiche des damals aufregendsten Dirigenten, Arturo Toscaninis, begeben, indem er dessen Tochter Wanda heiratete, nicht ahnend, daß er einem Clan beitrat. Neben dem abendlichen Frack zog er sich damit auch die Zwangsjacke familiärer Dauerbehütung an. Nach vielen Unpäßlichkeiten und heimischen Szenen setzten im Frühjahr 1936 – Horowitz war erst 32 Jahre alt – Spieltrieb und Konzentration aus, und er klagte: »Man kann nicht oktavenspielend durchs Leben gehen.«

Daß es sich schon damals nicht so sehr um ein Familiendrama als um eine Klavier-Krise gehandelt hat, läßt sich daran ablesen, daß Horowitz den Rat des berühmtesten Pianisten-Komponisten jener Jahre suchte, den von Sergej Rachmaninow. Der konnte ihm nicht nur als Künstler zureden, der war auch aus eigener, leidvoller Erfahrung kompetent in Sachen Verstörung. Die schwere Jugenddepression nach dem Durchfall seiner ersten Sinfonie hatte er erst im Laufe von Jahren überwunden (siehe Seite 24), aber eine depressive Grundstimmung mit akuten Anfällen von Schwermut blieb ihm zeitlebens treu. Man sah es ihm an; Rachmaninow sei »ein über einen Meter achtzig großer finsterer Blick« hat Strawinsky über ihn gesagt.

Für Horowitz aber war er, der in seinem großartigen, hellen, weitblickenden modernen Haus über dem Luzerner See residierte, der ideale Gesprächspartner: der Mann, der ihm die Angst vor den Auftritten ausreden konnte, der ihm den Spleen nahm, seine Finger seien gläsern geworden und würden beim Anschlagen der Tasten zerbrechen; der Mann, der ihn zum Vierhändigspielen an den Flügel lotste und ihm vorführte, wie man selbst mit Arthritis in den Händen − worunter Rachmaninow zunehmend litt − noch zu konzertieren vermochte. Horowitz, dem Regungen wie Dankbarkeit eher fremd waren, hat in diesem Fall bekannt: »Dieser Mann war wie ein Vater zu mir.«

Vorhänge und Verhängnis

Aber nun, im Frühjahr 1953, sind alle Symptome von damals verschärft wiedergekehrt, und nach der ersten Erschöpfung wächst die Angst, nie mehr spielen, nicht mehr auftreten zu können. Es findet ein bizarres Cocooning, ein völliges Einspinnen in die Depression statt. Die zugezogenen dicken Vorhänge im New Yorker Schlafzimmer signalisieren: Verhängnis. Es gibt nur ein Bedürfnis: das nach Ruhe, Einsamkeit, Abgeschiedenheit. »Das Herumreisen hatte mich kaputt gemacht, und ich

wollte endlich einmal ausruhen. Ich sagte mir: zwei oder drei
Jahre brauchst du. Ich war total am Ende. Von 1953 bis 1954
spielte ich keinen einzigen Ton. Ja, eigentlich bis 1955. Es war
ganz einfach körperlich nicht möglich. Nichts war möglich …
Immer sagte ich mir, du brauchst ganz einfach Ruhe und Zeit
zum Nachdenken.«

Und jenes von der Welt abgeschirmte Zimmer wird, als
wäre Horowitz ein zweiter Proust, für ihn zur Muschel, in der
ein erschöpfter Körper, mehr aber noch: eine kaputte Seele
sich regenerieren können. »In jenen zwölf Jahren, wo ich nicht
auftrat, fühlte ich mich in diesem Zimmer sehr glücklich«,
glaubte Horowitz sich viele Jahre später erinnern zu können,
aber seine Frau korrigierte ihn: »Nicht ganz so glücklich.« Und
sie beschrieb, nicht ohne den Nachhall von Entsetzen, die
Eigendynamik jener Auszeit, den Sog der Fermate: »Der Arzt
sagte damals, er sollte eine Pause machen; aber das Pausieren
wurde dann zu einer Gewohnheit. Diese zwölf Jahre waren
sehr schwierig, denn, sehen Sie, von Zeit zu Zeit sagte Vladimir jeweils: ›Ich werde nie mehr spielen.‹ Und ich antwortete
dann: ›Gut, sehr gut‹, wobei mir das Herz zu den Füßen hin-
untersank.« Keine Besucher, keine Besuche, keine Öffentlichkeit, keine Spaziergänge, und gelegentlich dringen Gerüchte
ins Haus, Horowitz sei im Irrenhaus gelandet.

Als es die Frau ist, der schließlich die Wände auf den Kopf
fallen, bietet der Flügel-Patriarch Henry Steinway den Horo-
witzens ein Landhaus in New Hampshire als Erholungsquar-
tier an. Aber der Maestro scheut die Fahrt, fühlt sich noch immer nicht kräftig genug, das New Yorker Haus auf eigenen
Beinen zu verlassen. Vielleicht, wenn man einen Krankenwa-
gen holte? Um Gottes willen, das würde zu neuen Spekula-
tionen Anlaß geben, kommt also nicht in Frage. Und endlich
die Lösung, gewissermaßen berufskonform: Henry Steinway
schickt einen Klaviertransporter. Dessen Laderaum wird kom-
fortabel präpariert und mit Möbeln des Pianisten ausgestattet,
zum Schluß wird Horowitz, samt eigenem Bett, hineinver-
frachtet, und ab geht die Reise nach New Hampshire.

Es ist ein Stapel Noten, der Horowitz wieder ins Leben, zurück an den Flügel bringt. In Italien, während der dreißiger Jahre, hatte er einmal ein Konvolut mit Clementi-Noten gekauft; und Muzio Clementi beginnt, ihn zu reizen: etwas Entlegenes, selten Gespieltes für einen Neuanfang, keine Virtuosität, aber Spielraum für eigene Entdeckungen und Empfindungen, und so etwas wie ein Beethoven – dessen späte Sonaten Horowitz immer gemieden hatte – in statu nascendi. Horowitz tastet sich, mit Hilfe des bekannt-unbekannt-verkannten Clementi, wieder an sein Instrument heran: »Es brauchte ungeheuer viel Mut, wieder zu spielen, denn ich wußte ja nicht, ob ich überhaupt noch spielen konnte … Immer sagte ich mir: Okay, du wirst jetzt spielen, damit das Publikum weiß, daß du nicht gestorben bist und dich im Gegenteil bestens fühlst. Und schließlich mußte ich ja nicht wieder auf die Eisenbahn gehen.«

Gulda läßt den Frack sausen

Was aber die Horowitz-Jahre im Zauberberg so bemerkenswert macht, ist der Umstand, daß sie eben nicht nur individuelle Schwäche, persönliche Überreiztheit, den Horror vorm Unterwegs signalisieren, sondern so etwas wie eine pianistische Berufskrise, gewissermaßen die Krankheit des Virtuosen im 20. Jahrhundert. Die Pianistik selbst ist durchs Sensationsbedürfnis des Publikums, durch die von der Schallplatte geschürte Präzisionserwartung und durch das fast gleichbleibende klassisch-romantische Repertoire in eine Nerven- und Sinnkrise geraten. Absagen, Auszeiten, Verletzungen gehören zunehmend zu den Kümmernissen der Konzertagenten. Solomon Cutner, der englische Pianist, der sich später nur Solomon nannte, hatte schon mit knapp Zwanzig seinen ersten Nervenzusammenbruch, Leon Fleischer geriet Ende der vierziger Jahre in eine tiefe Depression, nachdem er sich von seinem Lehrer Artur Schnabel getrennt hatte, und Arturo Benedetti Michelangeli war zeit seiner Karriere ein solches Nervenbündel, daß seine Termine für Veranstalter und Publikum zum Lotteriespiel wurden. Auch die Auftritte von Martha Argerich blieben schon früh auch immer ein Vabanquespiel.

Bei Friedrich Gulda tritt die Piano-Panik mit etwa dreißig Jahren auf, nimmt aber nicht depressive, sondern aktivistische, ja parodistische Züge an. Gegen das Fracksausen weiß er ein probates Mittel: Er legt ihn ab.

»Ich bin doch kein Trottel und laufe rum wie im 19. Jahrhundert. Und wer zieht sich denn auch heute noch so an? Zu was brauche ich das, außerdem ist es unbequem und völlig unmöglich, mit 'n Frack und Mascherl da rauszukommen, und dann will man von jungen Leuten ernstgenommen werden.« Guldas Zuflucht ist nicht ein Schlafzimmer mit dicken Vorhängen, sondern der Jazz. Damit rettet er sich, nach eigenem Bekenntnis, vor »schweren Depressionen und Selbstmordtendenzen«.

Friedrich Gulda, vom Frack befreit, versucht einen Ausbruch. Zumindest: er sucht einen Ausweg aus der Konvention auch auf den Tasten. Für ihn, den nicht nur gebürtigen, sondern auch geborenen Wiener, hätte solch ein Befreiungsakt doch zunächst einmal darin liegen können, daß er die Zweite Wiener Schule, die einheimische Moderne, die Welt und die Werke von Schönberg, Berg, Webern, Zemlinsky, Hauer, aber auch Janáček und Bartók für sich entdeckte. Auch das wäre ja schon keine Frackmusik mehr gewesen (obwohl Eduard Steuermann, der pianistische Pionier der zwanziger Jahre in Schönbergs »Verein für musikalische Privataufführungen«, immer noch Frack getragen hatte). Aber die Sprache der Neuen Musik sagte Friedrich Gulda nichts; vielmehr erschien sie ihm als die Verengung selbst noch der Tradition: »Wenn man, wie viele meiner bedauernswerten Kollegen, die Meinung vertritt, die ›Moderne Musik‹ sei das, was man gemeinhin darunter versteht: Strawinsky, Bartók, Schönberg, Stockhausen, Boulez usw. – und viele tun das –, dann ist das für mich geistiger Selbstmord. Und so viele Klassikidioten, ob Zuhörer oder Kritiker, verstehen das nicht. Die leben in diesem schrecklichen Ghetto.«

So rettet sich Gulda in den Jazz. In die Idee (und Praxis) einer nichtfixierten, nichtfrackierten, einer freien Musik. Er sucht Zuflucht in einer unkonventionellen Art des Musikmachens und Auftretens, muß aber zugleich erfahren, daß der Jazz seine eigenen Ansprüche, Riten und Strukturen, will sagen: seinen eigenen Stilanspruch hat. Beim Ausbruch aus dem, was er »Ghetto« nennt, erwartet ihn keineswegs das Paradies der Improvisation, sondern eher ein Arbeitslager: »... ich bin reingekommen als der weltberühmte Gulda, und die haben geglaubt, ich werde auch der Jazzwelt sofort einen Hax'n ausreißen. Und dann waren alle entsetzt und enttäuscht darüber, daß ich eigentlich so gut wie nichts konnte auf diesem Gebiet. Die haben natürlich gesagt: Was, *das* ist der Gulda! Der hat doch überhaupt keine Ahnung. Ich hatte einen ungeheuer schwierigen Stand, bis die mir überhaupt einmal ernsthaft zugehört haben ... Ich hab nichts können, jazzmäßig gesehen. Klavieristisch habe ich alles können, aber als Jazzmusiker war ich eine Null.« (Nach Meinung des Jazzkritikers Joachim-Ernst Berendt ist er es immer geblieben.)

Horowitz spielt! – zu Hause

Allmählich beginnt sich das elegante Schneckenhaus in der 94. Straße zu beleben, zu verwandeln. Aus der Eremitage wird ein Experimentierfeld, aus dem Klinikum ein Klavierstudio. Anderthalb Jahre nach dem Zusammenbruch hat sich Horowitz zu einer Schallplattenaufnahme entschlossen; aber nicht in den Aufnahmeräumen der RCA, sondern in den eigenen vier Wänden. Im Oktober 1954 installieren sich Tontechniker in der zweiten Etage, dem Wohntrakt des Horowitz-Hauses, und richten in der Bibliothek einen Kontrollraum ein. Der Biograph Glenn Plaskin beschreibt die Metamorphose:

»Es war an einem Sonntag: Um vier Uhr nachmittags betrat

Horowitz sein Wohnzimmer, das nun – mit Ausnahme der Gemälde und des Flügels – völlig leergeräumt war und als Aufnahmeraum diente. Wie immer war der Pianist tadellos gekleidet mit Jackett und Fliege, und er setzte sich nun auf die extrem tief gestellte Klavierbank, bereit, mit den Aufnahmen zu beginnen. Während Pfeiffer« – der Aufnahmeleiter – »mit den Tontechnikern nochmals alle Anschlüsse überprüfte, spielte Horowitz sich ein. Er hatte sich für drei Werke Clementis entschieden: für die f-moll Sonate op. 13, Nr. 6, die g-moll Sonate op. 34 Nr. 2 sowie die Sonate in fis-moll op 25 Nr. 2, die übrigens Beethovens Lieblingssonate gewesen sein soll. Pfeiffer konnte es kaum glauben: Horowitz spielte!«

Natürlich gibt es noch technische, akustische Probleme, ein Klirren führt zu einer Fahndungsaktion, bis ein Glaslüster als Ursache ausfindig gemacht wird – aber der Horowitz-Klang ist wieder da, jenes sonore Singen, jenes eindringliche Pianissimo und die unnachahmliche, kreative Lust an den verborgenen Stimmen der Vorlage. Schon bald ist die Horowitz-Clementi-Platte auf dem Markt und verkauft sich gut. Aber sie bedeutet noch keine Rückkehr aufs, nicht einmal eine Annäherung ans Konzertpodium. Im Gegenteil: Horowitz gewinnt immer mehr Spaß an den künstlerischen Möglichkeiten, dem Komfort und der Nervenschonung einer Schallplattenaufnahme. Und daß man bis zum letzten Schneidetermin immer noch perfektionieren kann, entzückt den Maestro ebenso sehr, wie es die Aufnahmeleiter zur Verzweiflung treibt.

Warum noch Konzerte?

Während aber Horowitz im folgenden Jahrzehnt immer wieder bestürmt wird, endlich aufzutreten, während sich, zu Beginn der sechziger Jahre und trotz der guten Schallplattenverkäufe, die finanzielle Attraktion des Konzertierens immer deutlicher geltend macht, während immer stärker die Furcht sich einschleicht, man könne ihn vergessen oder zu einem vergangenen Idol machen, stellt sich für einen anderen Pianisten, Altersgenossen Friedrich Guldas, eine viel radikalere Frage als die nach Frack oder nicht Frack. Just um die Zeit, da Horowitz beginnt, sich mit der Idee eines Carnegie Hall-Konzerts anzufreunden, sich endlich wieder mit der Aura eines lebendigen Publikums zu umgeben, stellt Glenn Gould die Idee des öffentlichen Auftritts überhaupt in Frage.

Die Faszination, die Horowitz bei den Schallplatten-Sessions verspürt hat, die Lust an der Möglichkeit, auch noch die letzte Nuance hervorzuheben, die leiseste Unebenheit herauszufiltern, die geglücktesten Passagen zusammenzuschneiden, diese ganz neue Entdeckung des musikalischen Kunstwerks im Zeitalter seiner technischen Reproduzierbarkeit bestimmt Gould, nicht nur für sich selbst den Konzertbetrieb aufzugeben, sondern das Konzert für obsolet zu erklären.

Mitte der sechziger Jahre erklärt er seine Überzeugung, »daß die Gewohnheit des Besuchs und Veranstaltens von Konzerten sowohl als soziale Institution wie als Hauptsymbol des musikalischen Krämergeistes im 21. Jahrhundert erloschen sein wird wie hoffentlich der Vulkan von Tristan da Cinha … Die Generation, die gegenwärtig noch der Erfahrung des Solfège in der Public School unterworfen ist, wird die letzte sein, die sich in ihrer Mehrheit noch einmal davon überzeugen läßt, daß das Konzert die Achse ist, um die die Welt der Musik sich dreht. Es ist diese Achse nicht.«

Liest man diese und andere Rigorismen Goulds, so könnte man den Eindruck gewinnen, daß seine Absage an den Konzertbetrieb nichts mit den Nöten eines Horowitz zu tun habe, nichts mit Nervenkrise, Publikumsangst, Auftrittspanik, Öffentlichkeitsscheu, Reisestrapazen, Virtuositätsüberdruß, Versagenstrauma. Es scheint, als sei sein Abschied vom Podium – den er dann wirklich und kategorisch vollzieht – nur die klare Konsequenz aus der Einsicht in die musikalischen Möglichkeiten des technischen Zeitalters und seiner neuen Spielräume des interpretierenden Gestaltens. Besonders pointiert entwickelt er seine These vom Anachronismus des Konzertierens in einem

Gespräch mit Arthur Rubinstein, dem Horowitz-Antipoden, der zeitlebens von der Virtuosenpanik, dem Auftrittshorror frei gewesen zu sein scheint.

Rubinstein hält – und da dürfte er auch für Horowitz sprechen – ein emphatisches Plädoyer für das Konzert, für das lebendige Visavis des Künstlers mit seinem Publikum: »Sehen Sie, ich habe das Gefühl, daß wir eine Macht in uns haben. Verstehen Sie, es hat immer ein Wort gegeben, das niemand hat erklären können, es gibt kein Expliqué – nichts –, das einen zu einer Antwort führt, was es bedeutet, und trotzdem kommt es in allen Sprachen so häufig vor, daß es zu einem alltäglichen Wort geworden ist. Das Wort ›Seele‹, ›l'ame‹, ›anima‹ – was, verdammt noch mal, ist ›anima‹? Wo ist sie? … Wenn Sie wie ich die pianistische Karriere viele Jahre lang verfolgt hätten – über fünfundsechzig Jahre, wissen Sie –, dann hätten Sie diesen ständigen, ständigen, ständigen Kontakt mit der Menge erlebt, die Sie auf eine Weise überzeugen oder beherrschen oder in den Griff bekommen müssen, verstehen Sie? … Aber wenn Sie in guter Stimmung sind, haben Sie die Aufmerksamkeit von ihnen allen. Sie können einen Ton spielen und ihn eine Minute lang aushalten – sie werden zuhören, als wären sie gewissermaßen in Ihrer Hand, und diese Ausstrahlung läßt sich durch eine Schallplatte nicht erreichen. So, ich komme auf den Punkt. Sehen Sie, das läßt sich durch eine Schallplatte nicht erreichen.«

Gould hält dagegen, daß er weder die Seele seiner Zuhörer packen noch Macht über sie haben wolle. Er beschreibt das Abenteuer des Pianisten nicht als Kampf ums Publikum, als Eroberung des Auditoriums, sondern als Expedition in die Werke. »Denn ich denke, die ideale Weise, an eine Aufführung oder ein Kunstwerk heranzugehen …, besteht darin anzunehmen, daß man, wenn man beginnt, nicht recht weiß, worum es dabei geht … Ich weiß sehr selten, wenn ich ins Studio komme, auf welche Weise genau ich etwas machen werde. Ich meine, ich probiere es auf fünfzehn verschiedene Weisen, und acht davon funktionieren vielleicht einigermaßen gut, und es besteht die Möglichkeit, daß zwei oder drei wirklich überzeugend klingen … Es macht den ausführenden Künstler sehr dem Komponisten ähnlich, denn es gibt ihm die Möglichkeit, nachträglich zu redigieren, es verleiht ihm diese Macht – es ist eine andere Macht als die, von der Sie gesprochen haben, aber sie ist trotzdem sehr real. Nun, offensichtlich ist das etwas, was man in einem Konzert nicht tun kann, und sei es nur, weil man nicht, wie ich es mir immer gewünscht habe, anhalten und ›Take two‹ sagen kann.«

Am Ende des Gouldschen Plädoyers nickt oder knickt Arthur Rubinstein ein: ›Also, Sie fangen an, mich zu überzeugen.« Aber dann sagt er etwas sehr Rührendes, das zugleich programmatisch ist: »Sehen Sie, ich bin in einer anderen Epoche geboren. Ich schleppe die alten Dinge mit mir herum, die an mir hängen – na, so wie die Blechdosen, die man an den Hochzeitswagen hängt, nicht? Sie bleiben bei mir. Aber Sie sind in eine andere Welt hineingeboren als ich – deshalb wird all Ihr Talent davon eingenommen … Meine Kinder betrachten die Welt, als sei sie zusammen mit dem Flugzeug entstanden. Ich erinnere mich noch, daß ich von Dädalus und Ikarus träumte – ich finde es so schlimm, daß er sich verirrt hat. Aber irgendwo werden wir mit unseren Vorstellungen zusammentreffen. Ich kann nicht sagen, wie genau das geschehen wird, aber denken Sie an meine Worte: Irgendwo werden wir uns treffen.«

Die Legende lebt

Als die Leute sich vor der Carnegie Hall um die Karten für das Revival-Konzert reißen, zerren nicht nur immer noch, sondern immer stärker die Nerven an Vladimir Horowitz. Aber er hat sich ein neues pianistisches Credo verordnet: »Einfachheit ist Klugheit.« Er wird den Leuten nicht mit Clementi kommen, aber die Erfahrung mit Clementi soll sein Spiel prägen. Und gut ist, daß er seine Zweifel aussprechen, ja sogar öffentlich machen kann. Dem eigenen Jahrhundert ist er inzwischen entfremdet:

»Wenn ich meine Schallplattenaufnahmen der Sonaten von Prokofjew, Barber oder Kabalewsky anhöre, dann habe ich das Gefühl, es spiele da jemand anders. Ich wüßte nicht, wie ich diese Werke heute angehen sollte. Auch die Liszt-Kompositionen sagen mir nicht allzuviel. Ich werde die h-moll-Sonate auch in Zukunft spielen; sonst aber wird Liszt nur spärlich zu hören sein.« Ist das schon die Abkehr vom Virtuosentum? Hat sich Horowitz, ganz gegen seine Natur, zur Innerlichkeit bekehrt? Soll die »Einfachheit« bedeuten, daß er sich das ganz große pianistische Handgemenge nicht mehr zutraut? Keineswegs:

»Lassen wir das Publikum urteilen. Ich hoffe, daß ich immer noch ein Virtuose bin; es ist schön, ein Virtuose zu sein. Aber ich hoffe, die Leute finden es gut, weil sie die Musik gut finden. Es ist nicht leicht, nach zwölfjähriger Abwesenheit wiederum aufzutreten. Und mittlerweile bin ich sechzig. Wer weiß, vielleicht spiele ich wie eine Sau.«

Ob nun Horowitz wirklich der »größte Pianist des 20. Jahrhunderts« gewesen ist oder ob er sich den Rang des ganz außerordentlichen Virtuosen nicht doch mit Arthur Rubinstein teilen sollte; ob nicht Piano-Temperamente wie Swjatoslaw Richter oder Emil Gilels die viel aufregenderen Gestalten an den 88 Tasten gewesen sind; ob nicht ein Arturo Benedetti Michelangeli oder ein Solomon die Ästhetik des Klavierspiels viel weiter in die letzten Finessen des Klangs sublimiert haben; ob der Rang des Jahrhundert-Pianisten nicht doch einer Persönlichkeit wie Maurizio Pollini reserviert bleiben sollte, die neben dem klassischen Repertoire auch die Musik des Jahrhunderts selbst mitentdeckt und mittradiert hat – es gibt einen Punkt, in dem Vladimir Horowitz wirklich einzigartig ist, in dem er sich selbst bei seinen schönsten Soloabenden übertroffen hat: Kein anderer Pianist des eben vergangenen Jahrhunderts ist so berühmt geworden wie Horowitz durch die Konzerte, die er *nicht* gegeben hat, kein anderer hat sich durchs schweigende Klavier solche Verehrung und so viel treue Anhängerschaft erworben, kein anderer die Auftrittsfermaten zu solcher Medienwirkung gebracht, kein zweiter aus der persönlichen Not so viel künstlerische Tugend gemacht. Es waren nicht die Sensationskonzerte, die ihn vollends zur Legende machten, es waren seine Auszeiten. Es scheint, als habe er das schon damals begriffen, 1965, ehe er sich wieder aufs Podium der Carnegie Hall wagte. In den heiklen, nervösen Tagen vor dem Konzert sagte er der »New York Times«: »Es ist schwierig, wenn man gleichsam als Legende lebt. Für die Leute bin ich eine Legende. Aber ich lebe immer noch. Wie auch immer: Meine Zukunft ist eigentlich meine Vergangenheit, und meine Vergangenheit ist auch meine Gegenwart. Nun muß ich von der eigentlichen Gegenwart ausgehen und die zur Zukunft machen.«

Es hat, nach den zwölf Jahren im Zauberberg, dann noch zwei weitere Rückzüge vom Podium gegeben, von 1969 bis 1974, von 1982 bis 1984; aber daß er jeweils bei der Wiederkehr der eigenen Legende standhalten konnte – das machte das Wunder Horowitz aus.

XIX

Madame Butterfly tastet sich vor

oder: Wie das Klavier Japan
und Japan den Klaviermarkt eroberte

Ein immenser Reichtum an Talent und profes-
sionellem Können breitet sich in den musikalischen Kreisen Japans aus. Besonders in der jüngeren Generation regt sich ein unbezähmbarer
Unternehmungsgeist in Verbindung mit Enthu-
siasmus und gerechtem Selbstbewußtsein. Es ist
diese wunderbare japanische Jugend mit ihrem
Idealismus und ihrer vorwärtsdrängenden Energie, auf der die musikalische Zukunft der Na-
tion ruht.

Klaus Pringsheim (1968)

Die Tastentouristen

Preisfrage: Wie erkennt man in europäischen Großstädten, daß man sich in der Nähe einer Musikhochschule, eines Konservatoriums oder einer musikalischen Akademie befindet? Woher weiß man, noch ehe die ersten Töne zu hören sind, daß man auf eine Ausbildungsstätte für Pianisten zugeht? Wie kann man einer Stadtlandschaft die Konzentration künftigen Virtuosentums ansehen?

Man bemerkt es an der Verwandlung der Passanten, an der ungewöhnlichen Population. Die wird nicht einfach nur multikulturell, die wird fernöstlich. Man hat den Eindruck, als habe ein Touristenbus soeben eine Gruppe japanischer Besucher ausgeworfen und sie zum Sightseeing entlassen – nur haben die jungen, meist freundlichen, tiefkonzentrierten jungen Leute keine Kameras bei sich, keinen Blick für die Umgebung, und statt vor irgendeiner Kirche, Säule oder Giebelfront stehenzubleiben und das obligate Foto zu schießen, gehen sie mit ihrer Mappe oder der Plastiktüte zielstrebig ihres Wegs – der sie zur Konzertreifeprüfung, zum Podium, in die Öffentlichkeit, zur Bekanntheit und letztlich zum Ruhm führen soll. Zunächst aber zum Unterricht.

Und auf den Wartebänken vor den Professorenzimmern (mit den zwei parallel gestellten Flügeln) sieht es für die europäischen Konkurrenten etwa so aus wie für den jungen Österreicher, der in Elfriede Jelineks Roman »Die Klavierlehrerin« auf seinen Termin wartet: »Herr Klemmer sitzt nun schon seit drei Koreanern auf seinem Sessel und nähert sich seiner Lehrerin millimeterweise vorsichtig an ... Die Koreaner verstehen nur das Nötigste auf deutsch und werden daher englisch mit Urteilen, Vorurteilen und Tadeln beliefert. Herr Klemmer spricht in der internationalen Sprache des Herzen zu Frl. Kohut. Die Fernostler spielen dazu die Begleitung, unempfindlich in ihrer bewährten gleichmütigen Art für die Schwebungen zwischen der wohltemperierten Lehrerin und dem Schüler, der das Absolute will. Erika spricht in der fremden Sprache über die Sünden wider den Geist Schuberts – die Koreaner sollen fühlen, nicht eine Schallplatte von Alfred Brendel stumpf imitieren.«

Denn das Klavier hat im 20. Jahrhundert doch noch einmal eine ganze Weltgegend erobert – so wie es im 19. von Europa aus Nord- und Südamerika besetzt hatte –, und zwar den Fernen Osten, Japan, Südkorea, ein wenig auch China und Indien. Es hat zumal in Japan eine Leidenschaft entfacht, wie sie in Europa etwa um 1850 geherrscht hat, eine Tastentollwut und Exerzierbereitschaft, eine Hingabe und Herzenslust, die nun wiederum dazu geführt haben, dem Instrument neue Popularität auch in den Ländern seiner klassischen Herkunft zuzuschanzen. Eine neue totale Besessenheit Asiens überlagert die Resignationen von Alter und Neuer Welt. Das Klavier besiegt Japan, und Japan rettet das Klavier.

Der Erfolg des Klaviers in Japan kommt nicht von ungefähr. Das Instrument entspricht in seinen Anforderungen genau jener Leistungsethik, die die japanische Gesellschaft wie kaum eine andere prägt. Ohnehin ist es das Musikgerät, das jedem offensteht, und das gilt auch für Nationen, Mentalitäten, Kulturen. Wer am Klavier etwas werden will, muß hart arbeiten, täglich üben, konzentriert bei der Sache sein, jahrelange Ausdauer haben und den Ehrgeiz, besser zu sein als die vielen anderen – die den gleichen Ehrgeiz haben. Er oder sie muß den Willen besitzen (und die Konstitution dazu, die solchen Willen erst möglich macht), zum Beispiel schon morgens vor der Schule zwei Stunden am Klavier zu sitzen und die Freundschaft mit Gleichaltrigen zu vergessen.

In Japan vollzog sich in großem Stil das, was Carson McCullers unter dem Thomas Mann-Titel »Wunderkind« für eine amerikanische Gesellschaft beschrieben hat, der dieser klavierkollektive Ehrgeiz gerade abhanden kam: »Wenn sie nur spielte, wie gespielt werden mußte, und das Etwas aus sich herausholte, das in ihr stecken mußte, und übte und übte und spielte ... Wenn sie nur das Etwas in ihr Spiel legen konnte, das Myra

Hess hatte und das Yehudi Menuhin hatte ... Was für eine Umwandlung hatte vor vier Monaten in ihr begonnen? Die Töne fingen an, glatt und leblos herauszuspringen. Adoleszenz, dachte sie. Manche Kinder spielten vielversprechend – und arbeiteten und arbeiteten, bis – wie bei ihr – die geringste Kleinigkeit sie zum Weinen brachte. Erschöpft von allem Bemühen, das Etwas richtig herauszuholen, das sie erstrebten, begann ihnen etwas Seltsames zu widerfahren.« Und wie ein halbes Jahrhundert zuvor die Dichterin Marina Zwetajewa geht dieses amerikanische Wunderkind, diese Frances aus Cincinnatti, dem Klavier verloren: »Ich weiß nicht warum, aber ich kann einfach nicht, kann einfach nicht mehr.« Im Fernen Osten aber lernt man gerade erst können.

Japan wird Klavierweltmeister

Während der zwölfjährigen Klausur von Vladimir Horowitz ist es passiert: Japan wurde zum größten Klavierproduzenten der Welt, lief selbst den Vereinigten Staaten den Rang ab. Betrug die Zahl der jährlich produzierten Instrumente 1953 noch nur zehntausend, so sind es 1969 schon mehr als eine Viertelmillion, rund dreißigtausend mehr als die Amerikaner herstellen. Das Auftauchen japanischer Pianos bei den Händlern, auf den Musikmessen, in den Musikschulen und Konzertsälen erschwert aber nicht nur das Geschäft, sondern belebt es auch. Es gibt der Musikszene einen neuen Impuls, indem es ein Gebrauchsinstrument kreiert. In der zweiten Jahrhunderthälfte bringt Japan der Welt nicht nur neue, preiswerte, manchmal auch bloß billige Klaviere; es führt ihr auch modernes Marketing vor. Die japanische Piano-Passion zeigt dem klaviermüden Europa, wie vielen Menschen es noch immer in den Fingern juckt.

So plötzlich, wie die Produktionsexplosion zwischen 1953 und 1969 anzeigt, hat sich der japanische Zugriff auf das Instrument allerdings nicht vollzogen. Es hatte im Prinzip schon hundert Jahre zuvor begonnen, 1868, als Kaiser Meiji (Mutsu-hito) den Thron bestieg, den Regierungssitz von Kyoto nach Tokio verlegte, das alte, verkrustete, intrigante Feudalsystem ab-schaffte und das gesamte Staatswesen nach europäischem Mu-ster reformierte. Vor allem das kulturelle Leben wurde zuneh-mend von Europa beeinflußt. Zwei Institutionen waren es, die für die Verbreitung westlicher Musik sorgten: die Kirche und die Militärkapellen. Ein Bericht von 1895 besagt, »daß Mäd-chen in den Missionsschulen unterschiedslos Klavier lernen, es aber, wenn sie entlassen werden, schnell wieder vergessen«.

Zunächst aber standen in diesen Schulen nicht Klaviere, son-dern Harmonien. Und ein Harmonium ist es auch, das gewis-sermaßen den Auftakt zum japanischen Klavierbau gab. Ein jüngerer Mann, erfahrener Techniker und Tüftler, Uhrenrepa-rateur und Bauer astronomischer Geräte, Torakusu Yamaha, wurde 1887 von Osaka nach Hamamatsu gerufen, um in der dortigen Grundschule ein Harmonium amerikanischer Bauart zu überholen. Mit Musikinstrumenten hatte Torakusu noch keine Erfahrung, aber er erledigte seinen Auftrag zur Zufrie-denheit, auch zur eigenen. Denn er hatte während der Repa-ratur eine genaue Zeichnung der Mechanik des Harmoniums angefertigt, gründete ein Jahr später seine eigene Firma und baute das erste japanische Harmonium. Das erste Klavier kam zwölf Jahre später, zur Jahrhundertwende 1900. Und auch in den folgenden Jahren waren es immer noch die kleinen Tret-orgeln, die den Klavieren den Rang abliefen: Um 1911 wur-den in Japan knapp tausend Pianos, aber fast zehnmal so viele Harmonien produziert.

In den europäischen Musikzeitschriften mehren sich um diese Zeit Hinweise auf japanische Pianos und ihr Auftauchen auf dem chinesischen, indischen und australischen Markt; als Rivalen sieht man sie nicht. »Es ist wenig wahrscheinlich, daß die Japaner der Pianoindustrie je Konkurrenz machen wer-den«, schreibt »Presto«, und die »Musical News« sekundie-ren: »Es ist unvorstellbar, daß den englischen, deutschen, fran-zösischen Firmen in ihren Ländern Nachteile entstehen. Kein vernünftiger Europäer, der nicht gerade einen Neuheitsfimmel hat, wird sich ein Instrument aus dem fernen Japan anschaffen.« Ein halbes Jahrhundert lang sollten solche Stimmen recht behalten; bis zum Zweiten Weltkrieg produzierten die Japaner für den eigenen Gebrauch und für den asiatischen Raum. Für den eigenen Gebrauch: das heißt aber, daß es schon damals Zehntausende junger Japaner und Japanerinnen gibt, die sich am Klavier abmühten: die Tastatur als zweite Bildungsebene. Aber der eigentliche Klavierboom in Japan beginnt erst nach dem Krieg, nach dem atomaren Schock von Hiroshima und Nagasaki; er beginnt als friedfertigste Form der Wiederaufrüstung. Wie sehr das Inselreich von Unternehmungslust, von Aufstiegswillen, von Geschäftsgeist vibriert und vitalisiert wird, kann man an literarischen Texten wie Yasushi Inoues »Der Stierkampf« ablesen. Aber auch ein Westler wie Paul Theroux beschreibt die Mentalität der neuen Japaner gleich nach der Katastrophe: »Sie hatten den Krieg verloren und die Welt gewonnen ... Die Japaner wurden zerstört und gingen aus dieser Zerstörung als neue Menschen hervor; nur die Loyalitäten waren noch die alten – der Rest war neu.«

Neu war das Tempo, mit dem eine Firma wie Kawai – 1927 gegründet, 1937 kriegsbedingt auf Rüstungsproduktion umgestellt – bei der Wiedereröffnung 1951 das Klaviergeschäft betrieb. Als 1955 Shigeru Kawai nach dem Tode seines Vaters Koichi die Firma übernahm, begann er, die Klavierherstellung zu industrialisieren. 1961 wurde in Maisaka die Fließbandproduktion aufgenommen, mit der bis zu fünftausend Instrumente im Monat hergestellt werden konnten. 1978 – ein halbes Jahrhundert nach der Firmengründung – wurde das millionste Kawai-Klavier hergestellt. (Zum Vergleich: Die Firma Steinway, 1853 gegründet, konnte 1993, also nach 140 Jahren, ihr 500 000. Instrument feiern.) Innerhalb weiterer zwölf Jahre – 1990 – war die Gesamtproduktion auf zwei Millionen gestiegen. Der eigenen Massenware setzte Kawai in den letzten Jahren seinen EX entgegen, einen handgefertigten – also in traditioneller Bauweise entstandenen – Konzertflügel, der den großen Instrumenten auf den Podien der Welt: Steinway, Bösendorfer, Baldwin, Bechstein, Fazioli, Blüthner Konkurrenz macht.

Mit noch sensationelleren – um nicht zu sagen: monströseren – Zahlen aber kann die Firma aufwarten, die der Harmonium-Reparateur von anno dazumal gegründet hatte: Yamaha. Schon 1962 ist das Unternehmen zum größten Musikinstrumentenhersteller der Welt avanciert, mit Werken in China, den Vereinigten Staaten, seit 1966 auch mit einer deutschen Niederlassung, und 1991 sind aus dem einen Klavier von 1900 fünf Millionen Instrumente geworden. Das meiste davon Fließbandware, von der sich, wie bei Kawai, der Konzertflügel CF als stolzer Solitär abhebt.

Aber die großen Firmen des japanischen Klavierbaus sind auch – anders als in der westlichen Welt – Förderer des Klavierspiels. Sowohl Yamaha als auch Kawai betreiben Tausende von Musikschulen, die sie mit ihren eigenen Instrumenten ausrüsten. »Dies ist natürlich weniger durch eine Art kulturelle Verpflichtung motiviert als durch die sehr nüchterne Erkenntnis, daß man langfristig einen wirtschaftlichen Kundenstamm nicht nur heranziehen, sondern auch pflegen muß«, sagt ein Kenner. Bei dieser breiten Musikerziehung gehen also Pädagogik und Marketing eine früh verabredete Ehe ein: Die tüchtigen kleinen Spieler sollen später tüchtige große Käufer sein.

Dagegen sind die eigentlichen Musikhochschulen Japans – die Akademien von Musashino, Toho, Kunitachi, Shobi, Geidai und andere – außerordentlich teuer. Es sind meist privat finanzierte Institute, und die Studiengebühren sind hoch. Es sind auch solche pekuniären Gründe, die viele junge Leute nach Europa treibt: denn selbst in Städten wie Wien oder Berlin oder Paris können sie billiger leben und studieren als in ihrer Heimat. Damit werden die ideellen Motive keineswegs entwertet, der Wunsch also, Schubert, Beethoven, Brahms, Chopin, Schumann gleichsam an der Quelle, im historischen Ambiente neu zu begreifen.

Nichts ist unmöglich

Greifen wir von den Zehntausenden von »Fernostlern« (Jelinek), die in der zweiten Hälfte des 20. Jahrhunderts nach Europa und zu seinen Klaviergöttern gepilgert sind, einen heraus, keinen Japaner, sondern einen Koreaner, aber auch keinen von der bestrebten Art, die zu Beginn dieses Kapitels ihre Lektion erteilt bekommen haben. Es ist ein junger Mann, der sich durch einen erstaunlich obstinaten Briefwechsel mit dem Leiter der Darmstädter Ferienkurse sehr skurril in die Musikgeschichte eingeschrieben hat (ehe er es dann als eigenwilliger Action-Künstler tat) Er ist keiner von denen, die sich in Schubert oder Schumann versenken, die einen neuen Zugriff auf Bach oder Mozart versuchen; er versteht sich als ein von John Cage inspirierter Neuerer; aber er interessiert hier vor allem, weil er zum Klavier ein anderes, lässigeres, detachiertes Verhältnis hat. Es ist halt kein Kultinstrument mehr, sondern ein Fließbandprodukt, kein Bildungssockel, sondern ein Gebrauchskasten, kein fertiger Klangkörper, sondern ein Bastelset.

György Ligety hat ihm in seinen »Subjektiven Betrachtungen zur Neuen Musik 1950-1970« ein Denkmal gesetzt: »1958 hat der Komponist Paik, der jetzt in New York lebt, in Köln von einem Klavierhändler drei Klaviere für insgesamt 70 DM samt Transportkosten gekauft. Der Klavierhändler war sehr glücklich, daß ihm diese drei Klaviere abgenommen wurden. Es waren nicht mehr zu spielende Klaviere. An einem Klavier gab es keine Klaviatur mehr. Es war die Möglichkeit, die Saiten wie eine Harfe zu spielen ... Am andern Klavier hatte er noch Tasten, und einige funktionierten auch, aber stimmen konnte man das nicht mehr, und dann hat er das präpariert. Es gab eine Taste, wenn man sie anschlug, hörte man ein h h h, andere, wo plötzlich mehrere Saiten angesprochen waren, die lose hingen und eine Art Scheingeräusch machten. Für die Stücke von Paik waren diese Instrumente ideal.«

Ob die Sache mit den drei kaputten Klavieren so stimmt oder schon zu der bizarren Privatmythologie gehört, die der

277

junge Koreaner um sich aufzubauen verstand, sei dahingestellt. Jedenfalls kündigte er Dr. Steinecke Ende 1958 ein neues Werk an, eine »Amusik«, die er wie folgt beschrieb:

»Man benötigt hierzu ein normales Klavier oder einen Flügel, und ein sehr schlechtes Klavier ›prepared‹, und einen Motorroller. Die Klaviere sind nicht nur als Tasten-Zupf-Schlaginstrumente, sondern auch als Streichinstrumente behandelt. Spieler lesen die Zeitung, sprechen mit dem Zuhörer, schieben die Flügel, werfen ein Klavier hin, das Klavier von der Bühne stürzen.« Paik stellte sich den Vorgang etwa so vor:

Die Werkbeschreibung geht dann weiter: »Zuhörer werfen Feuerwerk auf die Bühne, schießen mit der Pistole, zerbrechen Glas. Der Motorroller kommt von hinten an. Außerdem viele Spielzeuge, Wetteraussicht, Nachricht, Sportreley (aus dem Radio), Boogie-Woogie, Wasser, Tonbandton usw. ...«

Worauf Dr. Steinecke mit Humor, aber ums Klavier besorgt, antwortet: »Sicher möchte der Komponist in diesem Fall wohl selbst für die Kosten des Klaviers aufkommen, das von dem Podium in den Saal heruntergestürzt werden soll ... Ein völlig neues Moment ist natürlich der Motorroller. Hierfür wäre es sicher nicht zu schwer, einen Interpreten zu finden, wenn alle anderen Voraussetzungen geklärt sind.«

Paik läßt mit sich reden: es müsse ja nicht unbedingt ein Klavier sein. »Statt ein Klavier umzuwerfen und hinunterzustürzen, kann man diesen ›acte gratuit‹ durch ein großes ›Objekt‹ ersetzen, z. B. einen alten Schrank oder eine Tafel. Ich ziehe einen Schrank vor, da ich mit der Schublade musizieren kann.«

Das Klavier wird dann doch nicht in Darmstadt, sondern in der Düsseldorfer »Galerie 22« umgekippt. Eine Zeitung bringt dazu die Überschrift: »Pianoforte est morte«. Selbstverständlich überlebt auch dieses Instrument den Sturz wie die Totsagung. Paik selbst feiert es mit immer neuen Installationen, läßt es als »Klavier integral« auferstehen, ausgerüstet mit Wekker, Sirene, Staubwedel, Glühbirne, Stacheldraht, Spielzeug, BH und ausgeblasenen Hühnereiern. Das ist nicht mehr Präparation, das ist die Auseinandersetzung mit dem Mythos »Das Klavier ist ein Tabu. Es muß zerstört werden«, sagt der Künstler in einem Interview.

Bei der ersten Einzelausstellung Paiks, 1963 in der Wuppertaler »Galerie Parnass«, ist es dann soweit. Einer der Besucher nimmt plötzlich eine Axt zur Hand und zerhackt das Instrument. Der Name des Attentäters: Joseph Beuys.

Die Aktion dichtet sich weiter. Eines Tages taucht sie als literarische Paraphrase wieder auf.

XX
Elegie und Hohngelächter (2)
oder: Auf zum letzten Gefecht!

Kein Klavierspiel mehr.
Thomas Bernhard
(»Der Untergeher«)

Hab nie mehr musiziert.
Heinrich Böll
(»Frauen vor Flußlandschaft«)

Jeden Tag stirbt ein Musikstück …
Elfriede Jelinek
(»Die Klavierspielerin«)

Flügelzerhacker vor Flußlandschaft

Die feinen Leute in den schönen alten Villen am Rhein zwischen Bonn und Bad Godesberg sind alarmiert: Seit etlichen Jahren geht dort ein merkwürdiger Bürgerschreck um, ein bizarrer Wüterich, der in die Häuser einsteigt und dann einen barbarischen Akt begeht: Er nimmt sich die repräsentativen Flügel vor, tranchiert sie kunstgerecht und stapelt anschließend die Holzteile wie Scheite vor dem Kamin. Ein Flügelberserker sucht die diskreten, gepflegten Villenviertel am Rheinufer heim, ein Klavierzerstörer treibt sein Unwesen in der späten Bonner Republik und straft ihre Repräsentanten und grauen Eminenzen mit Instrumentenvernichtung. Kein Prominenter kann sicher sein, sein edles Piano nicht am nächsten Morgen als Kaminholz wiederzufinden. Die tonangebenden Kreise fühlen sich unbehaglich, ja tief verstört.

Es gibt einen schlimmen Verdacht. Man vermutet den Täter in den eigenen Reihen, in einem der ersten Häuser. Keiner, der nicht bei einem neuen Anschlag sofort an Karl von Kreye dächte, den jungen Grafen, der, vor wenigen Jahren noch ein hoffnungsvoller Jurist und begehrteste Blaublutkonserve für die neureiche Polit-Parvenü-Gesellschaft, eines Tages seinen eigenen Flügel mit der Axt zerhauen hat und seitdem zu einer Art von renommiertem Outcast geworden ist: von der Frau getrennt, mit einem Kind von der Geliebten, und neuerdings in einem Wohnwagen hausend auf dem väterlichen Grundstück. »Vor sieben Jahren hat er seinen eigenen Flügel zerhackt und im Kamin verbrannt«, erzählt man sich, und auch: »Ich bekam Angst vor ihm – er machte das so kalt, vollkommen kalt: exakt, konsequent – und es roch nach verbranntem Lack. Nur die Rädchen hat er merkwürdigerweise behalten.« Und als in der vergangenen Nacht der Flügel des Bankiers Kapspeter das Kleinholzschicksal erlitten hat, kommt sofort wieder Karl von Kreye ins Visier. Aber die Freundin des Grafen (und Mutter seines Kindes) gibt einer geängstigten Flügelbesitzerin die nur halb tröstliche Auskunft: »Die Analyse der bisherigen Flügeldemontagen ergibt eindeutig, daß es sich in allen drei Fällen um Bankiersflügel gehandelt hat: Florian, Bransen, Kapspeter. Der Täter muß damit eine bestimmte Absicht verbinden ... Ich würde allerdings für alle Bankiershaushalte verstärkte Flügelsicherungstruppen für angebracht halten. Für Sie sehe ich keine Gefahr. (– Denn die Dame ist keine Bankiere –) Übrigens hat Kapspeter schon einen neuen Flügel bestellt.«

Und auch Karl von Kreye weist den Verdacht von sich, ein Serientäter zu sein, indem er seine Untat gegenüber dem eigenen Instrument erläutert: »Ihr habt damals zuviel Aufhebens um meinen Flügel gemacht, fast einen Skandal, wo ich doch nur mit meinem Eigentum – sagen wir – etwas ungewöhnlich umgegangen bin ... Dabei war's doch nur eine Art privater, stiller Gottesdienst, ja, eine Weihehandlung, eine Opferhandlung, ein Ritual.« Nämlich der Protest gegen die wohl absichtliche Verkettung unglücklicher Umstände, durch die ein Freund bei einer Polizeikontrolle »irrtümlich« erschossen wurde. Und dann eben ereignete sich jene Szene, die ihr literarisches Vorbild zu haben scheint in der Pistolenattacke, die Robert Musil seinen Helden Ulrich auf den Flügel der Schwester begehen ließ. »Als ich aus Konrads Wohnung kam, saß Eva da und spielte mit Wubler eine vierhändige Bearbeitung von Chopin, und Erika saß andächtig dabei. Ich habe kein Wort gesagt, war nicht einmal wütend – hab' die beiden höflich gebeten aufzustehen, das Beil aus der Kammer geholt, den Flügel zerhackt, ruhig, fast höflich, kalt nannten sie es – und auf der Terrasse brannte das Kaminfeuer. Das war natürlich ein Schock, weil es so still geschah, fast selbstverständlich – sie sind alle geflohen wie vor einem Wahnsinnigen.« Aber ein Wahnsinniger ist dieser Graf nicht – sondern eine Figur aus Heinrich Bölls spätem Roman »Frauen vor Flußlandschaft«.

Was will der Dichter uns mit seinen Flügelberserkern sagen? Seinem obskuren Serientäter mag es, anders als dem Grafen, um Protest gegen Reichtum, gegen Bankiersgeld gehen. Er mag

die schönen alten Instrumente zerlegen als Dekorationsmö-
bel, als Repräsentationsobjekt, das dem Neureichtum tiefere
Gefühle und höhere Bildung attestiert. Aber durch Karl von
Kreye kommt Sublimation in den antiplutokratischen Affekt:
»Ein Musikinstrument, gar ein kostbares Klavier, auf dem mit
an Sicherheit grenzender Wahrscheinlichkeit Bach gespielt hat
– den auseinanderzunehmen *(Echt bewegt)* – ich sehe darin einen Akt höchster Spiritualität, eine Art himmlischen Protest
gegen die Täuschungen der Musik, gegen den Luxus, den Hun-
ger, den Durst, gegen Krieg und Elend und jegliche Form von
Materialismus.« Aber damit nun niemand den Materialismus
allzu materialistisch verstehe, geht das Plädoyer noch weiter und
schwingt sich zu größeren Höhen auf: »Es könnte erlösend wirken, die Spannungen vermindern, es könnte als metaphysisches
Signal verstanden werden, als antimaterialistisches Zeichen:
Abschied von den Materialien der Musik, diese in himmlische
Abstraktheit hinausheben, sozusagen vom Ohr befreit …«

Jetzt hat Heinrich Böll alle Motive verflochten oder ver-
dreht, den individuellen Protest, das kriminelle Aufbegehren,
die weltweite Signalwirkung und die Befreiung der Musik vom
Stigma der Konkretheit: Indem der Flügel vernichtet wird,
schwingt er sich gleichsam auf. Und nachdem die Ideen sortiert sind, können die praktischen Vorbereitungen getroffen
werden:

»Es darf nichts splittern«

»Sie laden zu einem Hauskonzert ein, drucken ein Programm,
alle Gäste kommen festlich gekleidet, wie zu einer Hochzeit,
und Sie, Sie entblättern Ihren eigenen Flügel, während der
Pianist oder die Pianistin, die das Konzert hätten geben sollen,
den Beethoven, Chopin oder Mozart partiturgerecht, korrekt
an die Wand hämmert … Wenn Sie praktische Anweisungen
brauchen, lassen Sie sich von einem Flügelbauer die – sagen
wir – chirurgischen Details eines Flügels erklären. Ich meine

die Angelpunkte eines Flügels, seine Konstruktion. Es darf nichts splittern, wissen Sie, sauber muß alles sein, sauber. Sie brauchen wahrscheinlich nur einen Schraubenzieher und ein ganz kleines, festes Kläuchen ... Viele Stellen an einem Flügel sind verfugt, verzinkt, nicht verschraubt – man muß die Fugen mit Zartgefühl lösen und die Zinken aushebeln ...«

(Offenbar hat Heinrich Böll sich selbst nicht von einem Klavierbauer beraten lassen, denn ganz so leicht ist die Sache nicht. So bleiben bei seinen Demontagen neben dem Holz immer nur die »Rädchen« – gemeint sind die Flügelrollen – übrig, und nie ist von den Saiten die Rede, schon gar nicht vom eisernen Rahmen, der, zwischen eineinhalb und zweieinhalb Metern lang, ein unzerstörbarer, vierteltonnenschwerer Brocken ist, von keinem Werkzeug zu zerkleinern, weil er wahrhaft aus einem Guß ist.)

Aber der Flügelfuror in den »Frauen vor Flußlandschaft« ist keine einsame Marotte Heinrich Bölls. Die Dekonstruktion, um nicht zu sagen: Destruktion, hat in den achtziger Jahren literarische Methode. Der Böllsche Roman, 1985 erschienen, bildet eher die groteske Nachhut dessen, was als ein letztes Gefecht gegen Klavier und Klavierspiel im 20. Jahrhundert angesehen werden kann. Der rheinischen Verhackstückung sind zwei Prosarhapsodien aus Österreich vorausgegangen, die mit dem Klavierbetrieb auf sehr viel subtilere und stimmigere Weise aufräumen – Elfriede Jelineks Roman »Die Klavierspielerin« und Thomas Bernhards Monolog »Der Untergeher«, beide übrigens im selben Jahr, 1983, erschienen.

Auch in diesen Büchern gibt es Zerstörungswut. Da hat zum Beispiel die Klavierlehrerin Erika Kohut einen Moment lang »das Bedürfnis, den Kopf des Schülers bei den Haaren zu packen und ins Leibesinnere des Flügels zu schmettern, bis das blutige Gedärm der Saiten kreischend unter dem Deckel hervorspritzt. Der Bösendorfer wird dann keinen Ton mehr sagen.« Während das aber nur Wunsch bleibt, virtuelle Verwüstung, gibt es bei Thomas Bernhard den realen Akt: »... ich verschenkte meinen *Steinway* eines Tages an eine neunjährige

Lehrerstochter aus Neukirchen bei Altmünster, um nicht mehr von ihm gequält zu werden. Das Lehrerkind hat meinen Steinway in der kürzesten Zeit ruiniert, mich schmerzte diese Tatsache nicht, im Gegenteil, ich beobachtete diese Zerstörung mit perverser Lust.« In Wahrheit aber geht es in beiden Büchern eher um Ver- als um Zerstörung. Und zugleich wird der Klavierbetrieb in einem viel umfassenderen Sinn aufs Spiel gesetzt.

Der Furor der Jelinek

Jelineks Roman ist die ebenso kalt wie höhnisch erzählte Geschichte einer perversen, verklemmten und schließlich brutalen Liebesbeziehung zwischen einer Klavierlehrerin und einem ihrer älteren Schüler, ein Stück aus dem Abnormitätenkabinett der Sexualität – aber alle Perversion der Gefühle und Lüste und Körperlichkeiten rührt gewissermaßen vom Klavier und seinem Regiment her, vom jahrzehntelangen Spielzwang, vom Terror der Tastatur, von der Übermacht eines Ehrgeizes, die sich im Instrument materialisiert und ein Kind in eine kleine Maschine verwandelt. Die Zurichtung vollzieht sich an den Tasten. Was in Grete Wehmeyers kritischer Studie »Carl Czerny oder die Einzelhaft am Klavier« – übrigens ebenfalls 1983 erschienen – musiksoziologisch analysiert wurde, wird bei Elfriede Jelinek haßbegeisterte Schilderung: »Der Habicht Mutter und der Bussard Omutter verbieten dem ihnen anvertrauten Kind das Verlassen des Horstes. In dicken Scheiben schneiden sie IHR das Leben ab ... Jede Schichte, in der sich etwas Leben regt, wird als verfault erkannt und weggesäbelt. Zuviel Herumflanieren schadet dem Musikstudieren.« Und der Psychoterror durchwest die Musik und macht sie eklig: »Der schmutzige Schwall Klassik schwappt durch sämtliche Öffnungen des Hauses und ergießt sich über die Hänge ins Tal hinab. Es wird den Nachbarn sein, als stünden sie dicht daneben. Sie müssen nur den Mund aufmachen, schon fließt ihnen die warme Molke Chopins ins Maul. Und später noch Brahms, dieser Musiker der Unbefriedigten, speziell der Frau.«

Die Musik wird mitgeschmäht, weil sie dem Frustrationsgerät Klavier zuarbeitet, weil sie sich zur Komplizin macht von terrorisierender Mutter und Großmutter. Dabei ist sie doch zugleich auch Opfer, Opfer selbst des tyrannisierten Kindes: »Jeden Tag stirbt ein Musikstück, eine Novelle oder ein Gedicht … Und vermeintlich Unvergängliches ist trotzdem vergangen, keiner kennt es mehr. Obwohl es Fortdauer verdient hätte. In Erikas Klavierklasse hacken selbst Kinder schon auf Mozart und Haydn los, die Fortgeschrittenen gleiten über die Kufen von Brahms und Schumann dahin, den Waldboden der Klavierliteratur mit ihrem Schneckenschleim überziehend.« Wessen Degout aber ist es, der sich da ausspricht: der dieser furiosen Autorin selbst oder ihrer angewiderten Heldin oder der einer geläufigen Kulturkritik?

Noch böser wird der Musik zugesetzt, wenn sie andächtig gelobt wird, wenn das Lob den Zuhörern in einen von Phrasen überquellenden Mund gelegt wird. »Ein philharmonischer Besucher nimmt die einführenden Worte seines Programms zum Anlaß, einem anderen Besucher zu erklären, wie sein Innerstes vom Schmerz dieser Musik erbebt. Gerade vorhin hat er das und ähnliches gelesen. Beethovens Schmerz, Mozarts Schmerz, Schumanns Schmerz, Bruckners Schmerz, Wagners Schmerz. Diese Schmerzen sind nun sein alleiniger Besitz, und er ist wieder der Besitzer der Schuhfabrik Pöschl oder der Baustoffgroßhandlung Kotzler. Beethoven bewegt die Hebel der Furcht, und sie lassen dafür ihre Belegschaft furchtsam springen. Eine Frau Doktor steht mit dem Schmerz schon lang auf du und du. Sie ergründet jetzt seit zehn Jahren das letzte Geheimnis von Mozarts Requiem …«

Der Lack ist ab

Erkennen wir diese Besucher wieder? Sind es nicht, gegen Ende des 20. Jahrhunderts, die gleichen wie an seinem Beginn? Sind es nicht abermals und immer noch die Thomas Mannschen »Leute« mit ihren »Leutegehirnen«? Haben sie sich mit ihrer fatalen Kunstsinnigkeit durch die Katastrophen gerettet? Ist es ihre Zählebigkeit, die fortwährend die Kunst mit dem Geschäft amalgamiert? »Eine Fülle der Empfindung überschwemmt einen Herrn Fleischereibesitzer. Er kann sich nicht wehren, obwohl er ein blutiges Handwerk gewohnt ist. Er ist starr vor Staunen. Er sät nicht, er erntet nicht, er hört nicht gut, aber er kann in einem öffentlichen Konzert besichtigt werden.« Ist das die Jelinek oder der Thomas Mann? Denn da begegnen sich nicht nur der Wiener Fleischhauer und der Geschäftsmann aus dem »Wunderkind«, nicht nur die Sentimentalitätscleverness heute und damals, es trifft sich auch der neuere Wiener Schmäh mit der Ironie von anno dazumal.

Das ist ein merkwürdiger, vielleicht sogar tröstlicher Befund: In dem Maße, wie das Klavier sich behauptet, erhält sich auch der Klavier-Sarkasmus. Während der Konzertbetrieb sich weiter abspielt, in aller Routine und auf allen Kanälen, mobilisiert sich, nach alten Mustern, der geschliffene Hohn. Dem Virtuosen wie der von ihm erzeugten Faszination schlägt, im frühen wie im späten Säkulum, die virtuos gehandhabte ironische Geißel auf die Finger. Aphoristisch gesagt: Wer Klavier spielt, braucht für den Spott nicht zu sorgen. Wie lange aber schon arbeiten sich spitze Federn an diesem standfesten, unzeitgemäßen, mißbrauchten, aber auch strahlenden Instrument ab? Wie lange schon erzählen sie uns, daß der Lack ab sei?

Hat es nicht, vor gut anderthalb Jahrhunderten, schon Heinrich Heine darin zur Meisterschaft gebracht? Und der war doch immerhin Zeitgenosse und Zuhörer von Chopin und Liszt, von Thalberg und Clara Wieck, von Mendelssohn und Alkan, war Zeuge einer Virtuosität aus allererster Hand. Und doch, wenn er vom Klavier und von Pianisten sprach, immer nur den äußersten Hochmut kultiviert, wie in dieser Passage: »Die älteren Pianisten traten immer mehr in den Schatten, und diese armen, abgelebten Invaliden des Ruhms müssen jetzt hart dafür leiden, daß sie in ihrer Jugend überschätzt worden sind. Nur Kalkbrenner hält sich noch ein bißchen. Er ist diesen Sommer wieder aufgetreten; auf seinen Lippen glänzt noch immer jenes einbalsamierte Lächeln, welches wir jüngst auch bei einem ägyptischen Pharaonen bemerkt haben, als dessen Mumie in dem hiesigen Museum abgewickelt wurde. Henri Herz glänzt nur noch durch seinen Konzertsaal, er ist längst tot, und hat kürzlich auch geheiratet.« Wie von solchen Sätzen aufgeputscht, formuliert die österreichische Hohn-Diseuse: »Der formlose Kadaver, diese Klavierlehrerin, der man den Beruf ansieht, kann sich schließlich noch entwickeln.«

Gemeint, so sollen wir es verstehen, ist die Chance als Frau; denn als Pianistin hat dieses »Frl.« Erika Kohut sie längst verpaßt, da sieht sie sich in der pädagogischen Sackgasse »vor stammelnden Anfängern und seelenlosen Fortgeschrittenen«, und teilt sich wohl die Resignation mit ihrer Autorin: »Konservatorien und Musikschulen, auch der private Musiklehrbereich, nehmen in Geduld vieles in sich auf, was eigentlich auf eine Müllkippe oder bestenfalls ein Fußballfeld gehörte … Die Grenze zwischen den Begabten und den Nichtbegabten zieht Erika besonders gern im Laufe ihrer Lehrtätigkeit, das Aussortieren entschädigt sie für vieles, ist sie doch selbst einmal als Bock von den Schafen geschieden worden.« Und wie mit stummem Fingerwechsel gibt Elfriede Jelinek den sarkastischen Ton an Thomas Bernhard ab: »Angetreten, um große Virtuosen zu werden, fristen sie ihr Dasein jetzt schon jahrelang nurmehr noch als Klavierlehrer, dachte ich, unsere ehemaligen Mitschüler, nennen sich akademische Musikpädagogen und existieren eine scheußliche Pädagogenexistenz, sind auf talentlose Schüler und deren größenwahnsinnige und kunsthabgierige Eltern angewiesen und träumen in ihren Kleinbürgerwohnungen von ihrer Musikpädagogenpension. Achtundneunzig Prozent aller Musikhochschulstudenten treten mit dem höchsten Anspruch an unseren Akademien an und verbringen nach dem Hochschulabschluß ihre Lebensjahrzehnte als sogenannte Musikprofessoren aufs lächerlichste.«

Was aber macht das Klavier am Anfang der achtziger Jahre so verwerflich? Wie erklärt sich die seltsame Komplizenschaft der Verdammnis, in der der Böllsche Flügelzerhacker eher der Satyr des Nachspiels ist? Woher dieser nicht nur gleichlautende, sondern auch gleichzeitige Flügel-Furor bei Jelinek und Bernhard, in den auch Grete Wehmeyer einstimmt, denn auch sie stellt das Piano zur Disposition, führt es vor als Folterinstrument und Fingerinternat, als monströsen Rohrstockersatz.

Es ist eine Zeit, in der, ganz ähnlich wie am Ende der zwanziger Jahre, das Klavier wieder einmal aus der Mode kommt. Die Umsatzzahlen der Klavierfabriken sinken, das Keyboard hat sich der Finger angenommen, in der Rock- und Popmusik spielt das Instrument so gut wie keine Rolle mehr, und die Nachrichten vom Pianistenmarkt sind deprimierend: immer häufiger Ausfälle, Absagen, Krankheiten; die erbarmungslose Konkurrenz der vielen, die sich dennoch aufs Instrument kaprizieren; die Banausie der Marketingstrategen – und die Einsamkeit der wenigen, die sich auf die Musik ihres eigenen Jahrhunderts spezialisiert haben, auf eine Musik, die noch immer vom Jahrhundert nicht und nicht vom Klavier angenommen worden ist. Das Klavier ist in den Siebzigern bis in die Mitte der achtziger Jahre hinein in einer Sinn- und Klangkrise; findet sich in einer sterilen Nostalgieecke, an der auch der Mainstream des Entertainments vorbeirauscht; und wird überdies in dem Prozeß, den antiautoritäre Erzieher der schwarzen Pädagogik machen, als einer der Hauptschuldigen erkannt. Das liest sich dann so: »Die industrielle Arbeitsideologie … lenkte auch die Beschäftigung mit der Kunst auf einen Weg, der zu der Höchstperfektion führte, die uns heute von jeder Schallplatte entgegentönt … Da die kapitalistische Arbeitsideologie in der Wirtschaft, der Industrie und der Wissenschaft noch voll akzeptiert wird, ist sie auch in der Kunstausübung uneingeschränkt in Kraft.« (Grete Wehmeyer)

Und doch! Und dennoch gibt es inmitten der Abgesänge eine deutliche Gegenstimme, einen arienhaften Einspruch gegen all die Kassandra-Rufe. Eine Rhapsodie zur Verteidigung des Instruments. Und diese Apologie kommt mitten aus dem Trio des Hohns.

Rettung in letzter Minute

Denn wir haben zumindest Thomas Bernhard nur an der Oberfläche gelesen. In Wahrheit steigert sich bei ihm die ostentative Klavierbeschimpfung zur leidenschaftlichsten Fürsprache. Sein Haßgesang kann auch gehört werden als das Hohelied vom Flügel. Seine Titelfigur ist »Der Untergeher«, der hochbegabte Pianist Wertheimer, der es nicht bis ganz nach oben geschafft hat und daran verzweifelt ist; aber dieser Wertheimer ist gleichsam nur das Negativ des eigentlichen Helden, und der ist »der wichtigste Klaviervirtuose des Jahrhunderts« und heißt, fiktiv-faktisch, Glenn Gould. Die scheinbare Pianopolemik erweist sich bei genauer Lektüre als die schönste Huldigung. In diesem toccatagleichen Klaviermonolog ist jene Besessenheit am Werk, die auch das Spiel des realen Glenn Gould auszeichnet oder brandmarkt, und was bei ihm als Klavierradikalismus charakterisiert wird, gerät bei Bernhard zum Klavierbeschreibungsradikalismus, zu einem Stück Virtuosität über Virtuosität, zu einer Tastenekstase.

Die ganze Raserei gegen Stümper und Lehrer, gegen Kulturbetrieb und klimpernde Kinder erweist sich als ein Befreiungsschlag, um am Beispiel Glenn Goulds die Einzigartigkeit des Klavierspiels zu proklamieren, als des Kunstanspruchs schlechthin, als einer einsamen Gratwanderung zwischen der Wüste der Banalität und dem kristallenen Reich des Klangs. Nie ist das Klavier ernster genommen, intensiver verklärt worden als in diesem Text, gegen den sich alle Pianistenerinnerungen ahnungslos ausnehmen. Bernhard befreit das Instrument vom Amateurstatus, reißt dem Allerweltszugriff die Finger von den

Tasten und etabliert es als eine Instanz, an der falsches Leben und wahres sich voneinander scheiden müssen.

»Das ganze Leben laufen wir dem Dilettantismus davon und er holt uns immer wieder ein, dachte ich, und wir wünschen nichts mit einer größeren Intensität, als dem Dilettantismus zu entkommen lebenslänglich und sind immer wieder von ihm eingeholt. Glenn und die Rücksichtslosigkeit, Glenn und das Alleinsein, Glenn und Bach, Glenn und die Goldbergvariationen, dachte ich. Glenn in seinem Studio im Wald, sein Haß auf die Menschen, sein Musikmenschenhaß, dachte ich.« Aber die Besessenheitsspirale dreht sich weiter, weil dieser Bernhard-Gould sich selbst ja auch als Musikmenschen wahrnehmen, sich selbst hassenswert sein muß: »Wir sind ja keine Menschen, wir sind Kunstprodukte, der Klavierspieler ist ein Kunstprodukt, ein widerwärtiges, sagte er abschließend.« Nein, eben nicht abschließend, denn es gibt ja noch eine letzte Drehung, eine erlösende Konsequenz: »Der ideale Klavierspieler (er sagte niemals Pianist!) ist der, der Klavier sein will, und ich sage mir ja auch jeden Tag, wenn ich aufwache, ich will der Steinway sein, nicht der Mensch, der auf dem Steinway spielt, der Steinway selbst will ich sein … Das Ideale wäre, ich wäre der Steinway, ich hätte Glenn Gould nicht notwendig … Eines Tages aufwachen und Steinway und Glenn in einem sein, Glenn Steinway, Steinway Glenn nur für Bach.«

Kein Pianist des Jahrhunderts hat sich jedenfalls so besessen über das Klavier geäußert, so leidenschaftlich ins Klavierspiel hineinversetzt wie der Instrumentenstürmer Thomas Bernhard.

XXI
Die große Freiheit
oder: Die Wiederkehr der Improvisation

Sind Sie nicht froh, daß es mit den Systemen
aus ist?

Morton Feldman

Ich habe all diese richtigen Noten satt.

Simon Rattle

Das einzige, was die Musik braucht, sind
Ohren, die wirklich offen sind.

Wolfgang Rihm

»Achtundachtzig Noten sind gar nichts!«

Ist es denn wahr? Krümmt sich die Zeit wirklich? Biegt sie
sich etwa zurück? Verschlingt sie sich selbst wie in einem Kno-
ten, oder verschlingt sie sich, als fräße sie sich auf? Da ist nun
das Klavier-Jahrhundert vorbei, in einem waghalsigen fragel-
mentarischen, widersprüchlichen Glissando vorbeigerauscht,
und wieder steht Leo Tolstoi vor uns, der große Alte aus Rußland, der greise Querkopf, der Misanthrop und Weltverbesse-
rer, und mischt sich noch einmal ein. Ein guter, strenger Geist
am Anfang des Buches, will er auch gegen Ende noch einmal
präsent sein, prophetisch und praktisch zugleich. Und bedient
sich dazu eines Komponisten, dem nicht die Entdeckung der
Langsamkeit zu danken ist, wohl aber die der Länge, des ru-
higen, langen, mäandrierenden, in kleinsten Wellen sich ab-
zeichnenden Flusses der Musik. Die Rede ist von Morton
Feldman.

Der nämlich bringt Tolstoi ins Spiel. Er hat 1985 seine Art
zu komponieren mit einem Hinweis auf Tolstois Arbeitsver-
fahren erklärt, auf ein System variabler Puzzleteile. Feldman
spricht von Einzakt-Konstruktionen, die er, ad libitum, hin
und her bewege. »Das war auch die Methode, mit der Tolstoi
›Krieg und Frieden‹ geschrieben hat. Seine Tochter hat ein
Buch verfaßt, sie war die Stenotypistin von ›Krieg und Frieden‹, und sie hat gesagt, daß sie doppelten Zeilenabstand benutzte und jeden Satz auf eine Zeile setzte; dann machte sie
einen Absatz und schnitt jede Zeile aus. Sie nannten das zu
Hause Nudeln ... Tolstoi baute jeden Absatz neu zusammen ...
Und ich mache das genauso, ich baue immer wieder neu zusammen.«

Auch in seinen Klavierwerken verfährt Feldman nach dem
»Nudel«-Prinzip. Er ist ein Liebhaber des Klaviers, und er reagierte mit beträchtlicher Rage, als ihn ein Student in einem
seiner Kurse fragte: »Wie konnten Sie nur im Jahr 1985 für Kla-

vier schreiben?« Von ihm stammen Bekenntnisse wie: »Ich liebe die Perfektion von Instrumenten. Ich glaube, daß ein sehr teurer, außergewöhnlicher, großartiger Steinway durch nichts ersetzt werden kann.« Das Instrument selbst ist an der Klangfindung beteiligt: »Je besser das Klavier, desto besser die Tonhöhe. Sogar dort also ist eine Note nicht eine Note.« Für Morton Feldman war das Klavier, trotz aller Experimente mit anderen Instrumenten und der Elektronik, immer ein kompositorisches Basislager, eine unerschöpfliche Schatzkiste. Bezeichnend ist eine Anekdote (das Anekdotische, ein scheherezadegleiches Dahinspinnen ist das Merkmal nicht nur seiner Musik, sondern auch seiner theoretischen Äußerungen): »Ich erinnere mich, wie Stockhausen einmal zu mir kam, als er in den späten Sechzigern in New York lebte. Er besuchte mich in meinem Haus, während ich an einem neuen Musikstück arbeitete. Er sah sich also das Stück an und sagte: ›Willst du mir weismachen, daß du jedesmal, wenn du eine Entscheidung triffst, aus achtundachtzig Noten wählen mußt?‹ Ich sah Karlheinz an, und ich sagte: ›Karlheinz, achtundachtzig Noten sind gar nichts für einen New Yorker!‹«

Feldman liebt das Instrument gleichsam gedoppelt: als Piano, und im Piano. Seine Musik ist leise, benutzt alle Schattierungen des Pianissimo und des ppp. Kennzeichen ist der Fluß, der flow, das spannungsreich-entspannte Dahinfließen von Klängen und Mikrostrukturen. »Das langsame, undramatische Wachsen der Musik zwingt den Hörer zu akribischer Aufmerksamkeit und versagt assoziative Identifikation.« (Richard Braun) Seine späten Stücke »Triadic Memories« und »For Bunita Marcus« dauern weit über eine Stunde – Feldman ist der Apostel der Dauer und der Ausdauer –, und die Auswahl, die er dabei aus den 88 Tönen trifft, ist außerordentlich schmal.

Aber es sieht so aus, als verfahre das Musikjahrhundert selbst nach dem Tolstoischen Nudel-Verfahren. Als habe es, nachdem der Epochenabsatz erreicht ist, noch einmal ein Fragmentier- und Collagier-Verfahren in Gang gesetzt. Es scheint, als würden alle Konzepte, alle Moden noch einmal auf den Laufsteg geschickt, alle Abschiede widerrufen, alle Experimente revidiert, alle Kühnheiten relativiert, alle Unvereinbarkeiten kompatibel gemacht, und als ginge es nun darum, Krieg und Frieden, wie bei Tolstoi, unter einen Hut zu bekommen, als wolle man die einzelnen Fragmente, Fetzen, Ansätze, Formen, Forderungen, Konzepte zu einer neuen Kontinuität der Gleichzeitigkeit formen, zu einem Gemenge des Synkretismus oder, eleganter gesagt: zu einer Friedensfeier der Stile. Selbst die alte Harmonik ist, unter dem Stichwort der Neo-Tonalität, wieder in halben Gnaden aufgenommen, und der Schönberg der Zwölftonkompositionen scheint ferner als etwa der späte Debussy, dem Hans-Klaus Jungheinrich die »gewaltlose« Modernität nachrühmt, »als Abkehr vom Koloristisch-Impressionistischen, als gravurhafte Konturenhärtung unter Beibehaltung von instrumentatorischem Raffinement und harmonischer Mehrdeutigkeit«. Diese Tendenz zum Aufbrechen der Fronten, zur Verabschiedung der Ideologien hat sich schon lange vorbereitet und findet sich früh bei John Cage: »Wenn ich an eine gute Zukunft denke, dann ist es gewiß eine mit Musik, aber nicht nur mit einer Art von Musik. Es gibt alle Arten. Und sie geht weit hinaus über irgend etwas, das ich beschreiben könnte. Ich möchte jegliche Art von Musik haben, weil die Menschen verschiedene Bedürfnisse haben.« Es war kein Widerspruch, als Karlheinz Stockhausen sagte: »Je uniformer die Menschen, um so individueller muß die Musik werden. Je mehr Menschen sich nach vorgegebenen Formen, Leitbildern, Klischees sehnen, um so einmaliger, unwiederbringlicher, esoterischer muß die Form werden.«

Schon damals also kündigte sich an, was heute als gemeinsamer Nenner der Musikszene auszumachen ist: der Hang zur intuitiven Musik, zur Improvisation. »Die Kunst der Improvisation hat in den letzten Jahrzehnten eine ungeahnte Renaissance erlebt«, schreibt Peter Niklas Wilson in seinem kürzlich erschienenen Buch mit dem doppelsinnigen Titel »Hear and Now«. Es ist ein Impuls, der alle Strömungen des Musikmachens erfaßt hat, und das Strömende selbst, der Gestus des

Fließens, der flow wird zur gemeinsamen Signatur. Zugrunde liegt wohl der Überdruß am System, an den Regeln, an den Reihen, an Modi und Parametern; ein Überdruß, den heutzutage »so mancher musikalische Kontrollfetischist vom Schlage eines Pierre Boulez« zu spüren oder wenigstens hinterhergeschrieben bekommt. Zu lange, scheint es, war die Musik »auf die Reihe« gebracht, ausgerechnet, wohlkalkuliert, und ein Akt der Befreiung tat not. Es schien Zeit, das Komponieren selbst in Frage zu stellen, es in die Bewährung des Hier und Jetzt zu stellen, es in eine »instant composition« zu verwandeln.

Auch hier wieder begegnen wir Morton Feldman. Obwohl seine Musik bis in jede Nuance hinein notiert ist, wird sie als Geist vom Geist der Improvisation erkannt. Wilson findet in seinen Werken »ein Nachhorchen, in dem der Klang die Dauer bestimmt und nicht eine vorgegebene Zeitordnung den Klang, so, wie man es von der Praxis eines sensiblen Improvisators erwartet«. Das Ergebnis sei »von einer ›atmenden‹ Organik, die dem Zeitgefühl des im Hier und Jetzt kreisenden Musikers nahekommt, einer Realzeit des Musikerfindens, die in nichts an die konstruktive Zeit des Komponisten denken läßt, der im Raster rhythmisch-metrischer Vorordnungen arbeitet«.

Der Kult der »instant composition«

Aber der neue Kult des Improvisierens (der seinen eigentlichen Impuls vom Free Jazz bezogen hat, besonders von Ornette Colman) steckt seinerseits voller Widersprüche und Überraschungen und ist keineswegs eine einheitliche Szene. Muß es nicht wie ein Paradox erscheinen, daß die Jünger der »Jetztzeit«, die Rhapsoden des Moments, die Verächter des Serialismus sich dennoch auf einen Komponisten wie Anton von Webern beziehen, diesen strengsten, lakonischsten Musiker des Jahrhunderts? Aber auch das eben ist das Merkmal der gegenwärtigen Situation, daß sich die Einflüsse verwirbeln, daß sie gegenströmig werden können, daß der Improvisator mit seinem scheinbaren Widerpart zu konzertieren versteht. Was aber wäre es, das Webern, der Pate des Seriellen, nun auch dessen Gegnern zu bieten hat? Es sind, wie Wilson ausführt, gleich mehrere Faszinationen: die extreme Individualisierung der Klangfarbe, die Reduktion der musikalischen Sprache (das, was in diesem Buch als das »Kristalline« hervorgehoben wurde), und der ungerichtete Klangraum, also die Feier des Moments, das Goethesche »Verweile doch …«.

Aber auch Schönberg geistert hinter der Szene (wie eigentlich hinter jedem Komponieren zur großen Zeitwende): Denn so wie jetzt oft die Rede ist von der »instant compositon«, so hatte er das improvisatorische Moment jeglichen Komponierens hervorgehoben. »Schließlich muß auch ein Improvisator vorausdenken, bevor er spielt«, schreibt er in seinem berühmten Aufsatz »Brahms the Progressive« (der 19. und 20. Jahrhundert verbindet), um dann den Umkehrschluß folgen zu lassen: »Und Komponieren ist eine verlangsamte Improvisation; oft kann man nicht schnell genug schreiben, um mit dem Strom der Gedanken Schritt zu halten.« Wie schnell er selbst war, hat er gelegentlich nicht ohne sportiven Stolz bekannt: »Eine Woche galt im allgemeinen gerade als Zeit genug, um einen Sonatensatz zu beginnen und zu beenden. Aber einmal habe ich innerhalb dieser Zeit alle vier Sätze eines Streichquartetts geschrieben. Ein Lied für Gesang hätte vielleicht ein bis drei Stunden erfordert – drei Stunden, wenn man unglücklicherweise an einem langen Gedicht festsaß.«

Einer der Musiker, die die Gratwanderung zwischen Neuer Musik und Jazz in voller Erkenntnis der Spannungen und Schwierigkeiten, aber auch in der Hoffnung auf so etwas wie einen Synenergie-Effekt gehen, ist der Berliner Pianist Alexander von Schlippenbach. Stellvertretend für wohl alle Jazzmusiker beschreibt er als seine Grundleidenschaft: »Das ist eine bestimmte Art von Drive, auf den es mir ankommt … Nach vorne spielen zu können, weiter spielen zu können, darin besteht für mich die Kunst. Und diesen Impuls kriege ich vom Jazz.« Aber der Drive kann nicht aus dem Nichts kommen, er muß seine kinetische Energie, wie ein Vulkan, aus lange Gespeichertem beziehen können. Die Dialektik von Improvisation und Komposition löst sich für Schlippenbach deshalb so auf: »Ein freies Verfügen über das Material, das man sich erst erarbeiten muß.« Und zu diesem Material zählen bei ihm auch die Strukturen der Reihentechnik: »Ich habe bestimmte Positionen für beide Hände auf dem Klavier gefunden, in denen Sechstonreihen möglich sind, die ich dann in Akkordform herausgeschrieben habe. Um die überhaupt in den Griff zu bekommen, habe ich schon einige Jahre gebraucht ... ich will dieses Material, das ich da in den Fingern habe – das wird ja da sozusagen gespeichert –, parat haben, um damit wiederum in vollkommen unterschiedlichen Konstellationen ... improvisieren zu können.«

Jarretts Klavierexpeditionen

Improvisationen sind Abenteuer, zumindest sollten sie das sein, um zu gelingen. Sie sind aufreibend wie nur je ein Wagnis, auf das sich einer (oder eine Gruppe) einläßt. Sie erfordern höchste Konzentration und zugleich ein Sichgehenlassen. Bewußtsein und Unbewußtes müssen in einem empfindlichen Gleichgewicht austariert sein; die Unerbittlichkeit des Augenblicks fordert ihr Recht; die Frage nach der Zukunft will mit Klängen beantwortet sein.

Von den Strapazen solcher Abenteuer weiß ein Musiker zu berichten, der als Jazzimprovisator neue Maßstäbe gesetzt hat: Keith Jarrett. Neue Maßstäbe, was Intensität, Dauer und Nachwirkung angeht. Sein Cologne Concert am 24. Januar 1975 in der Kölner Oper war ein Markstein der Klaviermusik im 20. Jahrhundert. Eine 67 Minuten lange Gratwanderung zwischen den Stilen des Jazz, zwischen funktionalem und modalem Stil, zwischen Kontrapunkt und minimalistischer Insi-

stenz, zwischen Romantik und Serialität, zwischen Reminiszenz und Pioniertat, zwischen der Maschine Klavier und dem
Gesangsverein Klavier. Eine Entdeckungsfahrt ins Labyrinth
der 88 Töne und eine Feier der Abwege. Das Stück (die vier
Stücke) sind ein bleibendes Mo(nu)ment, auch wenn es von
Puristen (sowohl des Jazz wie der Improvisationselite) gerade
wegen der inzwischen erlangten Klassizität nicht ganz ernst
genommen wird. (In Wilsons Improvisationsbuch taucht der
Name Jarrett nicht einmal auf.)

Kürzlich erst hat Jarrett von den Belastungen solcher Ex-
tempore-Abenteuer gesprochen. »Ich war dafür berühmt, mich
zum Äußersten zu zwingen. Ein Teil meines Publikums kam
vor allem, weil es diesen hohen Anspruch erwartete. Sogar
wenn ich versagte, hatte ich alles gegeben ... Meine Solokon-
zerte waren einfach verrückt. Es ist, als ob man aus sich her-
austritt und sämtliche Organe sich verabschieden. Das würde
ich wahrscheinlich nicht noch einmal machen.«

Jarrett hat seine legendär gewordenen Solo-Ekstasen mit
einer Krankheit bezahlt, die sich Chronisches Erschöpfungs-
syndrom nennt und das Nervensystem, Muskeln, Augen, Haut
in Mitleidenschaft zieht und dem Patienten die Sprache ver-
schlägt. Sein Rat an Schüler, Studenten und Jünger schien sich
an ihm selbst zu bewahrheiten: »Spielt, als wäre es das letzte
Mal!« Erst in jüngster Zeit hat er sich wieder zur leichtesten,
schwersten und schönsten Klavierübung aufgerafft: das Instrument zum Singen zu bringen. »Mir ging es darum, mit dem
Flügel die Stimme zu imitieren. Das ist unglaublich schwer,
denn das Klavier singt nicht. Es macht nur Boing!« Vom späten Jarrett stammt auch einer der skeptischsten Sätze: »Wir
verdienen keine Musik mehr. Ich fürchte, wir werden auch sie
kaputtkriegen.«

Nicht vom Jazz, sondern von den Erfahrungen der Neuen
Musik her kommt der Pianist Herbert Henck. Er, einer der
Avantgardisten des Klaviers, der Stockhausen, Boulez, Cage,
Lachenmann, Kagel, Ligety und andere auf seinen Program-
men hat, sieht in der Improvisation »weniger eine Musizier-

form als eine Lebensform«. Sie erfordere sowohl Nachdenken und Nachfühlen als auch Vorausdenken und Vorausfühlen, aber vor allem »die Zwanglosigkeit allen Geschehens, das Fehlen einer Erwartung und Pflicht …«. Henck ist einer der wenigen, die uns Einblick geben in die ganz konkrete Versuchsanordnung und den äußeren Verlauf einer Improvisation: Er protokolliert die Anordnung der Mikrophone, ihre Richtung, das geöffnete Fenster. Dann läßt er das Abenteuer seinen Lauf nehmen:

»Die Aufnahme beginnt damit, daß man die Vögel im Garten hört. Dann gehe ich zur schon früher geöffneten Wohnungstür und läute von außen mehrmals, als komme ein Besucher. Die Türglocke besteht aus zwei unterschiedlich langen Bronzerohren, die freischwingend aufgehängt sind. Ich komme ins Haus und schließe nach und nach alle anderen Türen, die ich zuvor geöffnet hatte: das Haus stellt sich vor. Man hört Straßenverkehr im Hintergrund. Ich komme im Wohnzimmer an den Mikrophonen vorbei, hauche sie kurz nacheinander an und schließe eine weitere Tür. Draußen beginnt ein Hund zu bellen. Ich setze mich an den Flügel. Eine Nachbarin schimpft mit dem Hund: ›Bist du bald fertig?!‹ fragt sie drohend. Der Hund verstummt, in der Ferne antwortet ein anderer Hund. Ich spiele Klavier, die Vögel zwitschern im Garten.«

Was ist das? Musikalische Heimwerkerei? Ein Bastelkurs in Klängen? Ein Hörspiel ohne Worte? Oder doch so etwas wie eine Summe aus den Klang- und Geräuscherfahrungen eines Jahrhunderts? Aus den vielfältigen Befreiungsaktionen in der Musik, mit der Musik? Der Versuch, das Klavier noch einmal zur tabula rasa zu machen, zur jeweils neuen, reinen Spielfläche, zum immer neu zu ertastenden Klangkörper? Wir erleben, wie der Pianist sein Instrument erkundet, als hätte er es nie berührt:

»Ich versuche verschiedene Pedalgeräusche durch ungedämpfte Saiten zu verstärken. Ich kann nicht einschätzen, wie weit mein Klavierspiel durch das Fenster in die Nachbarschaft dringt. Ich lasse die Fingernägel über die Kupferumwicklungen der tiefsten Baßsaiten gleiten, wodurch sich Flageolette von körniger Geräuschhaftigkeit ergeben. Ein Solo für die tiefste, längste Saite, das Subkontra-C, entsteht – durch festes Niederdrücken der Saite und gleichzeitigen Anschlag der zugehörigen Tasten kommen Mikrointervalle zustande.« Und wieder ergibt sich für uns eine Reminiszenz: der Gedanke an das Kind Marina Zwetajewa, das um den Flügel der Mutter herumstreicht, ihn erkundet, unter ihm träumt, ihn als ein fremdes Wesen nimmt, das man allerdings küssen kann. »Im Regen« nennt Henck das entstehende Werk und »Improvisationen zu Haus, Instrument, Garten, Wetter, Straße und Himmel«.

Improvisation – ein Paradox?

Schön und gut und originell. Aber nun erhebt sich die Frage: Ist Improvisation am Ende des 20. Jahrhunderts, zu Beginn eines neuen Millenniums, überhaupt noch Improvisation? Kann sie es noch sein in der Epoche der Tonaufzeichnung? Verliert sie nicht ihre Virginität, wenn man sie hinterher auf Tausende, ja Hunderttausende von Tonträgern preßt und so lange repetieren kann, bis sie zum Ohrwurm schrumpft? Wird Improvisation nicht zum Paradox in einer Zeit, da zur Spontaneität des Erklingens nicht mehr auch die Spontaneität des Verklingens kommt? Gehört zum Mythos der Improvisation nicht die Sensation der Einmaligkeit? Die schöne Aura der Vergänglichkeit? Daß wir nie wissen werden, wie Ludwig van Beethoven – der sensationelle Meister des Extempore – improvisiert hat, gehört gewiß zu den großen Verlusten unseres musikalischen Erbes, aber es trägt zugleich zum Zauber des Begriffs Improvisation bei, zu seiner Ungreifbarkeit.

Es scheint, als ob die heutigen Improvisatoren sich diese Frage nicht stellen, weil sie ihr Spiel als Ad-hoc-Komponieren begreifen und die Aufzeichnung als verbesserte Notation. Wenn Schönberg davon gesprochen hat, daß der Fluß des kompositorischen Gedankens oft schneller sei als die Hand, die ihn notiert, so wäre das Problem heute technisch gelöst. Einer der Protagonisten, der (Jazz-)Pianist Paul Bley, spricht von den alten Zeiten, da man »seinen musikalischen Gedankengang mittendrin unterbrechen mußte, um aufzuschreiben, was man gerade gehört hatte, dann weitermachen, versuchen, sich daran zu erinnern, woran man gerade dachte, wieder abbrechen, um zu notieren und so weiter – man unterbrach also ständig den Fluß. Jetzt, wo es Tonbandgeräte gibt, finden viele Musiker, daß sie bessere Musik machen, wenn sie das Ganze in einem Atemzug auf Band aufnehmen.« Und er fügt ein Argument hinzu: »Und Papier ist ohnehin ein sehr ungenaues Medium für Musik. Man kann Dinge wie Anschlag, Ton und Phrasierung nicht wirklich festhalten. Man kann natürlich eine Menge Punkte und Wörter auf das Papier setzen, aber das ist doch längst nicht so gut, wie wenn man das, was man hört, einfach aufnimmt und jemandem vorspielt.«

Daß es der Jazz sei, der das Improvisieren durch das ganze 20. Jahrhundert tradiert habe, wird heute eher in Zweifel gezogen: Zu groß ist der Vorrat an Mustern, Versatzstücken, Repertoire-Wendungen, Fertigteilen – allein die große Zahl der Jazz-Schulen mit ihrem »Gewußt wie« kann uns das Gruseln lehren. Es sind sogar die Jazzer selbst, die dem improvisatorischen Anspruch skeptisch gegenüberstehen und ihn nur wenigen Musikern wirklich zubilligen. Und selbst da sind die Meinungen durchaus geteilt: Ist für die einen Chick Corea so etwas wie der späte Jazzgott des (auch elektronischen) Klaviers, scheint er anderen eher als ein Imitator, der »die Musik Thelonious Monks als eine fröhliche Musik, ohne Nachdenklichkeit, Ironie oder Nostalgie, aber mit gelegentlichem klugen Witz« aufbereite (John Litweiler).

Was aber dem Jazz zu danken ist: Er hat, bei all seiner Routine einerseits und schroffer Hermetik andererseits, die frühe Frage Tolstois: »Klassische oder populäre Musik?« in einem ganz neuen Sinn beantwortet: Er hat zwanzig oder dreißig der schönsten Songs, der erregendsten Melodien des Jahrhunderts in immer neuen Brechungen und Nuancierungen aufbewahrt, er hat dem Klavier ein neues Repertoire zugeschanzt: die Standards, an denen nichts auszusetzen ist als diese Bezeichnung. Neben George Gershwin sind es vor allem Richard Rogers, Cole Porter und Jerome Kern, die mit ihren Songs Piano-Geschichte geschrieben haben. The Great American Songbook ist nicht bloß ein Schatz memorabler Melodien, Ausdruck metropolitanen Lebensgefühls, musikalischer sophistication, sondern auch ein Fundus der Improvisation, eine nur ansatzweise notierte Klavierfibel der vergangenen Epoche. Zwanzig Aufnahmen von Gershwins »A foggy day« – auch die können die Klaviergeschichte des 20. Jahrhunderts erzählen.

Privatissimum. Es war an einem der letzten Tage im alten Jahrhundert, ein Abend in Köln. Kurzer Weg vom Dom durch den Baustellentunnel des Hauptbahnhofs und durch ein paar gesichtslose Straßen zur Musikhochschule. Das Pensum hieß: »Horowitz – Leben und Legende«. Klavierklänge bis aufs Foyer hinaus: War das schon die Einstimmung für meinen Vortrag? Ich fand mich in einem schönen amphitheatralischen Hörsaal, unten ein Flügel, elektronisch verstärkt, auch Flöte und Cello elektronisch. Und alle Spieler maskiert. Und versunken, wie die Zuhörer, wie bald auch ich. George Crumbs »Vox Balaenae«. Eine andere Welt. Die andere Dimension der einen? Crossover? Ich hatte Mühe, mich zu lösen, und sprach dann, vor größerem Publikum, doch über Horowitz. Aber die Lektion blieb bedrängend: Du sprichst über einen Virtuosen, und dort spielt sich ein avantgardistischer Komponist ab. Du schreibst über die neue Freiheit. Solltest du nicht viel dringender über die neue Einfachheit Wolfgang Rihms schreiben, über die »Emanzipation der Konsonanz« (Dahlhaus), über Ligetys großes Klavieretüden-Œuvre, über György Kurtags »Jaketok«, über Witold Lutoslawskis Klavierkonzert? Du schreibst und begehst lauter Unterlassungssünden. Du hältst Dinge fest und läßt Menschen aus. Du versuchst, das Klavier durchs 20. Jahrhundert zu transportieren – wie viele Spieler aber hast du aus den Augen verloren?

Ein Text aus dem Programmheft zu George Crumb geht

mir nach: »Wir reagieren sensibler auf das Phänomen Zeit, und die Vergänglichkeit wird uns bewußter. Etwas geht zu Ende, womit verbunden ist, daß etwas Neues beginnt. Vielleicht ist es so, daß aus dem Rückblick eine Kraft für einen Neuanfang entsteht.« (Peter Degenhardt)

XXII
Angeschlagen – doch unbesiegt
oder: Die neue Klaviergesellschaft

> Insbesondere sollte das Klavier, das so weitge-
> hende selbständige Wiedergabe von Werken er-
> laubt wieder in größerem Maße in unseren
> Wohnungen heimisch werden.
>
> Albert Schweitzer

> Schau mal, Opa: Das schöne Klavier! Ein Kla-
> vier, ein Klavier!
>
> Loriot

Ein Fest fürs Pianoforte

Und am Ende gibt es den Neuanfang. Zu guter Letzt steht das angeschlagene Instrument doch ganz intakt da, beinah triumphal. Ihm wird kein Scheiterhaufen bereitet, wie noch zu Beginn des vorigen Jahrhunderts in New Jersey, sondern ein Fest, eine Jubiläumsgala ohnegleichen: Die »Faszination Klavier« wird simultan in Berlin, Leipzig und Nürnberg gefeiert; Kassandrarufe und Krisengerede werden von Jubeltönen und Lobeshymnen überschallt, und das neue Jahrhundert schmeichelt dem alten Instrument: »Klaviere ›beflügeln‹ unser Leben« (Klaus-Dieter Lehmann), »Das Klavier ist der Zauberkasten der Imagination« (Norbert Ely) – und auch gegen die allerneusten Sensationen der Biotechnik glaubt man sich nun behaupten zu können: »Weder das schönste geklonte Schaf noch die perfekteste Gen-Tomate werden diesem Mythos ernsthaft etwas anhaben können.« (Attila Csampai) Es ist ein Singen und Sagen rund ums Klavier, selbst die Verkaufskurven jauchzen auf. Eine junge Generation greift wieder stärker ins volle Tastenleben, und das Renommee des Instruments erweist sich bei kritischen Umfragen.

Unter den Statistiken die verheißungsvollste: Die Zahl der Klavierschüler an deutschen Musikschulen ist in den letzten anderthalb Jahrzehnten um fast fünfzig Prozent gestiegen: 1984 waren es einhunderttausend, 1998 schon 140000 junge Leute, die da auf der Klavierbank hockten. Und an den zwölf deutschen Musikhochschulen sind es immerhin achthundert, die mit dem Instrument auch aufs Podest und in die Öffentlichkeit wollen, die also die Konzertreife anstreben. Noch immer, so zeigt die jüngste Erhebung in Deutschland, hat das Klavier aber das Odium der Kulturkonservativität. Von hundert Befragten bringen es vierzig mit »kultureller Bildung, Mozart, klassischer Musik« in Verbindung, und ebenso viele bestätigen den uralten Verdacht: Klavierspielen bedeute »viel Übung und Fleiß«.

Ein Gefühl wie »Weihnachten, Hausmusik« verbindet jeder dritte mit dem Klavier, und als »Wohnmöbel von gesellschaftlichem Rang« läßt es jeder fünfte gelten. Etwa jeder zehnte denkt beim Piano an den Flohwalzer oder »Für Elise«, aber ein offenbar anderer Zehnter an »musikalische Genialität, Kreativität und Individualismus«. Aber diejenigen, die es für ein »antiquiertes Instrument aus einer anderen Zeitepoche« halten, kommen nicht einmal über die Fünfprozenthürde. Und bei allem, was dem Klavier im 20. Jahrhundert widerfahren ist, hat es den Rang eines bürgerlichen Hausinstruments fast wieder zurückerobert: Es wird zu fünfzig Prozent in den eigenen vier Wänden gespielt.

Es scheint nicht übertrieben, von einer neuen Klaviergesellschaft zu sprechen. Cyril Ehrlich hatte noch 1990 in einer Neuauflage seines Buches »The Piano. A History« geschrieben, daß die Chancen für eine Wiederkehr der Klavierkultur schlecht stünden, denn »ein größeres Revival setzt Änderungen in der Kultur und im Freizeitverhalten voraus«, Änderungen, für die er damals keine Anzeichen sah. Ebendiese Anzeichen aber haben sich in jüngster Zeit verstärkt; haben sogar noch während der Arbeit an diesem Buch die Skepsis seines Beginns moderiert: Dem weltweiten Wunschtraum »Ich will mein eigenes Leben leben« bietet sich das Klavier als verläßlicher Partner an. Der Rückzug großer Teile der Gesellschaft in die Intimität, in die Kieze und die überschaubaren Nachbarschaften, der Widerstand gegen die allgegenwärtige, aber nicht greifbare Virtualität, die Gründung kleiner und kleinster Festivals, die Eroberung anderer Spielräume für Konzerte – Kirchen, Gutshöfe, alte Scheunen, ausgeweidete Fabriken und Montagehallen, Parks, Marktplätze, Ruinenwinkel – haben dem Klavier neue Auftritte eröffnet und eine neue Wertigkeit: den Rang des Authentischen. Die sich da versammeln, sind nicht mehr die verzweifelten, bedrängten »Piano People« aus Frank Zappas Opernpantomime »Civilization, Phase III«, sondern durchaus aufgeweckte Zeitgenossen, die in der Epoche der neuen Unübersichtlichkeit das Klavier und die Klaviatur als eine Chance sehen und hören (und wahrnehmen), die Welt noch einmal konkret zu »begreifen«.

Was aber jetzt, im Jahr 2000, gefeiert wird als »Faszination Klavier«, ist nicht das be- und überstandene 20. Jahrhundert, sondern eine größere Tradition, eine längere Epoche: dreihundert Jahre Pianoforte, Fortepiano, drei Jahrhunderte jenes Instruments, das zuerst der Italiener Bartolomeo Christofori in Venedig gebaut hat. Das seinen Namen von der Fähigkeit herleitet, sowohl laut als auch leise, sowohl lauter als auch leiser werdend zu klingen. Beethoven, in Sprachdingen oft ein Deutschtümler, nannte es deshalb einen »Schwachstarktastenkasten«, und der Schriftsteller Heinrich Seidel übertraf ihn noch mit der unsinnigen Vokabel »Leiselautfingerklopfkasten«. Zum modernen Marketing gehört auch die Kalenderdramaturgie, und da tut es offenbar wenig zur Sache, daß bisher immer das Jahr 1711 als das Datum der ersten Erwähnung eines Christofori-Klaviers gegolten hat. Die Geschichte, scheint es, schleift schließlich alle Daten rund, und die Forschung assistiert ihr dabei.

Die genialen Transporteure

Kein Zweifel: Das Klavier ist im neuen Zeitalter angekommen. Es steht heute unangefochtener, glanzvoller da als noch vor zwanzig oder dreißig Jahren. Aber zumal der Glanz kommt aus einer vorvergangenen Epoche. Die großen Pianisten haben ihr Instrument, den Flügel, gewissermaßen an ihrer eigenen Lebenszeit vorbei direkt vom 19. ins 21. Jahrhundert transportiert. Und sie haben ihm dabei die Aura dessen bewahrt, was der englische Name sagt: Grand Piano. Das große, das großartige Klavier. Das Klavier der Grandiosität. Seine Majestät, der Klangkörper. Der imposante schwarze Klangkasten, der es mit einem Auditorium von fünftausend Menschen spielend aufnehmen kann.

Denn das ist die historische Leistung der großen Virtuosen:

Sie waren geniale Klaviertransporteure. Sie haben den Zauber der eigentlich klavieristischen Zeit in die Zukunft hineingerettet. Sie haben uns das Piano zu treuen Händen tradiert. Was hat Vladimir Horowitz nicht allein in den letzten Jahren vor seinem Tod 1989 für die Unsterblichkeit des Klaviers getan? Mit seinen späten Konzerten in Moskau und Hamburg, in Wien und Berlin? Als längst nicht mehr alle Töne saßen, aber der gute Geist des Klavier*spiels* mit an den Tasten saß. Und als der Zuschauerandrang mehr war als nur der Ansturm auf einen clownesk wirkenden alten Herrn (der sich über das immer noch verblüffende Flutsch-Wimmeln seiner Finger am meisten zu wundern und zu freuen schien), sondern eine Wallfahrt zum Klavier schlechthin.

Und keineswegs nur Horowitz, wie es uns die Super-Linse des Sensationsblicks einzuschärfen sucht: Zu danken ist der ganzen Phalanx der großen alten Tastenmänner und -frauen, von denen viele ja nicht nur Lebenskünstler, sondern auch Überlebenskünstler waren, früh an den Tasten und auch hochbetagt noch die Wendung wahr machend: in alter Frische.

Da bringt es der Grandseigneur des Klaviers, Arthur Rubinstein (1887-1982), auf 95 Jahre eines, wie er selbst behauptet hat, glücklichen Lebens; da sterben im Jahr 1991 Wilhelm Kempff, der Klangzauberer, mit 94, Claudio Arrau und Rudolf Serkin im Alter von 88 Jahren. 1995 ist das Todesjahr des 84jährigen Shura Cherkassky und des 75jährigen Arturo Benedetti Michelangeli. Swjatoslaw Richter, ein Pianist von unerhörtem Zugriff und Eigensinn, ist 82, als er 1997 stirbt, Emil Gilels, sein Landsmann und Rivale, ist schon 1985, kurz vor seinem 80. Geburtstag, gestorben. Selbst Friedrich Gulda – Inbegriff einer anderen, störrischen, aus dem traditionellen Muster ausbrechenden Pianistengeneration – war 69, als er zu Beginn des Jahres 2000 – nach etlichen, von ihm selbst lancierten falschen Todesnachrichten – sich von seinem Publikum für immer verabschiedet. Will sagen: Große bejahrte, betagte Künstler, dem Anschein nach oft zarte Naturen, haben den schweren Koloß ins 21. Jahrhundert gewuchtet.

Und die Notenpakete des 19. dazu: den ganzen Beethoven, den ganzen Chopin und Schumann, den ganzen Brahms und von Liszt nun alles, auch das Spätwerk. Dazu ist Franz Schubert gekommen (der lange vom Konzertsaal fernblieb), von Artur Schnabel wieder entdeckt und von Alfred Brendel zu einem Komponisten des 20. Jahrhunderts gemacht; dazu trat ein neuer, nicht mehr bloß verspielter Mozart, mit dem Gulda bekannt machte, auch der endlich rehabilitierte (aber durch Irrwitztempi à la Jewgeni Kissin gleich wieder minimalisierte) Joseph Haydn. Ist das aber weiterhin die Substanz, von der das Klavier auch im eben begonnenen Säkulum zehren soll? Sehen die Perspektiven wirklich so connaisseurhaft eng aus, wie sie jüngst Joachim Kaiser skizziert hat: »Beträchtliche Zukunfts-Möglichkeiten kann man Chopin-Spezialisten einräumen – eher geringe den Brahms-Interpreten«. Sollte es denn ein bahnbrechendes Jahrhundertprogramm für junge Pianisten sein, nunmehr »sowohl die ›Brüche‹, wie auch die ›Strukturen‹ Chopins ernst zu nehmen«? Hat denn das 20. Jahrhundert gar nicht stattgefunden?

Nein, das Klavier stünde im Jahr 2000 schlecht da, altmodisch und exklusiv, wenn dergleichen die künftigen Schicksalsfragen sein sollten. Es ist durch ein chaotisches, katastrophales Jahrhundert gegangen und ist selbst von den Zerstörungen und Verstörungen der Epoche in Mitleidenschaft gezogen worden. Das Säkulum hat ihm eine neue Musik eingehämmert, entrissen, aufgezwungen, hineingetastet, ohne die das Instrument nicht mehr zu denken und wahrzunehmen ist. Die höllische Zeit hat ihm etwas »zugefügt«, und das muß seiner Erscheinung als »einer geschichtlich geprägten Skulptur« (Herbert Henck) anzumerken sein.

Neben die Namen der großen Interpreten, die das klassisch-romantische Repertoire perpetuiert und con spiritu erneuert haben, muß auch das Verdienst eines Mannes treten, der wie kein zweiter die Brücke zwischen dem Klavier und der Musik des frühen 20. Jahrhunderts geschlagen hat: Eduard Steuermann. Auch er gehört zu den großen Alten, blieb aber immer mit seiner Zeit synchron. 1892 in Sambor in Polen geboren, studierte er kurz bei Busoni in Berlin, der ihn an Schönberg verwies: Der wurde ihm dann Wegweiser und Weggefährte: Fast alle Klavierwerke hat er, vor allem als Pianist des »Vereins für musikalische Privataufführungen« im Wien der zwanziger Jahre, zum erstenmal gespielt. Emphatisch rühmt ihn Theodor W. Adorno: »Er hatte kein aufgeschlossen rezeptives Verhältnis zur radikalen Moderne, sondern war Fleisch von ihrem Fleisch, leibhaftige Widerlegung jener Trennung aktuellen Komponierens und traditionalistischen Musizierens.« Steuermann war vor seinem Tod 1964 etliche Male auch bei den Darmstädter Ferienkursen zu Gast, wo er, der lebenslange Avantgardist, sich plötzlich und reichlich ruppig in die Rolle des Traditionalisten gedrängt sah und resigniert schrieb: »Der ›ältere Herr‹ möchte aber wirklich gerne kommen …: ich möchte wirklich mehr Verständnis und mehr Kontakt mit (was für ein Amerikanismus!) der jüngeren Generation haben. Möchte wirklich erfahren, ob die Musik, die ich meine, eine so ganz andere Sache ist als die ›Darmstädter Schule‹, – auch ob es notwendig ist, daß die jungen Leute von nichts, außer ihren eigenen Werken Notiz nehmen wollen …«

Und im Gefolge Steuermanns sind die Pianisten wenigstens zu nennen, die der Musik des 20. Jahrhunderts zur Geltung, zu ihrem Recht oder wenigstens zu ihrem historischen Augenblick verholfen haben. Allen voran David Tudor, der unermüdliche Experimentator auf den Klangspuren von John Cage und Karlheinz Stockhausen, die (schon früher erwähnte) Belgierin Marcelle Mercenier, das deutsche Klavierduo Alfons und Aloys Kontarski, unter den Jüngeren Herbert Henck und Volker Banfield, aber auch Oli Mustonen, der mit seiner Verschränkung von Bach und Schostakowitsch einen verblüffenden Brückenschlag geleistet hat. Und nicht zuletzt ein so umfassender musikalischer Geist und pianistischer Könner wie Maurizio Pollini, in dessen Repertoire sich drei Jahrhunderte Klavier als ebenso klanggegenwärtig wie gleichrangig erweisen; der es versteht, uns an einem Abend drei so revolutionäre Werke wie die Hammerklaviersonate Beethovens, die drei Klavierstücke op. 11 von Schönberg und Stockhausens cluster-bewehrtes Klavierstück X nicht als Kontraste, sondern als verwandte Beispiele des Experimentierens am Klavier vorzuführen.

Claras neue Note

Und dann war da Clara. Das seltsame Mona-Lisa-Lächeln einer zauberhaften Frau, das auf einmal eine ganze bundesrepublikanische Gesellschaft entzückte. Da war dieses zarte, strenge, schmale fein konturierte Gesicht – wahrhaft ein Antlitz –, das seit Beginn der Neunziger so etwas wie ein neues pianistisches Zeitalter eröffnete, das Klavier unaufdringlich ins öffentliche Bewußtsein rückte, wenn auch nur zum Schein. Die bildschöne Clara Schumann auf dem Hundertmarkschein jener Serie, die vor zehn Jahren erstmals ausgegeben wurde und in zwei Jahren vom Euro kassiert werden wird, rückte ins Zentrum der allgemeinen Begehrlichkeit: Geld, Erfolg und Piano bildeten das dreifache Motiv. Daß auf der Rückseite dieser begehrtesten Banknote ein offener Flügel mit aufgeschlagenen Noten zu sehen war, mußte auch die ins Bild setzen, die mit Namen und Schicksal der Geldpatin nicht vertraut waren: Es konnte sich nur um eine Musikerin, eine Pianistin handeln.

Sie, die Frau mit den drei Leben. Dem frühen und gefesselten, das der Vater für sie führte. Da spielt sie als Zwölfjährige dem achtzigjährigen Goethe vor, macht eine frühe Karriere als Pianistin Clara Wieck, reißt den Dichter Franz Grillparzer nach einer »Appassionata« zu einem Gedicht hin und verzehrt sich in Liebe zu einem vom Vater tabuisierten Mann. Dann das zweite kurze Leben mit diesem Geliebten, die Ehe mit Robert Schumann, dem Melancholiker und Tagwandler und Zerrissenen, dem sie acht Kinder »schenkt« und die Konzentration zu vier Sinfonien und zweien der schönsten Liederzyklen und dem romantischsten aller Klavierkonzerte; der nach vierzehn Ehejahren verwirrt in den Rhein springt und nur noch zu einem zweijährigen Anstaltsaufenthalt gerettet werden kann. Das dritte schließlich, länger als die beiden ersten zusammen, volle vierzig Jahre, von 1856 bis 1896: Der Existenzkampf einer Frau, die für ihre Kinder sorgen muß, aber auch für den Nachruhm ihres Mannes und endlich auch wieder für die eigene Karriere. Vier Jahrzehnte lang gibt sie Konzerte, reist sie in Europa herum, übt neue Stücke ein, darunter die immer schwieriger und spröder werdenden Werke des auf Distanz bleibenden Freundes Brahms, läßt sich die Banausie der Queen Victoria nur mühsam gefallen und tut in all dieser Strapazenzeit auch immer das, was sie wirklich für die Banknote prädestiniert: Sie ist, unerbittlich und keineswegs schamhaft, hinter dem Geld her.

Und nun das vierte Leben, zehn Jahre lang: als Ikone des Klaviers und als Muse des Mammons. Als Statthalterin der Musik und als Bankhalterin. Sie hat uns in die neue Klavierbetriebsamkeit hineingelächelt, ihr feines, stahlgestochenes Gesicht ist in den letzten Jahren in Deutschland zum meistreproduzierten Frauenbild geworden, Werbeträger und Kultporträt zugleich. Und fast scheint es, als träfen sich in ihren Zügen, wie in einer jener computergesteuerten Überlappungs-Aufnahmen, auch die Köpfe der großen Pianistinnen des 20. Jahrhunderts, auch unserer Zeit. Als lächelten uns da, knapp und konzentriert, auch Clara Haskil und Martha Argerich entgegen, Maria Judina und Mitsuko Uchida, Alicia de la Rocha und Rosalyn Tureck, Yvonne Loriod und Myra Hess.

Aber längst steht Clara Schumann ja auch Modell für Emanzipation und Frauen-Power, für den Beitrag von Komponistinnen zur Musikgeschichte und für einen Feminismus der Leistung. Ihr Beispiel vor allem war es, das das rührselige Bild von der »Frau am Klavier« widerlegt hat. Ein Bild, das sich merkwürdigerweise nicht nur in konservativen Männerköpfen, sondern auch bei den Vorkämpferinnen der Frauenkultur findet, etwa wenn Stefana Sabin behauptet: »Am Klavier sitzend, wirkt die Frau auch am Ende des 20. Jahrhunderts immer noch wie vor hundert Jahren: sittsam, anmutig, höchstens elegant.«

Virtualität statt Virtuosität?

Das Klavier ist noch, ist wieder da – aber ist es denn noch das Klavier? Ist es nicht zum Fake, zur Attrappe mutiert, zur bloßen Fassade des Instruments, das nun dreihundert Jahre alt geworden ist und seit fast einhundertfünfzig Jahren seine äußere Form fast unverändert beibehalten hat? Hat sich nicht in seinem Inneren die Elektronik eingenistet, ist es nicht von einem Instrument der Virtuosität zu einem Instrument der Virtualität geworden? Das klassische Piano, von dem dieses Buch handelt, hat sich im letzten Jahrzehnt einen häßlichen Beinamen gefallen lassen müssen, ein quasiabsurdes Attribut: Es heißt jetzt akustisches Klavier oder akustischer Flügel im Unterschied zu den elektronisch bestückten Digitalpianos, Hybridpianos, Disklavieren oder Flügeln mit Masterkeyboard-Funktion.

Ein ganz kurzer Blick sei auch auf diese neuen Instrumente getan, weil sie bei der gegenwärtigen Popularisierung des Klavierspiels eine wichtige Rolle spielen: wegen des (meist niedrigeren) Preises, wegen der leichteren Transportierbarkeit, wegen der Unabhängigkeit vom Stimmer, wegen der Möglichkeit der Stummschaltung mit Kopfhörer (die eins der Erbübel des Hausklaviers beseitigt – den Ärger mit den Nachbarn) und wegen der vielfältigen Möglichkeiten, den Klang zu variieren. Dieser Klang ist nun auch nicht mehr – wie in den Anfängen – ein künstlich erzeugter, sondern ein veritabler Klavierklang, der von realen Instrumenten herrührt, gesampelt wurde und auf Tastendruck abgerufen wird. Und meist sind diese Klaviere mit einem ganzen Register an Klängen bestückt. So kann man zum Beispiel beim Kawai CA 950 folgende Schattierungen wählen: Konzertflügel, Studioflügel, einen »weichen Flügel«, ein »modern piano« nebst »Rock Piano«, Jazz-Orgel, Kirchenorgel, Vibraphon, Cembalo, Streicher, Chor, Akustischen Bass, und auf die Frage, wer uns diesen ganzen Zauber beschert, erhalten wir die märchenhafte Antwort: »Harmonic Imaging Technology«.

Das neueste Nonplusultra des elektronischen Binnenfraßes

am klassischen Klaviergehäuse ist ein Flügel von Yamaha, der PRO 2000. Es ist ein futuristisches, aber durchaus ansehnliches Ding: das Korpus aus Kirschholz, die Beine, die Lyra und der Klaviaturdeckel aus gebürstetem Aluminium, der Klavierdeckel, der sich in zwei Flächen teilen läßt, aus Glas. Aber alles andere würde dann wohl selbst einen John Cage erblassen lassen: »Das Kernstück bildet ein Intel Pentium III Prozessor. Die wichtigsten Funktionen können über Stimmkontrolle gesteuert werden, da der interne Computer über ein IBM ViaVoice System verfügt. Zudem ist die Bedienung der Disklaviereinheit über den in das ebenfalls aus Glas gefertigte Notenpult integrierten Touch Screen möglich … Das Speichermedium ist nicht länger ein Diskettenlaufwerk, sondern ein DVD-Laufwerk … Daß darüber hinaus das Disklavier PRO 2000 noch über die Möglichkeit verfügt, CD-Pluscore-CD's abzuspielen«, macht das Wunderding noch wundersamer.

Dabei ist zu konzedieren, daß fast alle elektronischen Klaviere in der Spielbarkeit dem klassischen Instrument angeglichen sind; fast alle besitzen eine Hammerklaviermechanik, fast alle haben eine ausgezeichnete Repetitionstechnik, und die Spielgewichte (Aufgewicht und Abgewicht) sind weitgehend identisch tariert. Was aber noch dem schönsten und besten Disklavier abgeht, ist die Körperlichkeit des Spiels, ist die Verbindung von Zugriff und spürbarer Resonanz, ist die ganze wogend-wuchtige Fülle der Frequenzen, ist »dieses Gefühl, physisch mit dem Instrument eins zu werden«, von dem jüngst der amerikanische Pianist und Musikschriftsteller Charles Rosen geschrieben hat: »Beim Klavier wird jede Zunahme an Klangvolumen vom ganzen Körper des Pianisten empfunden, weil sie die Rücken- und Schultermuskulatur ins Spiel kommen läßt. Der Ausführende kommt nicht umhin, bei jedem Crescendo und Decrescendo mitzuarbeiten … Die Gefahr des Klaviers, aber auch seine Glorie, ist es, daß der Pianist die Musik mit seinem ganzen Körper fühlen kann, ohne sie hören zu müssen.«

Letzte Lockerung

Und am Ende? Am Ende soll es keinen Hymnus geben, nur eine Anekdote, Erinnerung ans »Casablanca«-Klavier, an den Barpianisten Sam. Sam war der Schauspieler und Bluessänger Dooley Wilson, der aber das Handicap hatte, daß er nicht Klavier spielen konnte. Der Song »As Time goes by«, zehn Jahre zuvor von Herman Hupfeld geschrieben, war deshalb von dem Pianisten Elliot Carpenter aufgenommen worden und sollte zur Szene als Playback eingespielt werden, so daß Dooley einen Anhalt für Hand- und Fingerbewegungen hätte. Aber nun stellte sich heraus, daß die Bargeräusche und das Hintergrundgeplauder in Rick's Café, auf die der Regisseur Wert legte, den Klavierklang übertönten und der Schauspieler keine Orientierung mehr für die Tasten hatte. So daß man schließlich auf die Lösung verfiel, ein zweites (von der Kamera nicht erfaßtes) Klavier für Elliot Carpenter aufzustellen, das so plaziert war, daß »Sam« dem Pianisten seine Griffe abschauen konnte. Das »Casablanca«-Piano war also ein stummes Klavier, ein echter Mythos.

Aber der einfache Satz, der sich mit diesem Barpiano verband, die beschwörende Aufforderung Ingrid Bergmans, dieses »Play it, Sam!« hat Kultstatus und Jahrhundertwürde erlangt. Er ist auch, von der Nachwelt umgedichtet, zur Zukunftsverheißung für das Klavier schlechthin geworden:

PLAY IT AGAIN!

Anhang

Dank. Man steigt nicht zweimal in denselben Fluss; aber daß man im Abstand von fünfzehn Jahren doch wieder in dieselben Bibliotheken gehen und dort die nämlichen guten Geister vorfinden kann, war bei der Arbeit an diesem Buch eine hilfreiche Erfahrung: So wird der Dank des Jahres 1985 an Frau Jutta March vom Staatlichen Institut für Musikforschung in Berlin gern erneuert, ebenso wie der für Rat und Anregung von Frau Gudrun Schwinger von der Musikbibliothek des Senders Freies Berlin. Auch die großzügige Unterstützung der Bibliothekarinnen der Hessischen Landesbibliothek in Fulda sei dankbar erwähnt. Mit besonderem Dank seien auch die folgenden Handbücher und orientierenden Publikationen genannt:

Harenberg Klaviermusikführer (600 Werke vom Barock bis zur Gegenwart. Hrsg. von Christoph Rueger. Dortmund 1998. Im folgenden Harenberg genannt.)

Reclams Klaviermusikführer, Band 2 (von Franz Schubert bis zur Gegenwart). Hrsg. von Werner Oehlmann, Klaus Billing und Walther Kaempfer. Stuttgart 1977f. Im folgenden Reclam 2 genannt.

Peter Hollfelder, Das große Handbuch der Klaviermusik. (Historische Entwicklungen, Komponisten mit Biographien und Werkverzeichnis, Nationale Schulen) Hamburg 1996.

Joachim Kaiser, Große Pianisten in unserer Zeit, erweiterte Neuausgabe (Klaus Bennert), München, 1996.

Harald C. Schonberg, Die großen Pianisten, München 1972.

Faszination Klavier. Katalog zur gleichnamigen Ausstellung im Musikinstrumenten-Museum Berlin. (300 Jahre Pianofortebau in Deutschland). Hrsg. von Konstantin Restle. München 2000.

Cyril Ehrlich. The Piano. A History. Rev. Ed. Oxford 1990.

The Cambridge Companion to the Piano. David Rowland, ed. Cambridge 1998.

Zitat-Hinweise

Play it again!

7 Das Klavier im 20. Jahrhundert (Margaret Allen Rose, Coming to Terms With The 20th Century Using a 19th Century Instrument. Diss. U. of California, San Diego, 1987).

9 Das ist das Piano meiner Mutter. (Jane Campion, Das Piano. Das Drehbuch zum Film. München, 1992. S. 10 ff.)

10 Der hängende Flügel Rebecca Horns hat wiederum seine eigene Geschichte: Auch er spielte in einem Film mit, »Buster's Bedroom«, den die Künstlerin 1990 zusammen mit Geraldine Chaplin, Donald Sutherland und Martin Wuttke über den legendären Stummfilmkomiker Buster Keaton gedreht hat. Das Instrument steht dort im »Nirvana House«, einem Sanatorium für geistesgestörte Schauspielerinnen, in dem Keaton in den zwanziger Jahren vor einer Alkoholentziehungskur Zuflucht gesucht hatte. Rebecca Horns Hinweis auf den Mythos hinter dem Mythos: »Das Piano ist hier nicht einfach ein Piano ... Befreit aus der psychiatrischen Anstalt, gibt es, von der Decke hängend, sein eigenes, neues Konzert, in dem es eine neue Tonalität entwickelt.«

12 Was aber erzählt (Christiane Lemke-Matwey in Süddeutsche Zeitung 1999. Nummer nicht mehr eruiert.)

13 Es begeisterte mich (zitiert nach Reclam 2, S. 793).

14 Aber, mein Gott (Friedrich Gulda, Aus Gesprächen mit Kurt Hofmann, München 1990. S. 226).
Jetzt kommt das (Karlheinz Stockhausen, Wie die Zeit verging, Musikkonzepte 19, München, Mai 1981, S. 53).

15 Seismograph der Moderne (Peter Rummenhöller, Seismograph der Moderne, in: NZfM, 1/2000, S. 12 f.).

17 Es ist immer Winter (zitiert nach DIE ZEIT, 29. 4. 98).
Klavierspielen macht ja glücklich. (zitiert nach Süddeutsche Zeitung, 1999. No 218)

I Drei Klaviere um 1900

21 Die ganze Welt, die ganze Erde (und) Die ganze Zeit experimentiert er (Maxim Gorki, zitiert nach Thomas Mann, Goethe

327

und Tolstoi, in: Schriften und Reden zur Literatur, Kunst und Philosophie 1, Frankfurt und Hamburg 1968, S. 192 und 176)

22 Wir erklommen (Schaljapin, zitiert nach Maria Biesold, Rachmaninoff, Berlin 1991, S. 120f.)

23 Tanejew bringt mich (zitiert nach Anne Edwards, Die Tolstois/ Krieg und Frieden in einer russischen Familie, S. 301). Die engen Beziehungen (ebd., S. 305)

24 unausgegoren, krankhaft (und) Ausgeburt eines Höllenkonservatoriums (Biesold, Rachmaninoff, S. 94); In der schwierigsten (und) Es endete alles (ebd. S. 102)

25 Leo Tolstoi schlug mir (Arthur Goldenweiser, Von der Interpretation, der Technik und der Arbeit, in: Notate zur Pianistik, Leipzig 1976, S. 43); Wir waren beide (zitiert nach Norman Lebrecht, Musikgeschichte in Geschichten, deutsch von Ulla und Konrad Küster, Stuttgart 1989, S. 350); Welche Musik ist (Lebrecht, ebd.) Bei Biesold, Rachmaninoff, lautet die Frage so: »Welche Art von Musik ist für die Leute am notwendigsten – gelehrte Musik oder Volksmusik?« (S. 121)

26 Die neue Musik (Ingeborg Bachmann. Die wunderliche Musik, in: Zugabe! Literarische Streifzüge durch Konzertsäle, Cadolzburg 1997, S. 16); das Gewicht (ebd.)

27 ff. Alle Zitate nach Thomas Mann, Das Wunderkind, in: Sämtliche Erzählungen, Frankfurt/M. 1963, S. 267 ff.)

31 ff. Alle Zitate nach Marina Zwetajewa, Die Mutter und die Musik, in: Marina Zwetajewa, Ausgewählte Werke. Bd. 2, Prosa, München 1989, S. 15 ff.)

II Ragtime

39 Aber meine Sinne (zitiert nach Ragtime, Its History Composers, and Music, ed. John Edward Hasse, London. S. 17. Rückübersetzung aus dem Englischen vom Autor.); Die fortwährende (ebd.)

40 Coalhouse Walker Jr. (E. L. Doctorov, Ragtime, Roman, London 1976, S. 120f.)

41 ff. Zu Scott Joplin (Darstellung nach: James Haskins with Kathleen Benson, London 1979. Zitat-Übersetzungen vom Autor)

46 Um 1900 spielten alle (Arigo Polillo, Jazz, Geschichte und Persönlichkeiten der afro-amerikanischen Musik, München/Berlin 1975, S. 57)

47 Die Titel der Rags nach Ragtime/Hasse

48 Wenn die amerikanische Musik (Debussy, zitiert nach Peter W.

Schatt, Jazz in der Kunstmusik. Studien zur Funktion afro-amerikanischer Musik in Kompositionen des 20. Jahrhunderts. Kassel 1995, S. 27)

49 très net et très sec (zitiert nach Schatt, S. 29) Lockere Anschlagstechnik (ebd.)

III Das Klavier verstößt den Spieler

53 Es kommt der Tag (zu den folgenden Romanfiguren siehe: Dieter Hildebrandt, Pianoforte, Kapitel: Das Klavier im Roman des 19. Jahrhunderts. München, 1985, S. 349 ff.)

56 Das unerreichbare Ideal (und die weiteren Lobesworte) nach: Martin Ebel. Musikalisches Zeitfenster (Kinematographen des Klavierlautes, FAZ. Wochenendbeilage vom 10. 4. 99, S. IV)

57 f. Geschichte der Firma Welte nach: Hans Oesch, Klingende Vergangenheit. Das Reproduktionsklavier von Welte-Mignon, in: Österr. Musikzeitschrift, 14 (1959) S. 105 f. Die Aufnahme (ebd., S. 106)

59 Eine gewisse Reinigung (zitiert nach Herbert Henck. Musik, die eine Rolle spielt, in: Experimentelle Pianistik, Mainz 1984, S. 138).
Einige der Rhythmen (Henry Cowell, zitiert nach Philip Carlsen, The Player-Piano Music of Conlon Nancarrow, New York 1988, S. 3)

61 Seit ich angefangen (Carlsen, Nancarrow, S. 2); Strawinsky ist (ebd.)

62 Dieser gewissenhafte Umgang (Ulrich Dibelius, Die moderne Musik 2, München 1988, S. 231)

IV Dissonanzen und Tumulte

63 Diese Musik wird man (Motto: Winfried Zillig, Die neue Musik, Linien und Porträts, München 1963, S. 71)

65 Als auch nachher noch (Paul Stefan, zitiert nach: Eberhard Freitag, Schönberg. Reinbek 1973, S. 37)

66 Nach dem opus 8 (H. H. Stuckenschmidt, Schönberg. Leben, Umwelt, Werk Zürich 1984, im folgenden Stuckenschmidt genannt, S. 170)

67 In den letzten hundert (Arnold Schönberg. Komposition mit zwölf Tönen, in: Arnold Schönberg, Stil und Gedanke, Frankfurt am Main, 1992 – im folgenden Schönberg –, S. 106)

329

68 Die Quartenakkorde treten (zitiert nach Stuckenschmidt, S. 82);
   Früher wurden die Harmonien (in: Skrjabin und die Skrjabi-
   nisten. Musikkonzepte, 32, Sept. 1983, S. 8); Wenn man schon
   Akkorde (Charles Ives. Ausgewählte Texte, Hrsg. von Werner
   Bärtschi, Zürich, 1985, 276)
69 Wenn man lernen kann (und) Weil all dies gegen (Charles Ives,
   op. cit., S. 277)
70 Ich glaube nicht mehr (Jean Barraqué, Claude Debussy, Reinbek 1964, S. 49); letzter Reflex (Klaus Billing, Reclam 2, S. 539)
71 Indem die Befestigung (Schönberg, S. 108)
72 Mit der Auflösung (Dietrich Kämper, Die Klaviersonate nach
   Beethoven, WBG Bd. 69, Darmstadt 1987, S. 48); Der Sinn der
   klassischen (zitiert nach Kämper, Sonate, S. 248); Bekanntlich
   sind die (zitiert nach Kämper, Sonate, S. 253)
74 Diese einleitenden (zitiert nach Harenberg. S. 470); Ich mach
   jetzt so für mich (Volker Scherliess, Alban Berg, Reinbek 1975,
   S. 27); die Sonate im doppelten (Scherliess, S. 28)
75 Er beschmiert mir alle (Stuckenschmidt, S. 28); Paroxysmus
   (Alfred Brendel, Schuberts Klaviersonaten, in Alfred Brendel,
   Nachdenken über Musik, München, 8 1984, S. 99); Sie sind der
   Blitzschlag (Klaus Billing, Reclam 2, S. 913)
75-79 Dargestellt nach Stuckenschmidt, Schönberg, Seiten 200-212
80 Bei den ersten Werken (Arnold Schönberg, Komposition mit
   zwölf Tönen, S. 116)

V Überfahrten, Untergänge

83 Nach zwei schlaflosen Nächten (Arthur Rubinstein, Erinnerungen, Frankfurt am Main, 4 1983, S. 200)
84 Junger Mann (Rubinstein, ebd.)
85 Am zweiten Tag (Rubinstein, S. 234)
87 Gerade, weil er nicht Grimassen (Harald C. Schonberg, Die
   großen Pianisten, S. 356)
88 Albéniz und die Abenteuer (nach Schonberg, S. 339f.)
89 Als der White-Star-Dampfer (Schonberg, S. 283f.)
90 Eine Mischung aus Bitterkeit (zitiert nach Artikel Enrique
   Granados in Harenberg, S. 403); Die Motive der Leidenschaft
   (ebd.)
90f. Granados-Episode nach Norman Lebrecht, Musikgeschichte
   in Geschichten, Stuttgart 1989, S. 339f. Dtsch. von Ulla und
   Konrad Küster

VI Das Klavier in den Zeiten des Umsturzes

95-99 Die Darstellung der ›Revolutionsetüde« nach Artur Schnabel,
Aus dir wird nie ein Pianist, Hofheim 1975

99 In vierundzwanzig Stunden (Glenn Plaskin, Horowitz, Zürich
1988, S. 40)

100 Es hat Hämmer (W L. Sumner, The Pianoforte, zitiert nach
Margaret Brink, The Piano as Percussion Instrument, Diss.
Univ. of Washington, 1990, im folgenden Brink genannt. S. 41);
Spiele dieses Stück sehr wild (zitiert nach Reclam 4, S. 735).

101 Ein neuer perkussiver (und) Ostinatobegleitungen (Brink,
S. 1)

102 Apotheose (Reclam 882); Bei allem gezielt Barbarischen (Harenberg, S. 112)

103 Bitte, spielen Sie das (Reclam 883); Lieber Bartók (Oscar Bie,
Brief an Bela Bartók, in: Musikblätter des Anbruch, 1. Märzheft
1921)

104 maschinenmäßigen Charakter (zitiert nach Brink. S. 42); Prokofiew hat nie (Reclam 828)

105 Ich hatte an A. Rubinstein (zitiert nach: Wolfgang Dömling,
Strawinsky, Reinbek 82 f., S. 65)

VII Die Kernspaltung des Klavierklangs

109 Eine sehr umständliche (und) Hába hatte (Ernst Krenek, Im
Atem der Zeit. Erinnerungen an die Moderne, Hamburg 1998,
S. 237)

110 Na ja, wenn ich auch (zitiert nach Musikgeschichte in Geschichten, a. a. O., S. 356); Ich hatte einen Akkord (ebd.); So begann ich (Charles Ives, Ausgewählte Texte. Hrsg. von Werner
Bärtschi, Zürich 1985, S. 239 f.)

111 Eine Art Schlüsselwerk (Juan Allende-Blin, Ein Gespräch mit
Ivan Wyschnegradsky, in: Musikkonzepte 32/33, Sept. 1983,
S. 109); Ich schrieb sie einfach so (ebd.)

112 Ich wollte die Welt (Wyschnegradsky, S. 105); Nachdem sich mir
nun (ebd.); Wurde mir der Kommunismus (Wyschnegradsky,
S. 104)

113 Melodische und harmonische (und) Die Intonationen (zitiert
nach Jaroslaw Smolka, Alois Hába in Berlin, in: Gedanken zu
Alois Hába, Hrsg. von Horst-Peter Hesse und Wolfgang Thies,
Salzburg 1996, S. 28); Vierteltöne steigern (Smolka, a. a. O.,
S. 29); Als ich 1920 in Frankreich (Wyschnegradsky, S. 115)

X Das Klavier, das durchs Fenster kam

Die Zitate dieses Kapitels nach Wolfram Schwinger, George Gershwin, München und Mainz 1987. Ferner benutzte Literatur: David Ewen, George Gershwin. Vom Erfolg zur Größe. Aus dem Amerikanischen von Wolf Harranth, München 1981. Hanspeter Krellmann, George Gershwin, Reinbek 1988. Alan Kendall; George Gerhswin, London 1987

XI Elegie und Hohngelächter (1)

XII Als die Pianisten schwarz wurden*

* Die Einwände gegen diese Kapitelüberschrift seien vorweggenommen, nicht wegdiskutiert: Schon der Ragtime war in seinen Anfängen eine Musik der Farbigen; und spätestens mit Bill Evans (1929-1980) erlangten auch weiße Jazzer den Rang ihrer schwarzen Kollegen; aber da sich das Bild des Mannes am Klavier erst mit dem Jazz wirklich wandelte oder in Analogie zum Weiß-Schwarz der Tasten anthropologisch ergänzte, schien die pointierte Formulierung gerechtfertigt.

XIII   Anton Weberns Klavierkristall

XIV   Das wohlpräparierte Klavier

for harmony (ebd., S. 111); Die Notwendigkeit (ebd., S. 152, übersetzt vom Autor).

200 Eine Kombination (Fürst-Heidtmann, S. 160); the most active (ebd.); auf die permanente (Fürst-Heidtmann, S. 178)

201 Als ich zuerst (und) Ich bin froh (Fürst-Heidtmann, S. 131); Bei den Bolzen (dies und die übrigen Zitate zum Material bei Fürst-Heidtmann, S. 44 ff.)

203 Die Filzpräparationen (Fürst-Heidtmann, S. 153)

204 An den motorischen (Fürst-Heidtmann, S. 157); Sich als Komponist (Heinz-Klaus Metzger, in Neue Zeitschrift für Musik, Heft 5, 1994, S. 11)

XV   Das Klavier in der Vorhölle

209-214 Die Darstellung des Messiaen-Kapitels beruht im wesentlichen auf den Recherchen von Hannelore Lauerwald, die sie in zwei Heften der Zeitschrift »Das Orchester« (Schott Verlag) publiziert hat: »Quartett auf das Ende der Zeit« (5/95) und »Er musizierte mit Olivier Messiaen als Kriegsgefangener. Der französische Cellist Etienne Pasquier im Gespräch mit H. L.« (1/99)
Ferner benutzte Literatur: Anthony People, Messiaen, Quatuor pour la fin du Temps, Cambridge, 1998

215-221 Der Bericht über die »Konzert«-Situation in Theresienstadt nach: Milan Kuna, Musik an der Grenze des Lebens. Musikerinnen und Musiker aus böhmischen Ländern in nationalsozialistischen Konzentrationslagern und Gefängnissen. Übersetzt von Eliška Nováková. Frankfurt (Zweitausendundeins, 1993/98)

XVI   Große Worte – neue Klänge

225 Die vernichtete Stadt (Erich Kästner, zitiert nach Von Kranichstein zur Gegenwart. 50 Jahre Darmstädter Ferienkurse. Internationales Musikinstitut Darmstadt, Stuttgart 1996, im folgenden Kranichstein genannt, S. 29)

226 Hinter uns liegt (Kranichstein, S. 21)

228 Hiermit werden Komponisten (In Rolf Frisius, Kurt Steinecke, dem Zeitgeist voraus, Kranichstein, S. 238); Mein Parameter verbindendes (Karel Goeyvaerts, zitiert nach Michael Kurtz, Stockhausen. Eine Biographie, Kassel/Basel 1988, im folgenden Kurtz genannt, S. 59)

229 Warum haben Sie das (Kurtz, S. 59f.); Herr Professor (und) Adorno-Zitat (ebd.)

230 Zur Legende von Boulez' Vortrag in Darmstadt siehe: Wilhelm Schlüter, Arnold Schönberg und Darmstadt, Ein Rückblick aus aktuellem Anlass, in: Darmstädter Hefte 8, Spielzeit 1998/99); Aus Schönbergs Feder (Pierre Boulez, Anhaltspunkte, Essays. Stuttgart/Zürich 1975, S. 288ff.)

231 Eine der wichtigsten (Boulez, a.a.O.); Je dirais (zitiert nach Theo Hirsbrunner, Pierre Boulez und sein Werk, Laaber Verlag 1985, S. 60)

232 In einer Musik (Stockhausen, in: Andre Ruschkowski, Elektronische Klänge und musikalische Entdeckungen, Stuttgart 1998, S. 233); Die Musik ist heute (Robert Beyer, Musik und Technik, in: Musikkonzepte Sonderband Darmstadt 1, Januar 1999, im folgenden Darmstadt 1, S. 46); weil der körpergebundene (ebd.)

233 Die neue Musik ist Beweis (Darmstadt 1, S. 47); Ich denke halt nicht (Musikkonzepte 19, Karlheinz Stockhausen: ... wie die Zeit verging, Mai 1981, S. 51)

235 Ich habe die Noten (Brief B. A. Zimmermann, in: Kranichstein, S. 179); (schon) wenige Minuten (Kurtz, S. 109f.)

236 Wer gegen (Darmstadt 1, S. 6)

237 nach einem Streuprinzip (Robert Piencikowski, a.a.O., S. 52); verhält es sich mit dem Werk (Boulez, Anhaltspunkte, S. 167)

242 Sieht sich in einer Mondlandschaft (Helmut Lachenmann, in: Kranichstein; S. 214); Wenn man jung ist (Pierre Boulez, im Gespräch mit Klaus Umbach, zitiert nach Spiegel No. 46/99, S. 332)

XVII Die Gouldberg-Variationen

241 Es war ein milder (Otto Friedrich, Glenn Gould. Eine Biographie. Deutsch von Benjamin Schwarz, Reinbek 1991, im folgenden Friedrich genannt, S. 70); Ich versuchte (Friedrich, S. 69)

243 Die gelben Schlaftabletten (Friedrich, S. 73)

244 Meinten Sie nicht (Friedrich, S. 67)

246 Der Graf kränkelte viel (Forkel-Zitat nach Manfred Linke, Programmheft vom 13. 9. 87, Berliner Festwochen)

247 Die Zeit nun (Manfred Linke, a.a.O.); Wenn die Behandlung (Glenn Gould, Von Bach bis Boulez, München 1986, Schriften zur Musik I, München 1986, im folgenden Gould I genannt. S. 45)

248 Der jähe Ausbruch (Gould I, S. 46)
249 Solche Aggressivität (Gould I, S. 46); Indem er Bach spielte (Joachim Kaiser, Große Pianisten in unserer Zeit, Erweiterte Neuausgabe [3], München 1996, S. 204)
250 Ziemlich viel Klaviergespiele (Friedrich, S. 370)

XVIII Der Pianist im Zauberberg

251 (Motto) The loneliest place (Mitteilung von Franz Mohr, dem langjährigen Stimmer von Vladimir Horowitz und Cheftechniker von Steinway, New York. Vergleiche auch sein Buch »Große Pianisten, wie sie keiner kennt«, Basel und Gießen, 1993).
253 Ist das wegen der Beatles? (und) Dear Maestro (Glenn Plaskin, Horowitz. Zürich 1988, S. 351 f.)
255 Mein Gott (Plaskin, S. 276); Die hörten nur darauf (ebd.); Ich spielte immer schriller (ebd.)
256 Wenn seine Leidenschaftlichkeit (und) Seit ich aus Rußland (Plaskin, S. 178); Man kann nicht (Plaskin, S. 180)
257 Ein über einen Meter achtzig (zitiert nach Plaskin, S. 183); Dieser Mann war (Plaskin, S. 184); Das Herumreisen (Plaskin, S. 279)
258 In jenen zwölf Jahren (Plaskin, S. 279)
259 Es brauchte ungeheuer (Plaskin, S. 283)
260 Ich bin doch kein (Friedrich Gulda. Aus Gesprächen mit Kurt Hoffmann, München 1990, S. 119); Wenn man, wie viele (Gulda, S. 117)
261 Ich bin reingekommen (Gulda, S. 112); Es war an einem Sonntag (Plaskin, S. 285)
263 Dass die Gewohnheit (Glenn Gould, Vom Konzertsaal zum Tonstudio. Schriften zur Musik II. München / Zürich 1984, S. 131 f.)
264 Sehen Sie (Gould, S. 67); Denn ich denke (Gould, S. 69)
265 Also, Sie fangen an (Gould, S. 73 f.); Einfachheit ist Klugheit (Plaskin, S. 349)
266 Wenn ich meine Schallplatten (Plaskin, S. 349); Lassen wir das Publikum (Plaskin S. 350 f.)
267 Es ist schwierig (Plaskin, ebd.)

XIX Madame Butterfly tastet sich vor

XX Elegie und Hohngelächter (2)

XXI Die große Freiheit

297 Das war auch die Methode (Morton Feldman, Middelburg-
Lecture, in Musikkonzepte 48/49, München 1986); dort auch
die Zitate der folgenden Seite

299 Als Abkehr (Hans-Klaus Jungheinrich, Unser Musikjahrhun-
dert. Von Richard Strauss zu Wolfgang Rihm, Salzburg und
Wien 1999, S. 228); Wenn ich an eine gute (John Cage, in: Mu-
sikkonzepte Sonderband John Cage, April 1978. Gedanken ei-
nes progressiven Musikers über die beschädigte Gesellschaft,
S. 39. Für dieses Buch übersetzt); Je uniformer (Karl-Heinz
Stockhausen, Vieldeutige Form, in: Darmstadt I, S. 195); Die
Kunst der Improvisation (Peter Niklas Wilson, Hear and Now.
Gedanken zur improvisierten Musik. Hofheim 1999, S. 7)

300 So mancher musikalische (Wilson, S. 78); Ein Nachhorchen
(Wilson, S. 89)

301 Schließlich muß auch (Arnold Schönberg, Brahms the Progressive, in Stil und Gedanke, Frankfurt 1995, S. 101); eine Woche galt (A. Schönberg, Herz und Hirn in der Musik, in:
Stil …, S. 149) Das ist eine (Wilson, S. 149)

302 Ich habe bestimmte (Wilson, S. 148).

303 Ich war dafür berühmt (und die folgenden Jarrett-Zitate nach:
Das Klavier singt doch. ZEIT-Interview Jarrett mit Claus
Spahn. 25. November 1999)

304 Die Zwanglosigkeit (und die übrigen Henck-Zitate der Seite
in Herbert Henck, Experimentelle Pianistik, Kapitel Improvisationen, S. 39f.)

306 Seinen musikalischen Gedankengang (Wilson, S. 153); Die Musik Thelonious Monks (John Litweiler, Das Prinzip Freiheit.
Jazz nach 1958. Schaftlach 1988, S. 208)

XXII Angeschlagen – doch unbesiegt

311 Klaviere beflügeln (und die übrigen Lobesworte der Seite in
»Faszination Klavier«); Klavierstatistik nach Susanne Keuchel,
Tasten, die die Welt bewegen. Daten und Fakten zur gesellschaftlichen und wirtschaftlichen Dimension des Klavierspiels,
in: Faszination Klavier, S. 226ff.)

312 Ein größeres Revival (Cyril Ehrlich, Piano, S. 201)

313 Zur Dokumentation der neuen Datierung siehe Konstantin
Restle, Die Erfolgsgeschichte des Pianoforte, in Faszination
Klavier, S. 85f.)

315 Beträchtliche Zukunftsmöglichkeiten (Joachim Kaiser, Gestalt
und Leidenschaft. Über die Zukunftschancen für E-Musik-In-
terpreten, in: Süddeutsche Zeitung, 10. 1. 2000)

316 Er hatte kein (Theodor W. Adorno, Nach Steuermanns Tod, in
Impromptus, Frankfurt 1968, S. 151); der ältere Herr (in: Kranichstein, a. a. O.)

318 Am Klavier sitzend (Stefana Sabin, Frauen am Klavier. Skizze
einer Kulturgeschichte, Frankfurt und Leipzig 1998, S. 93)

320 Das Kernstück (zitiert nach Piano News, 2/2000, S. 40); dieses
Gefühl (und) beim Klavier (Charles Rosen, Klavier spielen, in:
Lettre International, Frühjahr 2000, S. 94 ff.)

321 Story vom Casablanca-Pianisten (nach Andreas Missler-Mo-
rell, Casablanca. Der Kultfilm, München 1992 und 98, S. 128 f.)

Namenregister

Inhalt